8/13   GTB
Gütersloher Taschenbücher
1451

£2.

Klaus Berger,

geb. 1940 in Hildesheim, Professor für Neutestamentliche
Theologie an der Ev.-Theol. Fakultät der Universität
Heidelberg

Klaus Berger

Ist mit dem **Tod** alles aus?

Gütersloher Verlagshaus

Bibliografische Information Der Deutschen Bibliothek
Die Deutsche Bibliothek verzeichnet diese Publikation in der
Deutschen Nationalbibliografie; detaillierte bibliografische Daten
sind im Internet über http://dnb.ddb.de abrufbar.

ISBN 3-579-01451-X
2. Auflage der Taschenbuchausgabe, 2003
© Quell / Gütersloher Verlagshaus, Gütersloh 1999

Umschlaggestaltung: INIT, Bielefeld
Gesamtherstellung: Clausen & Bosse, Leck
Gedruckt auf chlorfrei gebleichtem Werkdruckpapier
Printed in Germany

Inhalt

Zugänge

Der vorweggenommene Tod

Zwischenzeit

Auferstehung

Aktuelle Fragen

Zugänge

Gott nimmt nicht, sondern er gibt

»Gott hat uns unser Liebstes genommen« – »Unser Kind wurde uns genommen« liest man oft in Traueranzeigen. Und man könnte sich auf Hiobs Gebet berufen: »Der Herr hat's gegeben, der Herr hat's genommen...« Aber wozu sollte Gott nehmen? Uns etwas nehmen, mit dem er nichts anfangen kann? Der Tod geliebter Menschen als Quälerei? Ist es wirklich Gott, der Leben nimmt?

Die Botschaft des Juden Jesus von Nazareth über diesen Gott ist einen Schritt weiter gegangen, ist tiefer eingedrungen in das Geheimnis der Welt. Dieses Geheimnis heißt »Leben«. Auch das Leben nimmt nicht, zerstört nicht, sondern fügt hinzu: Jahresring um Jahresring bei den Bäumen, Erfahrung um Erfahrung im Älterwerden, Spur um Spur im Kulturschatz der Menschheit. Das Leben nimmt nicht, es prägt, macht reich, führt weiter.

Auf meinem Schreibtisch liegt eine kunstvolle Kachel aus Spanien. Zwischen den beiden stilisierten Säulen des Herakles stehen die Worte *plus ultra*, was nichts anderes bedeutet als: Lebendigsein heißt weitergehen, noch immer hinaus über das, wo man steht. »Plus ultra«, noch hinaus über die Säulen des Herakles, war das Motto derer, die dann Amerika entdeckten.

»Immer noch darüber hinaus« ist die Struktur des Lebendigseins, das innerste Gesetz des Lebens. Stagnation ist der Tod.

Der Beitrag des Neuen Testaments zu dieser Erfahrung von Lebendigsein ist dieser: Der biologische Tod ist eine Erfahrung des Lebens, ein Jahresring, eine Kerbe auf dem Antlitz des Menschen, der da gestorben ist, nicht weniger und nicht mehr. Was Verlust zu sein scheint, ist in Wahrheit ein Schritt weiter, ein Schritt in das Darüberhinaus. Buchstäblich hinaus über die Säulen des Herakles (Gibraltar), hinter denen noch für das antike Denken das Reich des Todes begann. Um im Bilde zu bleiben: ein Schritt in die Neue Welt.

Gott nimmt nicht, sondern er gibt. Was gibt er denn? Hier beginnt das Reden in Bildern. Die vielfältigen Bilder reichen vom »Licht« über »das Paradies« bis hin zur Stadt aus Gold und Glas und zum »Himmelreich«. Entscheidend ist, daß er überhaupt in das »plus ultra« führt, bis hinein in das »non plus ultra«. Denn nach der Auffassung der ganzen Bibel ist dieser Gott selbst das Leben, und wie kann er daher anderes wollen als in Ewigkeit sich selbst, Leben und noch einmal Leben?

Nein, dieser Gott ist wie ein Gefangener seiner selbst, kann Leben nicht nehmen, sondern nur weiterhin geben, vielleicht, ja offenbar in verwandelter Gestalt.

Aber fällt es nicht unheimlich schwer, das zu glauben? Doch man beachte dies: Die Bibel sagt nichts fromm Abgehobenes, sondern nur: Das Leben ist Gott und Gott ist das Leben. Kein anderes als eben »das« Leben, das wir kennen und lieben. Leben als sprudelnde Quelle – in dieser sonst weithin toten Welt ein Wunder über alle Wunder.

Leben will immer weiter sich selbst. Daher hat der Gott der Bibel das Erste Gebot aufgestellt und ist er so intolerant. Daher ist er eifersüchtig und unverwechselbar.

Und selbst wenn es sein sollte, daß Gott nimmt – indem er nicht verhindert, daß uns genommen wird –, dann gälte doch: Er nimmt, um zu geben.

Woher wissen wir etwas?

Mit dem Tod, spätestens dann, tritt der Mensch in eine besondere Wirklichkeit ein, die eigenen Kriterien und Regeln gehorcht, also ihre eigene Logik hat, die »jenseits von Aristoteles«, aber doch nicht einfach nur irrational ist.

Unsichtbare Wirklichkeit

Niemand »weiß«, ob und inwiefern mit dem Tod alles »aus« ist. Um Wissen im Sinne der Wissenschaft, rationaler und historisch-kritischer Auskünfte und Forschungen, kann es hier nicht gehen. Daran wird beispielhaft die vollständige Begrenztheit unseres Wissens deutlich.

Wissenschaftlich erforschen kann man diese Wirklichkeit nicht – aber man kann zum Beispiel davon singen. Wenn bei einem Gedenk-Gottesdienst für einen Verstorbenen das erste Lied lautet: »Christ ist erstanden von der Marter alle, des wolln wir alle froh sein«, das mit einem dreifachen Halleluja endet, dann kann sich für die Singenden eine Wirklichkeit erschließen, die Leben und Tod umfaßt. Diese Wirklichkeit kann man »mythisch« nennen, wobei jedoch zu beachten ist, daß »mythisch« nicht »unwirklich«, »scheinhaft« oder »nur Legende« bedeutet. Man kann sie auch »geistlich« nennen, was jedoch nicht heißen muß, daß sie nur für das Christentum gilt.

Vielmehr tritt uns diese Wirklichkeit heute recht drastisch gerade in außerchristlichen Erfahrungen entgegen: zum Beispiel in der Esoterik oder bei den Geisterheilern der Dritten Welt. In beiden Fällen geht es ausdrücklich auch um den Bereich der sogenannten Toten- oder Ahnengeister. Aber die Bibel hat hier durchaus kritisch etwas dazu zu sagen. Diese Wirklichkeit besteht auch für die Bibel, sie ist der Raum auch Gottes des Herrn, der eben deswegen »Herr der Geister« genannt wird.

Angesichts dieser Wirklichkeit gibt es – ähnlich wie bei unserer rational erfaßbaren Wirklichkeit – eigene Kriterien für das, was »echt« und was »trügerisch« ist, für das, was »trägt« und für das, was »enttäuscht«. So ist das Kriterium hier zum Beispiel, ob man mit diesen mythischen Aussagen besser leben und sterben kann, ob sie einer Existenz, einem Herzen, auf Dauer Stabilität verleihen können oder ob sie Menschen (oft auch buchstäblich) zerstören.

Die Voraussetzung, von der wir ausgehen, ist folgende: Unter den Feldern des Wirklichen gibt es nicht nur den Bereich der Vernunft, sondern auch noch andere Felder, die zwar nicht vernünftig zu erklären sind, deshalb aber noch lange nicht irrationaler Humbug oder Lüge sein müssen.

Zur Annahme mehrerer Wirklichkeitsbereiche, die nebeneinander bestehen, kann man etwa im Gefolge von Nicolaus Cusanus (1401–1464) kommen, der als Naturwissenschaftler, Philosoph, Theologe und Kirchenmann die Emanzipation der genannten »Disziplinen« selbst erlebte und mitgestaltete. Erst und nur in Gott kommen diese unterschiedlichen Wirklichkeiten wieder zusammen. Erst »dort« wird erkennbar, wie zwischen allen entgegen dem Augenschein doch Zusammenhänge bestehen.

Wir müssen daher keinen Ausgleich der unterschiedlichen Felder der Wirklichkeit mit der Vernunft oder zur Vernunft hin suchen. Es genügt, wenn wir in jedem Bereich dessen mögliche oder wirkliche Grenzen anerkennen und die Bereiche demütig und im Wissen um unsere Unvollkommenheit und die Begrenzungen unserer Vernunft nebeneinander bestehen lassen.

Das Kriterium für die Wahrheit mythischer, geistlicher Rede über das, was auf den Tod folgt, liegt darin, ob Menschen mit diesen Auskünften sinnvoll leben und sterben können. Anders gesagt: Macht die christliche Weise, vom Himmel zu reden, Menschen fähig, dem Tod ins Auge zu sehen, oder zerstört sie schon vorher das Leben von Menschen mit Angst?

Zugänglich wird diese Wirklichkeit zum Beispiel in Hymnen oder Liedern. In besonderem Maße gilt das auch von moderner Dichtung, die häufig für diese Wirklichkeit Sinn und Gespür zeigt.

Auf unvergleichliche Weise haben die Totenliturgien der

christlichen Ostkirchen in einem großen Schatz bildlicher Sprache – in direkter Fortführung biblischer Ansätze – dieser Wirklichkeit Ausdruck verliehen. Auch diese Welt der Bilder, die das Geheimnis des Todes wie eine Ikonenwand rahmen und auf eigene Weise »kommentieren«, gewinnt ihre Überzeugungskraft, indem sie eine geistliche Heimat anbietet, eine Art Marschgepäck für die ersten Schritte und Tagesreisen in der Wüste des Todes. Im folgenden wird immer wieder aus diesen Texten zitiert. Damit soll auch gezeigt werden, welche Schätze christlicher Spiritualität in diesen Liturgien verborgen liegen.

Wir halten fest: Die Sprache, in der uns die Wirklichkeit alles dessen, was nach dem Tod kommt, zugänglich wird, ist poetisch, hymnisch, bildlich-liturgisch. Sie kann nicht abstrakt und lehrhaft sein.

Ausgangspunkt bei der Bibel

Die Aussagen der Bibel zum Thema sind knapp gehalten. Bis auf die Erzählung von Lazarus und dem Reichen in Lukas 16,19–31 und die ausführliche Argumentation in 1. Korinther 15 umfassen die unterschiedlichen Texte im Neuen Testament kaum je mehr als drei Verse. Der Grund für diese Zurückhaltung liegt sicher nicht darin, daß die Autoren in der Sache verlegen oder unsicher waren. Vielmehr wird das Thema jeweils vom Zentrum der Botschaft, von der Erlösung durch Jesus Christus her, sozusagen nebenbei mit beantwortet. – Da aber heute der ganze Bereich fraglich geworden ist, muß diese Erschließung vom Zentrum her deutlicher nachgezeichnet werden. Dazu sind die biblischen Aussagen sorgfältig zu hören und zu erläutern. Verkürzte Formulierungen sind ihrem Gehalt nach so weit zu entfalten, bis sie wieder verständlich werden.

Die Art, in der frühchristliche Autoren unsere Frage beantworten, ist an einigen Beispielen zu erläutern. Immer gehen sie von geistlichen Erfahrungen aus. Linien werden ausgezogen und Ansätze zu Ende gedacht. So entwickelt sich eine eigene Art Logik »nach Analogie«.

Von großartiger Kühnheit sind die Schlußfolgerungen, die Paulus nach dem Verfahren zieht, daß das vergleichsweise Geringere und leichter zu Bewerkstelligende schon geschehen ist, was Hoffnungen darauf zuläßt, daß Gott auch das Größere tun wird.

Sprache des Mythos

Als Ausgangsbeispiel sei ein Teil des »Requiem« (das sogenannte Offertorium) der lateinischen Liturgie zitiert:
»Herr Jesus Christus, König der Herrlichkeit, erlöse alle verstorbenen Christen aus den Strafen der Hölle und aus dem tiefen See. Erlöse sie aus dem Rachen des Löwen, daß der Tartarus sie nicht verschlinge, daß sie nicht in die Finsternis fallen. Sondern der Heilige Michael, der Bannerträger, geleite sie ins heilige Licht, das du einst Abraham verheißen und seinem Samen.«

In diesem Text werden antike mythologische Vorstellungen aufgenommen und mit jüdisch-alttestamentlichen verknüpft. Der »See« entspricht dem Unterweltsgewässer Acheron, Tartarus war der römische Name für den Ort der Gerechtigkeit in der Unterwelt. Daß in der Unterwelt Finsternis herrscht, wissen schon Homer und Vergil, die es wiederum von Odysseus und Äneas berichten. Die Verheißung an Abraham wird umgedeutet (wie es öfter geschah): An die Stelle des »Landes« und des »Ruheortes«, die ihm sonst verheißen werden, ist hier das Licht getreten. Die positive Hauptfigur ist der Erzengel Michael, der als Anführer eines siegreichen Zuges aus der Finsternis ins Licht gedacht ist. Der Löwe ist der Teufel, der *umhergeht, suchend, wen er verschlinge* (1. Petrus 5,8); er ist mit der antiken Figur des Zerberus verschmolzen.

Daß die Welt der Toten wäßrig ist, wird auch in der westsyrischen Totenliturgie (Antiochien) bedacht: »Die heilige Taufe sei mir ein Schiff, das niemals sinkt, bis ich dein Erbarmen sehe am Tage der Auferstehung.« Anders in derselben Liturgie: »Laß mich in einem Boot von Wasser das Feuermeer durchqueren. Möge die Taufe mich vor dem brennenden Feuer bedecken und ihre Wogen über das Feuer ausbreiten.« Das Engelgeleit ist besonders wichtig in der koptischen Liturgie: »Du wollest vor ihm (sc. vor dem Toten) hersenden einen Engel der Gerechtigkeit, einen Engel des Friedens, daß sie ihn zu dir geleiten ohne Furcht. Möge sich das Wüten des Drachen als eitel erweisen, mögen die Rachen der Löwen verschlossen sein, mögen die bösen Geister zerstreut werden, möge der nimmer müde Wurm zur Ruhe kommen, möge er (sc. der Tote) sich dem Chor der Himmel zugesellen im Schoße Abrahams, Isaaks und Jakobs in deinem Königreich.« Dieses Gebet ist eher biblisch orientiert und versteht den Weg des Toten als Exodus – daher die Bitte, Engel vor ihm herzusenden.

Ähnlich das Gebet, das Maria, wie die Liturgie es sich vorstellt, stellvertretend für den Toten betet: »Mögen sich in meiner Nähe halten die Engel des Lichts, möge der Wurm, der nicht stirbt, stillhalten, möge die äußere Finsternis licht werden, mögen die Ankläger der Unterwelt ihre Münder vor mir geschlossen halten, möge der Drachen des Abgrunds seinen Rachen verschlossen halten, wenn er mich zu dir gehen sieht.« Die »Ankläger der Unterwelt« kommen aus dem antiken Totengericht.

Diese wenigen Beispiele zeigen, daß gerade alte Liturgien in Totengebeten ein erstaunliches »Gedächtnis« für heidnische mythische Traditionen und für Einzelheiten der Engellehre des Frühjudentums zeigen. Von diesen alten Überlieferungen her »weiß« man, wie es »dort unten« aussieht. – Die »Tradition« dient nicht der Neugier, dem Streben nach Wissen, sondern sie überwindet die Angst. Was man seit unvordenklichen Zeiten »weiß«, macht das Unheimliche in gewissem Maße vertraut. Je vollständiger man sich erinnert, um so geringer die Angst. Vor allem unter diesem Vorzeichen werden antike griechisch-römische und jüdische Traditionen verschmolzen. Nicht aus Gelehrsamkeit, sondern um nichts zu vergessen, was gefährlich werden könnte.

Daß dabei Bilder von unwirklicher Schönheit entstehen, macht den Schatz dieser Gebete aus. So etwa, wenn man nach der äthiopischen Liturgie für den Toten betet: »... daß der Abgrund der Finsternis zu leuchten beginne und die Engel des Lichts herniedersteigen vom Himmel, um ihm (sc. dem Toten) zu dienen«, oder im Gebet für die Seele des Verstorbenen: »Laß ihr die Flügel des Heiligen Geistes wachsen, damit sie über das Feuermeer hinüberkomme, das nicht schweigt, auf daß sie mit leuchtendem Antlitz vor deinem furchterregenden Angesicht stehe.«

Wer als Theologe mythisch redet, bleibt immer mit einem Fuß in der sichtbaren Wirklichkeit. Ein Geschehnis aus dieser sichtbaren Wirklichkeit wird eingeordnet in ein umgreifendes unsichtbares Geschehen. Kriterien der Wahrheit sind »Gottes Ehre« und die »Einheit der Kirche«, ferner, daß auch die sichtbare Wirklichkeit nicht unterschlagen wird. Die Wandmalereien zum Beispiel der Romanik zeigen, daß die Querverbindungen von mythischen Texten zur Ästhetik eng sind. Das gilt in noch höherem Maße für Liturgie und Mystik. Die Bilder des kollektiven Gedächtnisses sind wahrer und umfassen weit mehr Dimensionen als die, welche rationaler Kritik zugänglich sind. Von daher ergeben sich auch ganz andere Möglichkeiten der Heilung und Tröstung.

Die Evidenz der Schönheit in den ostkirchlichen Liturgien

Alte Sprache neu gehört

Oft fragen gerade Theologen: Ist die Sprache dieser alten liturgischen Texte nicht überholt? Es ist schon wahr, daß unser Verhältnis zum Tod, zur Auferstehung und Seligkeit wesentlich ein Sprachproblem ist. Und angesichts unserer technischen oder bürokratisch abstrakten Sprache sind die Bilder von Abrahams Schoß, vom Land des Lichts und von der Seligkeit wirklich wie fremde Gäste. Manche sagen: wie Formeln. – Der Unterschied zur Sprache der alten Gebete läßt sich besonders gut im eigenen Haus ermessen. Die modernen exegetischen Kommentare zu biblischen Büchern strotzen vor technisch gebrauchter und abstrakter Fachsprache. Dazu kommt die Beobachtung, daß Theologen der beiden großen Konfessionen sich regelmäßig als die letzten und gläubigsten Anhänger einer sehr rationalistischen Aufklärung verhalten.

Aber welche Wirklichkeit meinen sie eigentlich? Sind sie wirklich überzeugt, mit der Ratio jede denkbare und erfahrbare Wirklichkeit schon erfaßt und bestimmt zu haben?

All das zusammengenommen bedeutet für mich: Auf jeder Ebene, gerade auch auf der Sprachebene der Fachtheologen, ist der Abstand zu den Texten der alten Liturgien mittlerweile so groß geworden, daß ihre Bilder schon von selbst wieder neu zu leuchten beginnen. Wie wenn eine kostbare alte Ikone sich in ein modernes Betonsilo verirrt und die Menschen erstaunt anhalten, innehalten und verwundert gewahr werden, daß es auch dieses gibt: die Wirklichkeit der Seele, der Welt des Unsichtbaren und Gottes. Nein, Engel sind so weit verbannt, gerade auch aus der Theologie, daß man ihre Namen schon wieder nennen kann, nicht autoritär und von oben herab, aber ganz weit unten an der Basis, dort, wo Menschen leben und sterben.

Angesichts der alten Liturgien kann man ein modernes Gedicht zur Sache zitieren: »Der Tod macht sprachlos. Das ist sein Triumph, den ich ihm nicht gönne. Sprachlos taste ich nach den alten Worten der Kirche. Auferstehung, ewiges Leben, Beigottsein, Verwandlung. Ich halte mich an ihnen fest. Der Boden schwankt. Ich sehe keinen anderen Weg« (W. Bruners).

»Laß ihn, o Herr, in dein Königreich eingehen, dessen Baumeister du bist, laß ihn die himmlische Stadt ererben, deren König du bist«, oder laß ihn eingehen »in deine heilige Stadt, deren Dach von Wasser und deren Wand aus Feuer ist, in die Stadt, die kein Adlerauge je erblickt.« So beten die Äthiopier für einen Toten.

Die Texte rufen Bilder ehrwürdigen Alters wach: von Gottes Königreich im Himmel, von Wasser und Feuer als himmlischem Baumaterial (äthiopisches Henochbuch, entstanden spätestens 3. Jahrhundert v. Chr.), von der himmlischen Stadt, dem himmlischen Jerusalem, das dem Judentum schon längst vor dem Neuen Testament bekannt war.

Man hat diesen Bildern oft vorgeworfen, sie malten aus, sie zwängen zu bestimmten sinnlichen »Vorstellungen«. Aber das tun sie gerade nicht. Sie verletzen keineswegs die eherne Regel, daß wir, weil wir über den Tod nichts wissen, darüber nichts exakt sagen können. Sie sagen etwas, aber was sie nicht sagen, ist stets der größere Teil. Darin beruhen wohl gerade ihr Reiz und ihr Charme: Sie verhüllen das Unfaßbare so, daß sie doch nicht schweigen müssen. Viele dieser Bilder erinnern an die unwirkliche Schönheit des verhüllten Reichstags in Berlin im Jahr 1995.

Wer vom Dach aus Wasser und von der Wand aus Feuer redet, darf sehr wohl auch über den Himmel sprechen. Denn das Surrealistische ist sachgemäß. Man kann auch durch die Abfolge der Bilder die Unfaßbarkeit der Herrlichkeit beschreiben, um die es geht. Und wer dächte bei der himmlischen Stadt nicht an das 11. Kapitel des Hebräerbriefes, nach dem ihre Bürger dieser himmlischen Stadt von ferne zuwinken und damit zugleich bekennen, daß ihre Heimat nicht auf Erden ist, sondern nur dort.

Für religiöse Bilder aus dem Bereich der sogenannten Apokalyptik gilt: Schön sind sie, wenn sie Vertrautes wie Wand, Dach, Stadt und Mauer so einführen, daß der Leser mit seinen Vorstellungen nicht unsachgemäß oder kitschig antworten muß. Diese Texte sind abstrakt wie romanische Wandmalereien. Gleichzeitig sind sie von elementarer Einfachheit. Das ist wichtig, weil sie das Unvertraute beschreiben. Dies können sie nur mit vertrauten Grundpfeilern des Lebens. So wird das Unvertraute und schlechthin Neue so weit eingefangen, daß die Angst verschwindet. Damit leisten diese Texte in mancher Hinsicht Ähnliches wie die Gleichnisse des Neuen Testaments, ohne mit ihnen konkurrieren zu wollen.

Die Sprache der Sehnsucht

Wir sahen bereits andeutungsweise: Die Fragen der Menschen nach Leiden und Tod, nach dem, was nach dem Tod ist, oder nach der Auferstehung können heute oft deshalb von »den Kirchen« nicht befriedigend beantwortet werden, weil ihnen die angemessene Sprache dafür fehlt. Die Volkskirchen haben deshalb ihr Volk verloren, weil die Sprache der Geistlichkeit perfekt und abgehoben ist und jedermann bevormundet – noch zu keiner Zeit der Kirchengeschichte ist so gut, so richtig gepredigt worden wie in der zweiten Hälfte dieses Jahrhunderts. In vielerlei Bereichen des menschlichen Lebens, besonders aber in dem, um den es hier geht, ist eines der Hauptprobleme die Überperfektion. Das zeigt sich auch darin, daß mehr Antworten gegeben als Fragen gestellt werden.

Die Sprache dogmatischer Systeme oder biblizistischer Paketlösungen ist, so scheint es, der falsche Deckel auf den richtigen Töpfen. Das alles ist nicht eine Frage der Rechtgläubigkeit, sondern der Verständigung, der Kommunikation. So fällt auf, daß innerhalb der Bibel, in der Liturgie und auch in der Literatur der Gegenwart die wichtigsten Aussagen zu den Themen Leiden, Tod und Auferstehung jeweils in gebundener Sprache, jedenfalls nicht in beschreibender Wissenschaftsprosa, vorgelegt wurden. In dieser Sprache waren sie überzeugend.

Denn offenbar bestehen enge Querverbindungen zwischen im weitesten Sinne poetischer Sprache und Magie, mythischer Wahrnehmung und religiöser Wahrnehmung der Wirklichkeit Gottes. Die Auferstehung Jesu kann man leicht annehmen, wenn man sie besingt, an den sonst als »Problem« verschrienen Heiligen Geist können wir glauben, wenn wir singen »Komm, Schöpfer Geist, kehr bei uns ein« oder wenn wir auf einer alten Glocke lesen: »Der Geist des Herrn erfüllt den Erdkreis, Halleluja.«

Es ist etwas anderes, von der Auferstehung zu singen, als sie lehrhaft verordnet zu bekommen oder als Glaubensbekenntnis unterschreiben und beschwören zu müssen. Damit wird die gesungene Auferstehung nicht weniger wahr – ganz im Gegenteil. Besonders kraß wird dies zu Weihnachten. Auch Menschen, die kaum etwas vom christlichen Glauben ahnen oder verstehen, können hochsymbolische Texte wie »Es ist ein Ros entsprungen...« oder »Es kommt ein Schiff, geladen...« voll Andacht und Frömmigkeit singen, auch wenn das Inkarnationsdogma für sie, wie sie sagen, »eine Zumutung« ist.

An dieser Stelle wird ein wesentliches Stück des Problems Volkskirche sichtbar. Oft sind die Kirchen ängstlich, zerstritten und mit sich selbst beschäftigt, statt sich bedingungslos der Verheißung der Herrlichkeit anzuvertrauen. Das Institut in Allensbach hat es neulich auf den Punkt gebracht: Am Ende sind nicht Zölibat und Verweigerung der Frauenordination wirklich an der Enttäuschung der Menschen schuld. Es ist die fehlende Ausstrahlungskraft. Christen müßten erkennbar werden an ihrem besonderen Lebensstil, andere müßten neidisch werden auf ihr Christsein. Ausstrahlung hat biblisch mit Herrlichkeit zu tun, Herrlichkeit aber mit Freude am eigenen Glauben. Denn jedes Fünkchen Freude ist ein Stück von Gottes Herrlichkeit.

Als Beispiel »eschatologischer« Sehnsucht seien die sogenannten O-Antiphonen (aus den sieben letzten Tagen vor Weihnachten) zitiert:

»O Weisheit. Du gehst hervor aus des Höchsten Mund, du waltest bis zu den Grenzen des Alls und lenkst alles mit Kraft und doch sanft. Komm, lehre uns den Weg der Klugheit.

O Adonai und Herrscher über Israels Haus. Du bist Mose im brennenden Dornbusch erschienen und hast ihm auf dem Sinai das Gesetz gegeben. Komm, erlöse uns mit deinem ausgestreckten Arm.

O Wurzel Jesse. Du bist aufgerichtet als Zeichen für die Völker. Vor deinem Angesicht verstummen die Könige und flehen die Heidenvölker. Komm, uns zu erlösen, ja, zögere nicht.

O Schlüssel Davids und Szepter Israels. Du öffnest und niemand kann verschließen, du schließt und niemand kann öffnen. Komm und führe das gefangene Volk aus dem Kerker, das Volk, das im Schatten sitzt und in Todesfinsternis

O Stern im Osten, Abglanz des ewigen Lichtes und Sonne der Gerechtigkeit. Komm und erleuchte, die im Finstern sitzen und im Todesschatten.

O König der Völker. Du bist ihre Sehnsucht. Du bist der Eckstein. Du versöhnst, was getrennt ist, zur Einheit. Komm, rette den Menschen, den du aus Lehm gebildet.

O Emanuel, unser König und unser Gebieter. Du bist die Sehnsucht der Völker, du bist ihr Heiland. Komm, uns zu retten, Herr unser Gott.«

Auffälligerweise sind schon in der Bibel die meisten Texte zum Thema Leiden, Tod und Auferstehung in der Sprache der Sehnsucht formuliert, und die Liturgien setzen das fort. Gleich an mehreren Stellen redet Paulus ganz emotional, wenn er von der Hoffnung spricht, die ihn über die Kluft des Todes hinwegträgt. Öfter sagt er, daß er stöhnt unter der Not, ebenso daß er Sehnsucht hat nach dem Neuen. *Nach zwei Seiten zieht es mich. Voller Sehnsucht möchte ich sterben und bei Christus sein...* (Philipper 1,23). *Solange ich in diesem irdischen Leib wohne, stöhne ich, begehre ich sehnsuchtsvoll, den himmlischen Leib anzuziehen* (2. Korinther 5,2). *Sehnsüchtig wartet die Schöpfung darauf, daß die Kinder Gottes offenbar werden... Die ganze Schöpfung stöhnt mit uns und liegt bis zur Stunde mit uns in Wehen... Auch wir selbst stöhnen in unseren Herzen und warten darauf, als Kinder eingesetzt zu werden* (Römer 8,19–23). Wenn Paulus seine Hoffnung ausdrückt, dann richtet sie sich darauf, daß die Thessalonicher nicht *traurig sind wie die übrigen, die keine Hoffnung haben* (1. Thessalonicher 4,13), und so sollen die Christen *einander trösten* mit den Worten des Paulus.

Das ist in jedem Einzelfall die Sprache des Menschen Paulus, der von dem spricht, was ihn im Innersten bewegt; es ist auch die Anrede des Seelsorgers.

Man kann schon sagen, daß die paulinische Sehnsucht nach dem »Himmel« sich von unserem Verhältnis zu dem, was auf den Tod folgt, erheblich unterscheidet. Er kann das wie einen Schatz lieben, was für viele von uns wieder dumpf und dunkel geworden ist. Insofern stehen wir der klassisch-alttestamentlichen Auffassung oft (leider) wieder näher, nach der es sich um ein Schattenreich handelte. So gesehen kann man sagen: Nur wie ein Intermezzo leuchtete die Ahnung, ja die Utopie auf, die Toten seien eben nicht in die trostlose Schattenwelt verbannt, sondern dürften zum Thron Gottes im Licht hinzutreten.

Paulus versteht man nur von den Aussagen her, in denen er sagt, was er liebt und was er ersehnt. Er liebt sein Volk – und er sehnt sich nach dem »Himmel«. Letzteres heißt für ihn: Freiheit vom Tod, Leben mit Christus in der Familie aller Kinder Gottes. »Ich will ihr Vater sein, und sie sollen meine Kinder sein« – diese Bundesverheißung Gottes ist der zentrale Inhalt der paulinischen Hoffnung. Und das paßt dann auch genau dazu, daß er sein Volk so liebt, denn zuerst diesem Volk gilt die Verheißung.

Wenn man über Zukunftserwartung in der Sprache der Sehnsucht redet, dann kann man über die »Heilstaten Gottes« in der Geschichte mit der Sprache des Lobpreises reden. Gilt im letzteren Fall »Was man betet, das glaubt man« *(lex orandi lex credendi)*, so gilt für das erstere: Sage mir, worauf deine Sehnsucht geht, und ich sage dir, was du glaubst.

Paulinische Sätze werden direkt aufgenommen in der ostsyrisch-chaldäischen Liturgie: »Die ganze Schöpfung stöhnt wegen der Menschen. Verständige und stumme Wesen erwarten – in Trauergewänder gehüllt – die Zeit, in der sie das verhaßte Gewand der Sterblichkeit ablegen dürfen.«

Oft finden wir auch Aussagen zu unserem Thema in der Gestalt von Seligpreisungen. Diese Form eignet sich hier besonders, weil »selig« immer Gegenwärtiges benennt. Selig ist schon jetzt, wem eine Verheißung über Zukünftiges zugesprochen wird. In der Verkündigung Jesu sind die Seligpreisungen gerade in diesem Sinne formuliert. Näher an unserem Thema steht schon 1. Petrus 4,14: *Wenn ihr geschmäht werdet um Christ willen, selig seid ihr, denn der Geist der Herrlichkeit, der auch der Geist Gottes ist, ruht schon auf euch.* Selig sind die Verfolgten schon jetzt, weil Gottes Geist sie froh macht. Selig ist schon jetzt, wer sich vom Geist Gottes befreien läßt. Zu nennen ist hier auch Offenbarung 14,13: *Selig die Toten, die von jetzt an sterben, eins mit dem Herrn. Von ihren Leiden werden sie sich ausruhen, denn ihre Werke sind bei ihnen.*

Die westsyrische Kirche Antiochiens nimmt dieses Stück im Totenritus auf: »Sei mir, Herr, Leuchte und ewiges Licht, in dem ich wandeln und zu den Gefilden der Seligen geführt werden kann. Selig sind die Toten, die standhaft im Glauben zur Ruhe geschieden sind. Selig sind die Begrabenen, die sehnsüchtig nach dem Tag ausschauen, an dem der Herr kommt. Selig die Entschlafenen, die voller Hoffnung die verheißene Auferstehung erwarten. Selig die Kinder am Tage, wenn Gott es kundtut.«

Wir halten fest: Die Sprache der Sehnsucht und die Form

und »Weltsicht« der Seligpreisungen sind besonders angemessen, um die christliche Hoffnung zu beschreiben.

Eine Frage der Perspektive

Auferstehung – wann?

Alle unsere Vorstellungen von Zeit und Raum werden
brüchig angesichts des Todes. In bezug auf die Zeit kann
man fragen: Hört mit dem Tod die Zeit auf, gibt es eine
andere Zeit danach? Muß man mit den griechischen Kir-
chenvätern an eine »Ewigkeit« denken, in der die Zeit aufgehoben ist? Aber das ist der Bibel ganz fremd. – Hier wird
eher an Prozesse von langer Dauer gedacht. Und auch
andersherum wird gefragt: Wenn die Begegnung mit Gott
durch Jesus Christus ein neues, überraschendes Geschehen
ist, die große Wende – ist sie dann irgendwie mit dem Ein-
schnitt vergleichbar, die der Tod und das Sterben bedeuten?
Denn es besteht kein Zweifel: Die Wirklichkeit Gottes und
der fremde Bereich nach dem Tod – sie hängen beide un-
trennbar zusammen als »der Himmel«. Das Neue Testament sieht es oft so: Jede Begegnung mit dem lebendigen
Gott, der der ganz andere ist, wirkt so radikal wie der Übergang vom gewohnten Leben in den Raum, in die unsichtbare Welt dahinter und danach. Daher ist es nicht verwunderlich, daß es bei vielen biblischen Aussagen über Auferstehung, Leben nach dem Tod und ewiges Leben relativ
offen bleibt, wann diese jeweils beginnen. So greift zum
Beispiel Leo N. Tolstoj in seinem Roman »Krieg und Frieden« in dem Satz: »Sterben ist wie Aufwachen« die russisch-
orthodoxe Anschauung auf: Die Auferstehung beginnt im
Sterben. Die Ostsyrer (Chaldäer) beten in der Totenliturgie
anläßlich des Begräbnisses: »Siehe, der Morgen der Auferstehung ist gekommen.« Die Zeit scheint am Punkt des
Todes aufgehoben.

Unklar ist auch das »Datum«, an dem der Hymnus in Epheser 5,14 gelten soll: *Aufstehen, du Schlafmütze! Steh auf von den Toten, dann geht Christus, die Sonne, über dir auf!* Im Kontext des Briefes ist das ein Mahnruf an die Gemeinde, die sich »jetzt« von neuem bekehren soll. Eigentlich aber wäre der Text auf Menschen bezogen, die noch gar nicht Christen sind. Denn »tot« sind sie als Heiden. In frühchristlichen Offenbarungsschriften finden wir das Stück dagegen als Teil des Endgerichts: So wird bei der Totenauferstehung gerufen. Ist sie das ursprüngliche Geltungsdatum?

Unklarheit besteht im Neuen Testament besonders über den sogenannten Zwischenzustand, die Zeit zwischen Tod und Endgericht. Denn einerseits erwartet man eine *zukünftige* Auferstehung mit der Konsequenz, daß dann alle Gerechten mit dem Herrn zusammensein werden. Hier steht also die Wiederkunft des Herrn im Blickpunkt. Bis dahin *schlafen* die Toten in Christus (1. Thessalonicher 4,14).

Andererseits erwartet wiederum Paulus, aber auch Lukas, daß der »Gerechte« *direkt nach dem Tode* beim Herrn und in seiner Gemeinschaft ist. Schon unmittelbar nach seinem Lebensende tritt er in die vollendete Gemeinschaft mit seinem Herrn ein. Auch von Jesus stellt sich die frühe Gemeinde vor, daß er direkt nach dem Tod bei Gott ist.

Die Frage war indes immer: Fehlt nicht bei diesem Zustand noch etwas? Ist das schon alles? Was könnte bei der Wiederkunft Jesu noch hinzugewonnen werden? Wäre das die Auferstehung? Aber wenn Paulus sich darauf freut, direkt nach dem Tod beim Herrn zu sein, ist das noch dasselbe wie »im Herrn« entschlafen zu sein?

Und schließlich heißt es drittens in den Briefen an die Kolosser und Epheser, die Christen seien *bereits auferstanden* (Kolosser 2,12; Epheser 2,6). Von einer noch ausstehenden zukünftigen Auferstehung der Christen reden beide Briefe gar nicht. Auch Paulus kann sagen, die Christen seien schon *verherrlicht* (Römer 8,30), und doch schließt Paulus die zukünftige Auferstehung und Herrlichkeit nicht aus.

Die drei verschiedenen Ansätze zeigen untereinander große Spannungen, und sie sind nicht einfach auszugleichen in dem Sinne, daß alle dasselbe meinten. Doch ist der unterschiedliche Ausgangspunkt zumindest zu erklären.

Die Liturgien sprechen vom Licht, vom Eingehen in das Reich, von der Befreiung und vom Brautgemach sowie vom himmlischen Jerusalem schon für den Zeitpunkt des Begräbnisses oder der Totenliturgie. Nur selten wird die genannte Dimension dann zeitlich begrenzt durch Hinweise wie »bis zur Auferstehung«.

Ende und Anfang

Es ist klar erkennbar: An drei unterschiedlichen Stationen ihres Weges werden den Christen verschiedene Heilsgüter zugesprochen. Diese Heilsgüter sind: Licht, Herrlichkeit, (ewiges) Leben oder Auferstehung, Veränderung der Leiblichkeit (neues »Kleid«), Zugehörigkeit zu Gottes Stadt oder Reich, Gemeinschaft mit Gott und Christus (»Mitsein«), Kindschaft, Abwehr der oder Sieg über die Feinde des Heils, Wirken des Heiligen Geistes und (teilweise) das Wirken von Engeln oder eine Erscheinung himmlischer Personen. – Die Stationen, an denen den Christen solches zugesagt wird, sind: Taufe, Todesstunde und Wiederkunft Christi (Parusie).

Es handelt sich insgesamt um Krisen- oder Wendestationen. An ihnen wird für das Verständnis der frühen Christen »durch Gottes Handeln« der Horizont des Irdischen geöffnet. Man kann auch von Epiphanien oder Epiphanie-Situationen sprechen, weil hier irdisch-menschliches Geschehen und himmlisches Wirken ineinandergreifen. Überall gibt Gott den Menschen Anteil an sich selbst, indem er sie sehr nahe an sich herankommen läßt.

Daß das Gott und Menschen, Himmel und Erde verbindende Geschehen dabei stets sehr ähnlich ist, bedeutet, daß die genannten Heilsgüter »wiederverwendbare Bausteine«

sind oder, besser gesagt, daß sie in der Tat zum Teil auch wiederholt zugesprochen werden können. Dabei geht es um Erneuerung, Verdichtung und fortschreitende Verähnlichung. So kann Paulus davon sprechen, daß die Christen *die Herrlichkeit des Herrn sehen und in eben dieses Urbild hineinverwandelt werden, und zwar auf dem Weg in immer größere Herrlichkeit* (2. Korinther 3,18).

Die Situationen von Taufe, Sterbestunde und Parusie sind stets Anfangs- und Endsituationen zugleich. Die Taufe ist Ende der Zeit ohne Christus und Beginn des Christenlebens, die Sterbestunde ist Ende des sichtbaren sterblichen Lebens und Beginn des unsichtbaren Seins »beim Herrn«, die Wiederkunft Christi ist Ende des Wartens auf den Herrn und Anfang der Neuen Welt.

Ein Teil des Problems, das mit dem sogenannten »Zwischenzustand« verbunden war, ist mit diesen Beobachtungen bereits gelöst. Denn die Güter, die für diese Zeit zugesagt werden, sind fast immer auch bei der Taufe und bei der Wiederkunft Christi aktuell. Nur wenige Elemente gelten exklusiv für den »Zwischenzustand«. Dazu gehört das Tanzen vor Gottes Altar und das Ruhen oder Sitzen im Schoße Abrahams, Isaaks und Jakobs.

Der Standpunkt bestimmt den Blickwinkel

Die drei genannten Grundsituationen unterscheiden sich vor allem darin, daß die frühchristlichen Theologen den entscheidenden Wendepunkt, die zentrale Begegnung mit Gott, jeweils zu einem *anderen Zeitpunkt* ansetzen, der dann die vollendete Gemeinschaft mit Christus bringt. Das kann man auch am Wortgebrauch zeigen, an der Wendung *mit Christus*. Entweder werden die Christen bei der Wiederkunft Christi *mit Christus* sein (1. Thessalonicher 4,7; Römer 8,17b), oder sie sind schon direkt nach dem Tod *mit ihm* (zum Beispiel in seinem Reich; Philipper 1,23; Lukas 23,43), oder sie sind eben schon bei der Bekehrung zum Christentum *mit Christus auferstanden* und haben sich *mit ihm* im Himmel niedergesetzt (Kolosser 2,12; Epheser 2,6).

Daß man den entscheidenden Zeitpunkt so unterschiedlich ansetzen konnte, verdankt sich auch der jeweiligen Situation, auf die die Texte reagieren. Wo die Auferstehung schon vollzogen ist, wird der Wert der Tatsache extrem betont, daß Christen überhaupt zu Christus dazugehören. Gegenüber Anfeindungen und Verunsicherungen, denen die Adressaten des Epheser- und des Kolosserbriefes ausgesetzt waren, galt es zu versichern, daß ihnen das entscheidende Heil nicht vorenthalten wurde, daß es nur noch sichtbar werden müsse. Die praktischen Auswirkungen waren für den Epheserbrief die Aufhebung der Grenzen zwischen Juden- und Heidenchristen, für den Kolosserbrief der Verzicht auf Engelverehrung.

Wo dagegen betont wird, das Sein beim Herrn folge direkt auf den Tod, da ist die starke Sehnsucht nach dem Zusammensein mit dem Herrn das Motiv. Was sonst für die Märtyrer galt, wurde schon hier auf jeden Christen ausgeweitet. Für den Märtyrer war es ja dringlich, bei dem Herrn, dem er sein Leben schenkte, weiterzuleben. – Bei dieser Gruppe von Aussagen ist offenbar die Auferstehung jeweils mit dem, was auf den Tod folgte, noch nicht erreicht.

Wo schließlich die Gemeinschaft mit »dem Herrn« erst mit der Wiederkunft Christi erreicht wird, wie das sehr viele Texte sagen, wird gegenüber der Gegenwart noch eine Verheißung offengehalten. Gerade weil man in der Gegenwart vieles noch nicht sieht und nur erahnt, gilt: In der Zukunft wird sich das ändern. So wird die Gemeinde getröstet.

Wir halten fest: Wir sollten nicht versuchen, die Aussagen harmonistisch auszugleichen. Aus den unterschiedlichen Zeugnissen müssen wir keineswegs eine einheitliche, beruhigte Dogmatik zusammenkochen. Man konnte tatsächlich in unterschiedlichen Situationen das entscheidende, alles lösende Ereignis an verschiedenen Punkten des Heilsdramas erblicken.

Dennoch bleibt verwunderlich, daß man so unterschiedliche Aussagen treffen konnte. Die Ursache dafür liegt ganz offensichtlich darin, daß es sich sehr wohl bei allen drei Punkten um eine genuine, fundamentale »Begegnung mit dem lebendigen Gott« handeln konnte, also beim Christwerden, beim Tod des Christen und bei der Wiederkunft Christi. Offenbar ist das Bildmaterial, das man zur Verfügung hatte, um über diese Begegnungen zu sprechen, begrenzt gewesen. So kam es, daß man immer wieder vom Beginn der Gemeinschaft (»mit Christus«) und in mindestens zwei Fällen (beim Christwerden und am Ende) von der »Auferweckung« reden konnte. In der Liturgie hat man dann auch das Sterben als Auferstehungsmorgen angesehen.

Anders gesagt: Diese Übereinstimmungen haben ihren sachlichen Grund darin, daß die Begegnung mit dem lebendigen Gott auch tatsächlich immer ähnlich erfahren wurde, nämlich als Beginn der Gemeinschaft oder als Auferweckung. Die Entsprechungen zwischen Taufe (oder Bekehrung) und Auferstehung (Wiederkunft des Herrn) umfassen die für beide Ereignisse verwendeten Bilder »Neugeburt«, »Auferstehung«, »neue Schöpfung«. Denn dem lebendigen Gott zu begegnen, das hat immer ähnliche Konsequenzen.

Tod als Punkt oder Tod als Prozeß

Nach den Einsichten der modernen Physik können bestimmte Elementarteilchen sowohl »Welle« (Energie) als auch »Körper« (Materie) sein, je nach den Voraussetzungen, unter denen man sie betrachtet. – Ein ähnliches Phänomen zeigt sich im Neuen Testament für den Tod. Je nachdem, unter welchem Aspekt man ihn betrachtet, ist er Punkt oder Prozeß. Das gilt für die wörtliche wie für die bildliche Rede vom Tod, sofern sich diese beiden Ebenen überhaupt sorgfältig trennen lassen, denn auch das scheint am Ende unmöglich. Diese Einsicht, daß der Tod Punkt oder Prozeß sein kann, kann schon viele Deutungsprobleme beheben.

Einerseits ist Sterben oder Tod ein *Punkt*, der Endpunkt des irdischen Lebens, die Stunde des Abschieds. Auf der bildlichen Ebene wird gesagt, Getauftwerden sei Sterben. Taufe ist ein punktuelles Geschehen. So ist das Mitgekreuzigtwerden in der Taufe der Punkt des Sterbens *mit Christus* (Römer 6,2–6).

Andererseits sagt Paulus: Sterben ist ein langer *Prozeß.* Nach 2. Korinther 4,16 gilt: *Unser äußerlich sichtbarer Mensch wird zerstört,* und das geschieht Tag um Tag, denn parallel dazu wird *unser innerer, unsichtbarer neuer Mensch neu Tag um Tag.* Und nach 4,10 kann Paulus sagen, er trage *das Sterben Jesu* umher an seinem Leibe. – Und auf der bildlichen Ebene kann Paulus »trotz« des Herrschaftswechsels, der in der Taufe erfolgt ist, dazu auffordern, endlich die Konsequenzen daraus zu ziehen: *Also soll nicht die Sündenmacht herrschen in eurem sterblichen Leib..., und stellt eure Glieder nicht in den Dienst der Sündenmacht* (Römer 6,12).

Früher hat man versucht, dieses Verhältnis von Erinnerung an die Taufe und Mahnrede als die Abfolge von »Indikativ« und »Imperativ«, von Sein und Sollen zu deuten. Das Problem war nur: Indikativ und Imperativ dachte man als aufeinander folgende Phasen, doch haben beide sachlich eigentlich nichts miteinander zu tun. Fraglich blieb immer, warum auf das eine notwendig das andere folgen sollte. Wenn man dagegen sagt: Dieselbe Hinwendung zu Christus wird als Punkt oder als Prozeß beschrieben, beides sind wirklich zwei Seiten strikt desselben Geschehens, dann klären sich viele Probleme. Denn die Taufe ist ein Punkt: Im Namen Jesu taucht der Täufling im Wasser unter und wird so symbolisch mit Jesus begraben. Und weil er jetzt unter dem Namen Jesu steht, hat er Anteil am neuen Leben des Auferstandenen. – Andererseits heißt dieses Mit-Begrabenwerden bei Paulus auch Mit-Gekreuzigtwerden, und das ist nun nicht Sache von zwei Minuten, sondern ist ein grundlegender Wertewandel, eine tiefgreifende Abkehr von all dem, was bisher wertvoll und gültig schien. Dieser Wandel kann nicht in einem kurzen Augenblick vollzogen sein, sondern er dauert ein Leben lang und muß immer wieder gegen die Verlockung zum Rückfall verteidigt werden. Mit dem Bild des Kreuzes bindet Paulus diese »Bekehrung« ganz stark an Jesus.

In den alten Liturgien ist gleichfalls beides lebendig. Sterben ist die Stunde des Abschieds – der Tote sagt Lebewohl. Andererseits ist Sterben ein Hinübergehen, eine lange Wanderung, auf der, wenn die Gebete erhört werden, Engel begleiten, die helfen, die vielen Gefahren zu überstehen. – Auch in der Geschichte der »Krankensalbung« (»Letzte Ölung«) spielen beide Aspekte eine Rolle. In der koptischen Liturgie empfängt die ganze Gemeinde einmal im Jahr die Krankensalbung, so daß das ganze Leben im Schutz dieser Salbung steht. Im Westen wurde sie dagegen sehr lange nahezu gänzlich auf die Stunde des Todes eingegrenzt.

Wir halten fest: Im frühchristlichen Verständnis des Todes begegnen sich zwei Vorstellungen von Zeit. Das eine Verständnis ist an der »Stunde der Wahrheit« orientiert, der Todesstunde – oder, mehr bildlich gesehen, der Stunde der Taufe. Vertreter des anderen Verständnisses können nur in langen Prozeßabläufen denken. Sterben ist eine Wanderung, Christwerden ein lebenslanger Weg. Beide Auffassungen sind wie zwei Seiten einer Medaille.

Nicht nur das Sterben ist punktuell und prozeßhaft zugleich zu denken, sondern auch das »ewige Leben«. Sofern dieses ewige Leben schon jetzt beginnt, kann man einen Prozeß des Werdens erkennen; so spricht Paulus davon, daß der *innere Mensch* Tag um Tag als neuer Mensch in uns entsteht (2. Korinther 4,16). Dasselbe gilt aber auch für das künftige Sein bei Gott. Auch dieses ist vielleicht mit dem Bild des Prozesses besser und weniger mißverständlich erfaßt als mit statischen Bildern. So ließe sich auch ein Ort für die katholische Lehre vom Fegefeuer finden, wenn man sie nur neu formulieren will. Denn auch diese Lehre setzt ein Werden voraus. Ist ewiges Leben so, wie wenn ein Vogel immer weiter in einen sonnigen Frühlingsmorgen hineinfliegt? Der Tod ist keine Endstation.

Konkretion: Immer wieder gerinnt zum Punkt, was doch ein Prozeß ist. Wir beobachten das an Sterben und Tod, an Christwerden und Taufe. Immer wieder entfaltet sich zum Prozeß, was wir – oft auch, um es fassen zu können – an einem Punkt verorten. Mitgekreuzigtwerden ist mit der Taufe nicht zu Ende, und Sterben beginnt schon kurz nach der Geburt. Das gilt auch von den positiven Dingen. Ewiges Leben *wird von Tag zu Tag in uns erneuert* (2. Korinther 4,16). – In diesem Ansatz, daß Punkt und Prozeß zwei Seiten derselben Münze sind, könnte ein Ansatz zur Erneuerung christlicher Spiritualität liegen.

Disput mit einem Skeptiker

Skeptiker: Schon Friedrich der Große hat über einen Pfarrer, der nicht an die Auferstehung glauben wollte, gesagt: »Ist Seyne Sache. Wenn er nicht auferstehen will, so soll er doch Meynetwegen am Jüngsten Tage liegenbleiben.« Kurzum: Ich will auch liegen bleiben.
Antwort: Bei allen christlichen Zukunftsgeschichten geht es in Wahrheit immer um die Gegenwart. Die Frage ist also: Wie stehen Sie jetzt und überhaupt zu Leben, Lebensfreude und Geliebtwerden? Die christliche Zukunftshoffnung kommt aus einem ganz tiefen Ja zu diesen Gütern.
Skeptiker: Warum muß man die Existenz des Menschen noch künstlich verlängern wollen? Ist sie nicht elend genug? Hat der Mensch nicht Zeit genug?
Antwort: Es geht nicht um einfache Existenzverlängerung, sondern um »all das Unabgegoltene, Unaufgelöste und vorläufig Bleibende, das genügend Anlaß gibt, um ein vertrau-

endes Ja« zur Auferstehung »zu wagen, ohne welches vielen Menschen dieses Leben letztlich ziellos, sinnlos und haltlos vorkommen muß« (H. Küng). Es gibt »die Hoffnung auf etwas, das alles Bruchstückhafte meines Lebens vollendet, und das Vertrauen auf eine Liebe, die mich empfängt« (F. Dethloff-Schimmer).

Skeptiker: Ist da nicht der fromme Wunsch der Vater des Gedankens?

Antwort: Entscheidend ist die Grundlage in der Auferstehung Jesu. Auch hier ist zu fragen, ob sie frommer Wunsch, Einbildung ist. Aber gerade hier sehen wir: Es ist extrem unwahrscheinlich, daß sich die Jünger Jesu nach ihrer Verzweiflung und Flucht am Karfreitag aus eigener Einbildung aufgerafft haben und für eigene Konstruktionen in den Tod gegangen sein könnten. Von nichts kommt nichts.

Skeptiker: Der Hinweis auf die psychische Situation der Jünger zu Karfreitag ist nicht überzeugend. Denn psychisch ist so manches möglich! Daran kann man doch nicht die universale Auferstehung binden.

Antwort: Eine psychologische Deutung legen die Berichte auch nicht nahe. Für die Jünger handelte es sich gerade nicht um Träume und Halluzinationen, sondern um Wirklichkeit; beides konnte man damals sehr wohl unterscheiden. Richtig ist aber, daß (fast) nur Paulus die Auferstehung Jesu mit der allgemeinen Auferstehung am Ende verbindet. Für ihn ist die Auferstehung Jesu der erste Akt des allgemeineren Geschehens. Aber eine derartige Auferstehung konnte man auch ohne die besondere Verankerung im Geschick Jesu annehmen. So ist es von den Pharisäern überliefert.

Skeptiker: Aber müssen wir einen antiken Pharisäerglauben zu dem unseren machen?

Antwort: Das frühe Christentum, inklusive Jesus und Paulus, ist ein Zweig des Pharisäismus. Ich finde dessen Gottesbild konsequent aus dem Alten Testament herausentwickelt. Der Auferstehungsglaube steht auch hinter den Lohnvorstellungen der Bergpredigt. Es geht um Gott, der den Menschen leibhaftig will und nicht vergessen will.

Skeptiker: Mir ist ein sanfter Gott der Aufklärung lieber, man nennt das Deismus. Da muß Gott nicht in die Welt eingreifen.

Antwort: Ich frage nur bescheiden an, wozu Sie dann überhaupt einen Gott annehmen?

Skeptiker: Für mich ist Auferstehung und so weiter unvorstellbar, und daher kann ich auch nicht daran glauben.

Antwort: Auch unser jetziges Leben bis zum Tod hat unvorstellbare Möglichkeiten in sich. Wer das Vorstellbare zum Maßstab macht, wird nie wirklich lieben können, macht seinen kleinbürgerlichen Rationalismus zum Maßstab aller Dinge und kann noch nicht einmal die Wunder der Natur begreifen.

Skeptiker: Beweisen läßt sich hier nichts.

Antwort: Das ist richtig. Aber das gilt positiv wie negativ. Man kann auch nicht beweisen, daß hier nichts ist. Der Tod ist die absolute Grenze unseres Begreifenkönnens, was das Denken nach Ursache und Wirkung angeht. Ähnlich stoßen wir aber auch schon in neutestamentlichen Wundererzählungen auf eine absolute Grenze des Verstehens, zum Beispiel bei der Brotvermehrung oder wenn Jesus auf dem Wasser geht. Es gibt auch sonst absolute Grenzen, zum Beispiel bei der Frage nach dem Bösen in der Welt. Man muß jeweils gar nicht lange gehen im Leben, um an solche Grenzmauern zu stoßen.

Skeptiker: Was ist hinter der Grenzmauer?

Antwort: Ich weiß es nicht. »Aber ich sehe die verwirrende Angst im Sterben und die erlösende Klarheit auf dem Angesicht der Toten« (F. Dethloff-Schimmer).

Skeptiker: Wie können Sie ein ganzes Buch über eine Sache schreiben, von der Sie nichts wissen?

Antwort: Gerade das, was sich hinter den Mauern des Begreifenkönnens verbirgt, hat Menschen immer interessiert, fasziniert und beeinflußt. Von den blinden Sehern der Antike über die Propheten und die Bedeutung der Offenbarung des Johannes für die Kunst und Geschichte Europas, von der Erscheinung Gottes vor Mose im brennenden Dornbusch bis zur Christusvision des Paulus, von Dantes Beschreibung der unsichtbaren Welt, die den Menschen nach dem Tod erwartet, bis hin zur bildlich gemeinten Forderung, Parteien müßten »eine Vision« vorlegen – immer lagen hier die wirksamsten Kräfte für das Handeln und Existieren der Menschen in der jeweiligen Gegenwart. Hier gilt nicht, was man wissen kann, sondern hier gilt verantwortbare mythische Sprache. Denn hier lassen sich Menschen leicht verderben.

Skeptiker: Muß ich also an ein Fortleben der Seele nach dem Tod glauben, um ein guter Christ zu sein?

Antwort: Im Christentum glaubt man überhaupt nur an Gott. Und wenn wir im Sinne der Bibel von den »Toten in Christus« oder von »Auferstehung« sprechen, dann ist das etwas anderes als Annahme einer Unsterblichkeit der Seele. Sondern die beiden genannten Dinge sind Konsequenz aus unserem Glauben an Gott. Wenn Gott uns liebt, gibt er uns im Tod nicht auf. Darum geht es. Nicht »eine Seele lebt fort«, sondern wir werden weiterhin gehalten in dem sozialen Netz, das Gott ausgespannt hat, auch als Tote. Insofern ist der Schluß eines Gedichtes von M. L. Kaschnitz gerade der Anfangspunkt des Glaubens: »Eines Tages wird nichts mehr da sein von dieser so und so gearteten Person. Nur ein Schmerz in der Magengrube eines, der sie geliebt.« Ja, wir gehen davon aus, daß zumindest und jedenfalls Gott diesen Schmerz spürt.

Der vorweggenommene Tod

Wir gehen im folgenden gewissermaßen chronologisch vor, so, wie es jeder Christ erleben kann oder doch könnte. Wir beginnen mit dem bereits vorweggenommenen Tod nach Paulus und Johannes, sprechen dann über das Sterben, über den »Zwischenzustand« und am Ende über die Auferstehung.

Der *Leib* des Menschen ist für das Neue Testament nicht die Summe von Knochen und Eingeweiden, sondern ein sehr komplexes Organ, mit der der Mensch in der Welt und vor Gott lebt, ein Fluidum, das durch die Beziehungen, in denen der Mensch steht, Grundlage für die Qualität seines Daseins ist. Von daher aber bestimmt sich nun auch das, was den *Tod* ausmacht. Er ist eine Veränderung dieses »Systems«, nicht dessen Ende. – Andererseits aber wird jede ganz einschneidende Veränderung der Beziehungen des Menschen zu anderen Menschen und zu Gott eben auch als ein Sterben und als ein Tod aufgefaßt. Das betrifft dann nicht nur das Denken oder das Bewußtsein, sondern den ganzen Menschen als Leib, komplex wie dieser Leib ist.
Für Johannes und Paulus ist in diesem Sinne der Tod schon überwunden, und zwar beim Eintritt der Menschen in das Christentum. Wir folgen diesen beiden großen Theologen der christlichen Frühzeit und entdecken dabei, daß diese beiden in einem ganzen Strang ihrer Aussagen überraschend ähnlich sind. Dieses Thema wird an erster Stelle behandelt, weil bei Johannes und Paulus der bereits überwundene Tod im Christenleben schon die relativ längste Zeit zurückliegt. Das entscheidende Geschehen ist am weitesten vorverlagert. Das Salz dieser Botschaft begreift man nur dann, wenn man

jede begütigende platonisierende Deutung fernhält, und das heißt: Für Johannes und Paulus ist der Tod, den der Christ schon hinter sich hat, nicht der eigentliche und geistige Tod, auf den dann der leibliche und materielle noch folgt. Nein, beide Autoren kennen die (platonische) Trennung von Materie und Geist nicht. Jeder Tod, jedes neue Leben ist immer leiblich und seelisch zugleich. Das wird ja auch schon an den Wundern deutlich. »Leib« ist, wie angedeutet, in jedem Fall eine sehr komplexe und differenzierte Größe, die Biologisch-Physisches, Psychisches, Soziales und Religiöses umfaßt. Das neutestamentliche Verständnis von Tod in unser zeitgenössisches Begreifen von Tod zu »übersetzen« ist eine schwierige Aufgabe.

Nach Johannes und Paulus ist das Entscheidende, vor dem man Angst haben müßte oder könnte, schon geschehen, der Tod liegt schon im Rücken der Christen. Diese gemeinsame Botschaft des Evangelisten Johannes und des Apostels Paulus wird dann je verschieden ausgestaltet.

Wenn der Tod schon hinter den Christen liegt, dann sind sie wie auf einem Flug, auf dem sie die dunkle Wolkendecke bereits durchstoßen haben. Dann wird der biologische »irdische« Tod geringer eingestuft, das heißt: Er verliert sein Gewicht und seine Schwere.

Der Tod als Schwelle

Von einer zerstörerischen Sucht befreit zu werden, von einer Sucht, die die Person zersetzt und zum Tode führt, das ist am ehesten dem Tod vergleichbar, aus dem diejenigen befreit wurden, die dem Evangelium begegnet sind. Denn »Sucht« ist wohl das geeignetste Bild für den komplexen Tatbestand dessen, was die Bibel »Sünde« nennt.

Vom Evangelisten *Johannes* wird die Wüste des kaum lebenswerten Lebens vor der Begegnung mit Jesus als »Tod« bezeichnet. Ähnlich wird im Gleichnis vom Verlorenen Sohn der Zustand des Sohnes in der Zeit seines Elends gedeutet: *Er war tot* (Lukas 15,24.32). Ähnlich sind auch nach dem Kolosserbrief (2,12) die Menschen vor der Taufe *tot* in ihren Sünden. Diese Auffassung rührt zunächst daher, daß die Menschen während der Phase, in der sie noch Götzen verehren und nicht den lebendigen Gott, eben toten Göttern dienen, an deren Totsein buchstäblich Anteil haben und nur tote Werke vollbringen. Der Gott der Bibel dagegen wird nicht nur in toter Materie nicht abgebildet, sondern überhaupt nicht, denn er ist der Lebendige schlechthin und nicht festzulegen.

Diese Erfahrungen sind wohl auch modernen Menschen nicht ganz fremd. Tod läßt sich gut mit dem Bild der Wüste einfangen. Das reicht von Sinnleere und Haltlosigkeit bis zur Verherrlichung und Ausübung brutaler Gewalt, von der Erfahrung der Einsamkeit bis zur neuheidnischen Abhängigkeit von esoterischen Horoskopen. – Es ist wohl wahr, daß man sich scheut, dem Zustand von »vorher« wie auch dem Zusichkommen einen Namen zu geben. Denn die »Bekehrung« wurde oft genug verkitscht. Zumeist vollzieht sich ein Wandel in der Einstellung ja auch langsam, selten plötzlich von Schwarz zu Weiß. Oft erkennt man den Wandel sogar erst in der Erinnerung.

Vielen fällt es sehr schwer, im Rahmen kirchlicher Institutionen ausgerechnet den »Tod« als Gegensatz zum »Leben« zu sehen. Für viele ist schon »Ordnung« oder gar »Gesetz« der Gegensatz zum »Leben«. Doch Paulus ist weit nüchterner: Nicht Institution, Ordnung oder Gesetz sind der Feind, sondern die Verfestigungen in den Menschen selbst sind es, das Unsensibelwerden.

Den Tod dagegen betrachtet *Paulus* an dieser Stelle eher als Abkehr und Abschied von der Verfilzung im Bisherigen. Tod ist für ihn daher nicht die lange Dauer der Wüstenzeit vor dem Christwerden, sondern für ihn ereignet sich der Tod, wenn sich der »alte Mensch« mit seinem Leib, der Summe seiner Beziehungen und Verflechtungen, aus seiner bisherigen Nachbarschaft löst und seine neue Familie und den neuen Kreis von Freunden gewinnt und damit in eine neue Hoffnung eintritt.

Das neue Leben

Nach Johannes und Paulus wirkt der Beginn des Christseins bei jedem einzelnen wie eine massive Vitalitätsspritze und umfaßt darin den ganzen Menschen – daher wird ja auch das Wunder als Anfangserfahrung geschildert. Was bedeutet das? Der Gott der Bibel ist mit dem Leben selbst identisch, und wer ihm begegnet, erhält Anteil am Leben. Überall in der Bibel geht es um die Frage, in welcher Art Gott jeweils gegenwärtig ist. Bei der ersten Begegnung mit der Botschaft oder mit Gottes Boten besteht diese Gegenwart in der besonderen Anteilhabe an dem Leben, das Gott selbst ist.

Nach Johannes haben die Christen Anteil am »ewigen Leben«, und zwar durch Jesu Wort oder durch den Heiligen Geist. Konkret heißt das: Jesus belehrt nicht über irgendwelche Inhalte, sondern in ihm begegnen wir dem lebendigen Gott, er selbst ist Ort seiner Gegenwart, in ihm wird Gott selbst sichtbar. Weil er Gott zum Anschauen und zum Anfassen ist, bedeutet auf sein Wort zu hören und zu seinen Jüngern zu gehören schon ganz von selbst Anteilhabe an Gottes eigenem ewigen Leben. Dieses ewige Leben wird nach Johannes *bewahrt*. Der Christ empfängt dieses Geschenk in der Gegenwart, aber es *fließt hinüber zum ewigen Leben* (Johannes 4,14). Nach Johannes vermittelt Jesus dieses Leben, weil er der Menschensohn ist. Denn beim Gericht ist es der Menschensohn, der Leben oder Tod zuspricht. Dieses Gericht ist nach dem Johannes-Evangelium in bestimmter Weise gegenwärtig: Jeder Mensch spricht es sich selbst zu, je nach seiner Reaktion auf das Evangelium.

Der Mensch wird am Ende seiner biologischen Existenz nicht plötzlich mit dem Tod konfrontiert, nach dem dann das »ewige Leben« anbräche. Vielmehr liegt für den, der sich zu Jesus bekehrt, der Tod schon in der Vergangenheit, und das ewige Leben hat schon begonnen. Dadurch wird der leibliche Tod relativiert. Man kann fragen: Bedeutet das eine Umwertung in den Begriffen, daß man nun vom »eigentlichen« Leben und vom »eigentlichen« Tod spricht? Und worin besteht diese Umwertung? Ist sie nur platonisch in dem Sinne, daß jetzt allein das Geistige, Nicht-Körperliche zählt? – Das Letztere ist nicht richtig und ein Ergebnis der späteren Fehldeutungen in der Kirchengeschichte. Denn im Johannes-Evangelium geht es nicht nur um das Geistige oder nur um ein Bewußtsein, sondern um die unsichtbare Welt Gottes. Ihre Wirklichkeit ist nicht »unkörperlich« zu nennen, sondern wird als Liebe konkret, allerdings nicht freischwebend, sondern in der Gemeinschaft der Jesusjünger.

Nach Johannes gebraucht Jesus immer wieder ganz einfache Bilder, mit denen er sagt, was Leben ist. Er spricht vom Trinkwasser, vom Brot, sagt, daß und wie aus Toten Lebende werden, spricht vom Sehen, das elementar zum Leben gehört, weil es Wahrnehmung ist, nennt sich selbst Leben und Auferstehung.

Auch nach Paulus ist das neue Leben jetzt in Jesus Christus begründet. Es besteht als Teilhabe an seiner Auferstehung (Römer 6,13). Für Paulus war ja schon der vorangehende Tod auf Jesus bezogen, und zwar als Mitgekreuzigtwerden. So ist auch bei dem neuen Leben die intensive Gemeinschaft mit Jesus selbst entscheidend. Ähnlich wie bei Johannes äußert sie sich durch den Heiligen Geist, aber auch noch gewissermaßen einen Schritt weiter in der Dimension des *inneren Menschen*. Damit meint Paulus die unsichtbare neue Wirklichkeit, die Gottes Geist in uns schafft und wirkt. Es geht dabei um eine neue »Identität«, wenn auch nicht um eine neue Person.

Paulus gebraucht zur Verdeutlichung dessen, was der *innere Mensch* ist, ein eindrucksvolles Bild. Der innere Mensch, sagt er, wächst in dem gleichen Maße, in dem unser äußerer Mensch dem Tod entgegeneilt und buchstäblich »immer weniger« wird. Der leibliche Tod ist nur der Schlußpunkt eines langen Prozesses.

Wir halten fest: Bei Paulus wie bei Johannes ist der Christ so voll hoffnungsfrohen Lebens, daß beide es *ewiges Leben* oder *Leben wie aus Auferstehung* nennen können. Das ist nicht nur unbedingte Lebensbejahung, es ist auch ein starkes Gegengift gegen die Fixierung auf den leiblichen Tod. Paulus und Johannes fordern nur dazu auf, dieses neue Leben auch wirklich wahrzumachen, die prozessuale Dimension des punkthaft Zugeeigneten ernst zu nehmen. Und wie bei allem Leben, hängt das auch hier mit Liebe zusammen.

Bei Johannes wie bei Paulus wird die Botschaft von Jesus sehr radikal auf den Menschen angewandt und für ihn so umgesetzt, daß Jesus Christus nicht ein Gegenüber mit im Grunde fremden Worten und Taten bleibt. Vielmehr ist er selbst Teil des eigenen Lebens in den Christen geworden, bei Paulus sogar – in Gestalt des »inneren Menschen« – ihre eigene unsichtbare künftige leibhaftige Identität. Bei beiden ist Jesus Christus den Menschen »anverwandelt«. Die Wirkung Jesu ist eine Gabe, nicht ein Bewußtsein, eine Lehre oder eine Idee.

Der leibliche Tod als Station auf dem Weg

Für Johannes und für Paulus ist der leibliche Tod nur eine Station auf dem Weg. Beide können davon sprechen, daß der Tote nur *schlafe* (1. Thessalonicher 4,14; Johannes 11,11), denn er ist ja ansprechbar für den Ruf dessen, der ihn auferweckt (Johannes 11,43; 5,24.28; vgl. die Rolle der Posaune in 1. Korinther 15,52).

Wie ist der leibliche Tod vereinbar damit, daß der Christ doch schon Anteil hat am ewigen Leben? – Bei Johannes gibt Jesus die Antwort auf diese Frage, wenn er sagt: *Wer an mich glaubt, wird in Ewigkeit leben, auch wenn er stirbt* (Johannes 11,25). Zwischen dem irdischen Tod und der Auferweckung ist der Mensch *gestorben* oder *schläft*.

In seinen frühen Briefen spricht Paulus vom Schlafen des toten Christen *im Herrn*. Anders und wieder ganz im Sinne der intensiven Gemeinschaft mit Jesus Christus faßt er in seinen späteren Briefen den Tod des Christen auf, vor allem, wenn er an seinen eigenen Tod denkt. Er rechnet damit, daß der Glaubende unmittelbar nach dem Tod schon *beim Herrn* ist, und deutet (spätestens jetzt) die *Heiligen*, die beim erhöhten Herrn sein und bei Christi Wiederkunft mit ihm kommen werden, als die Christen. Hier nun kommt der *innere Mensch* zum Zuge. Er wird umkleidet mit einem *Haus vom Himmel*, das heißt mit einem himmlischen Leib, mit dem er beim Herrn sein kann. Danach gibt es dann aber sicher noch das Gericht, bei dem jeder einzelne offen Lob und *Herrlichkeit* (Ruhm, Glanz, Ansehen) oder Tadel für seine Werke empfängt.

Umstritten ist, wieweit dieses Geschehen direkt nach dem Tod schon Auferstehung oder Verwandlung bedeutet. Sind diese dann doch erst am Ende anzusetzen? Oder erhalten die Christen ihren Auferstehungsleib schon beim Eintritt in den Bereich des Herrn?

Es ist zumindest nicht undenkbar, daß Paulus – je nach Situation – wichtige Geschehnisse wie die Auferstehung zeitlich unterschiedlich angesetzt haben könnte. Und eine Reihe von Problemen löst sich, wenn man die paulinischen Aussagen nicht im chronologischen Sinne wertet. Je nach der Perspektive, von der aus Paulus urteilt, können sie anders betrachtet werden.

Aber vielleicht kann man auch so sagen: Der Christ erhält nach diesen paulinischen Aussagen einen himmlischen Leib schon beim Eintritt in die Christusgemeinschaft nach dem Tod. Aber Auferstehung bedeutet noch mehr. Das betrifft vor allem die öffentliche, »soziale« Dimension (dazu gleich mehr).

Für Paulus wie für Johannes ist die leibliche Auferstehung das Ziel des Weges. Für Johannes wird hier der Faden wieder aufgegriffen, der geknüpft worden war im Aufnehmen des lebendigen Wortes, das Jesus gesprochen hatte und das im Johannes-Evangelium vorliegt.

Bei Paulus hat die Auferstehung mehrere Aspekte. Den erlösten Menschen wird die Herrlichkeit Gottes sichtbar verliehen, und die ganze Kreatur wird einbezogen in den Sieg über Tod und Vergänglichkeit. Wichtig ist bei beiden Akten, daß sie weltumspannend öffentlich und sichtbar sind. Dagegen ist es in der Gegenwart und für jetzt unsichtbar, wenn verstorbene Christen wie Paulus *mit Christus* sind. Das Reich des Christus, das unsichtbar jetzt vor allem im Himmel gegeben ist, hat eben darin nur einen beschränkten Charakter, ist vorläufig, unsichtbar und erfaßt nicht einmal alle Menschen, geschweige denn alle Dinge. Zur oben gestellten Frage ist daher zu sagen: Die Art, in der der Christ nach seinem Tod bei Jesus ist, bedeutet seine Teilhabe am unsichtbaren Reich des Christus. Am Ende aber, bei der Auferstehung, wird nach Paulus das Reich des Christus, in dem der Christ bis dahin (eben auch nach seinem Tod) verweilte, aufgelöst: Christus gibt sein Mandat an Gott »zurück«. Auferstehung ist ein umfassendes Geschehen, das alle Kreatur endgültig von der Sklaverei der Vergänglichkeit erlöst. Laut Paulus wird dann Gott *alles in allem* sein, das heißt, es gibt nichts mehr, das ihm fremd oder feindlich wäre. Denn wenn der Tod beseitigt ist, hat das Leben umfassend gesiegt.

Man muß die paulinischen Aussagen so konkret verstehen und darauf beziehen, daß der eigentliche Wunsch und Wille des Gottes der Bibel, ja sein Wesen selbst, nämlich Leben und Lebensfreude zu sein, sich siegreich durchsetzt. Das hat nichts Verschwommenes an sich, sondern ist sehr elementar zu begreifen.

Wir halten fest: Nach Paulus und Johannes ist der irdische Tod nicht mehr die entscheidende Grenze. Das christliche Leben ist ein umfassender Prozeß. Sein Höhepunkt ist das Christwerden in der ersten Begegnung mit dem lebendigen Gott. Dann aber liegt der eigentliche Tod, der zählt, schon hinter ihm, und der leibliche kann ihn nicht schrecken. Für den wiederum, der nicht glaubt oder glauben will, ist der leibliche Tod ebenfalls nicht das letzte Unglück, auch wenn er selbst ihn dafür halten mag. Der vollständige Tod wird nach Paulus und Johannes vielmehr erst am Ende offenbar. Insofern sind der Glaubende und der Nicht-Glaubende einander entgegengesetzt: Der eine hat den Tod immer schon hinter sich, der andere hat ihn immer noch und in unterschiedlichen Formen vor sich.

Konkretion 1

Wer sich auf den Glauben einläßt, hat das wahrhaft Schreckliche je und je längst hinter sich. Und wer »die Annahme verweigert«, hat alle Angst noch vor sich, schiebt sie vor sich her. – Wenn das gilt, dann hat das Thema Todesgrenze große Bedeutung für die Frage von Angst, Gelassenheit und Lebensfreude.

Völlig zu Recht hat man festgestellt, daß Gesundheit in unserem Land den Charakter einer Religion angenommen habe. Denn die Gesundheit gilt als das »Heil« schlechthin, der biologische Tod als das Unheil überhaupt. »Medizinerschwemme« und Priestermangel sind daher zwei Seiten derselben Medaille.

Konkretion 2: Begegnung mit dem Kreuz

Vorbemerkung: Paulus hatte im 6. Kapitel des Römerbriefes die Teilhabe am Kreuz Jesu Christi (*Mitgekreuzigtsein*) den

Tod genannt, den die Christen schon hinter sich haben. Nun sind wir heute vielfach kaum noch in der Lage, die »Bekehrung« zum Christentum als Sterbevorgang zu erleben und zu bezeichnen. Der Unterschied zwischen Missionskirche und Volkskirche wird kaum so gut faßbar wie an dieser Stelle. Viele ungedeckte Leerformeln hätten sicher vermieden werden können, wenn man diesen Unterschied bei der Auslegung bedacht hätte. – Die Begegnung mit dem Kreuz geschieht daher nicht im Schwarz/weiß-Schema, sondern – bestenfalls – immer wieder im Leben, »zerdehnt« über einzelne Stationen des Lebens hin.

Wer die große, schwere Tür von der Straße her öffnet, setzt das in den alten Häusern dieser Stadt übliche Türglöckchen in Bewegung. Es läutet das Schweigen des großen, halbdunklen Raumes ein, der sich auftut. Eine langgestreckte Halle, von zwei Seiten her kommt etwas Licht durch spitzbogige Fenster. Eine kleine Tür irgendwo in der Wand führt hinaus in einen blühenden kleinen Garten. Durch die trüben Glasscheiben hindurch läßt sich der Sommer draußen ahnen. In dieser Halle lagen seit 750 Jahren Alte und Kranke nebeneinander und warteten auf den Tod. Es waren zusammen vielleicht Tausende, und in dieser Halle duldeten, litten, schrien und starben sie, was das Zeug hielt. Tod im Mittelalter. Der Boden wirkt durch nackte, grobe Feldsteine wie ein Stück Straße. Seit 400 Jahren eine kleine Neuerung: an der rechten Seite in zwei Reihen übereinander Kämmerchen. Die hohe flache Holzdecke wird durch schlichte Balken gestützt. An einem der Balken ein lebensgroßes Kruzifix. Lebensecht, mit Dornenkrone, Haaren und einer Inschrift in Latein, Griechisch und Hebräisch: Jesus von Nazareth, König der Juden. In der brutalen Schlichtheit der Halle liegt ein unglaublicher Friede. Das Kruzifix an der Stätte der Ohnmacht und die rauhen Steine am Boden zwingen in den Bann.
Für mich ist dies ein Ort, mitten im Leben dem Gekreuzig-

ten zu begegnen. Zuerst ist es nicht fremdes Leid, fremder Tod, der mir in dieser Stille gegenwärtig wird. Ich erinnere mich zuerst an das, was mich peinigt und tief kränkt, an Schmerzliches, Vergebliches und vor allem Ungerechtes. Zu Anfang ist es noch wie ein Kampf, was stärker ist, das eigene Verletztsein oder das Gedenken an den Gekreuzigten hier in diesem Raum. Doch je länger ich mich diesem Raum aussetze, um so wesenloser wird der eigene Kummer. So war es sicherlich auch damals mit den Menschen hier über die Jahrhunderte hin. Der entscheidende Augenblick ist wohl der, in dem ich den Gekreuzigten wirklich bewußt wahrnehme. Damit bin ich nicht allein in meinem Schmerz. Der stählerne Gürtel der Einsamkeit ist durchbrochen. Das Leiden des anderen ist Gegenwart.

Der Gekreuzigte lädt dazu ein, an ihn zu denken. Sein Tod war ein Skandal und ein Unrecht über alles Unrecht. Sein Schmerz war unsäglich. Er war ohne Schuld, ohne jede Sünde. Gefängnispfarrer berichten es: Der relativ Anständigste unter den Gefangenen ist ihr König. Jesus ist unser König, er ist der absolut Anständige, hier an diesem Ort der Leidenden und Verachteten, der Ausgestoßenen und Entsorgten. Ja, Herr, ich bekenne mich zu deiner Unschuld und stelle mich voll Trauer unter das Kreuz. Ich begreife: Du bist nicht für dich allein gestorben. Und ich lasse dich nicht allein im Regen stehen, trete hin zu dir.

Eigentlich bin ich es ja, der nicht allein im Regen stehen, der getröstet werden will. Doch nur, wenn ich von mir wegblicke auf dich, werde ich frei.

Im *Stabat mater,* jenem ehrwürdigen Hymnus auf Maria unter dem Kreuz, der so alt ist wie dieses Hospital, heißt es: »Laß mich spüren seinen starken Schmerz, laß mich mit dir trauern. Präge das, was er erlitten, ganz tief meinem Herzen ein. Teile mit mir seinen Schmerz. Laß mich leiden mit dem Mann am Kreuz, laß mich tragen Christi Leiden.« – Langsam, nach vielen Jahren, beginne ich zu begreifen, was diese Worte bedeuten: Nicht ich bin es, der daran denkt, wie ich meine Leiden loswerde, meine Angst vor dem Tod auf andere schiebe. Mein Leiden und ich stehen nicht im Mittelpunkt. Sondern ich blicke auf ihn. Bitte darum, sein Leiden möge zu dem meinen werden. So ist es ein einziges Leiden, eine einzige, zusammenhängende Ungerechtigkeit. Kein Zweifel, das eigene Leiden schmerzt, aber es hat einen anderen Namen bekommen. Der König nimmt es auf in sein Leiden. So ist meines königlich geworden. Es ist wie in Wassertropfen eingeflossen in den Wein des königlichen Leidens des Messias. Von diesem Mitleiden mit Christus her wird überhaupt die christliche Auffassung von Mitleid geboren. Das fremde Leid wird mein eigenes, zuerst das Leiden Christi, dann auch das des Nächsten.

Wenn man allein die Stellvertretung betont, die Christus mit seinem Leiden bewirkt, besteht die Gefahr, daß das Ich sehr stark im Vordergrund steht: Wer übernimmt meine Schuld? Wie wird meine Schuld beseitigt? Wie finde ich Gnade? Das Leiden, das ich doch weiterhin ertragen muß, wird so meiner Beziehung zu Christus »entfremdet«, während es bei Paulus noch dazugehört.

Aber es ist doch vielmehr so: Der Messias nimmt mich in sein eigenes Leiden hinein, indem ich nicht auf mich, sondern nur auf das Kreuz blicke. So werde ich frei vom Klagen um mich selbst. Nicht mehr mein Schicksal, nur noch das seine ist wichtig. Jesu Leiden lädt ein zum Protest gegen Unrecht, zur Wut gegen gedankenlose Potentaten, zum Widerstand gegen Justizskandale, zur Trauer über das Geschick der Gerechten, zur Solidarität mit allen, die ein Martyrium erleiden. So wird es ein und dasselbe Leiden. Was ungerecht ist an dem, was wir durchstehen müssen, ist auch sein Leiden. Weil sein Leiden ungerechtfertigt war, läßt er uns nicht allein.

Ist es nicht diese Freiheit, die Paulus meint, wenn er in seiner Sprache sagt, der Tod, das große Abschiednehmen, liege schon hinter uns? Es liegt hinter uns, wenn wir den paulinischen Ausdruck *mitgekreuzigt werden* neu und vielleicht treffender übersetzen. Es ist Freiwerden von den tausend Fäden, die uns gerade beim Leiden und Sterben an den Boden fesseln, wie es von Gulliver geschildert wird. Mitgekreuzigtwerden ist Freisein vom ständigen Klagen darüber, wie schlecht es mir persönlich geht. Dieses Jammern war nur eine feine Form von Selbstsucht.

Das Leiden des Messias, in das ich aufgenommen bin, ist Leiden vor Herrlichkeit. Von da aus begreife ich, daß der Goldgrund mancher mittelalterlicher Bilder nicht Zierde ist, sondern Aussage über die Gegenwart Gottes angesichts einer ganz realistisch begriffenen Welt. Denn gerade die Goldgrund-Bilder bieten einen kompromißlos realistischen Vordergrund. Der Goldgrund steht für die schützende, verheißende Gegenwart Gottes in einer Welt, die offensichtlich sich selbst für diese Gegenwart mehrheitlich nicht öffnet.

Durch die schmale gotische Tür in der Seitenmauer trete ich in den blühenden, wuchernden sommerlichen Garten mitten zwischen den Mauern. Ganz unwirklich schön ist die Welt.

Lebt wie aus Toten auferstanden

In einem zweiten Schritt verfolgen wir, wie bei Paulus die punktuelle Erfahrung der Taufe als Prozeß umgesetzt wird. Mustergültig regt Paulus das in der Aufforderung von Römer 6,13 an: *Lebt wie aus Toten auferstanden.*

Auferstehung als Punkt der Enthüllung

Wie ein siegreiches Thema in C-Dur durchdringt viele frühchristliche Schriften dieser Satz: Ihr seid nicht nur jenseits der Todesgrenze, sondern ihr seid auch schon auferstanden. Denn dann gehört man schon zu den Kindern Gottes, hat freien Zugang zu seinem Thron, hat die Welt der Finsternis schon hinter sich gelassen und kann im Zutrauen zu Gott leben.

Paulus redet so die Römer an: *Stellt euch vor Gott wie aus Toten Auferstandene und stellt eure Glieder Gott zur Verfügung als Waffen der Gerechtigkeit* (Römer 6,13), und der Autor des Kolosserbriefes sagt seinen Adressaten: *Ihr seid mit Christus auferweckt, denn ihr habt geglaubt an den mächtigen Gott, der ihn aus Toten auferweckte* (Kolosser 2,12). Ähnlich der Autor des Epheserbriefes (2,5f): *Euch hat er mit Christus lebendig gemacht und mit auferweckt und mit Platz nehmen lassen im Himmel, eins mit Christus Jesus.*

Zu Anfang des 2. Jahrhunderts fragt der Verfasser des Rheginusbriefes: »Was ist nun die Auferstehung (gemeint ist: am Ende)? Sie ist stets die Enthüllung derer, die auferstanden sind. Die Auferstehung... ist die Offenbarung dessen, was ist, und die Verwandlung der Dinge und ein Übergang zur Neuheit. Warum betrachtest du dich nicht als auferstanden und als schon dahin gebracht?«

Im Anschluß an unsere Beobachtungen zum Tod als »Punkt oder Prozeß« kann man sagen: Die Auferstehung ist in der Taufe geschehen, sie ist Wirklichkeit, indem man sich im Prozeß des Lebens auf sie einläßt. Und hier wie auch sonst öfter im Neuen Testament ist das jüdische Denkschema hinzugetreten: Was von der neuen Wirklichkeit jetzt noch verborgen ist, wird demnächst enthüllt werden. Die Parusie, das »Ende der Welt« besteht lediglich darin, daß das offenbar wird, was jetzt verhüllt und verborgen ist. Eine künftige Auferstehung ist daher trotz des Wortlauts dieser Texte gerade nicht ausgeschlossen, wenn man die Sache wie der Rheginusbrief und wie Paulus in Römer 8 betrachtet: Auch nach Paulus besteht die Zukunft wesentlich im *Offenbarwerden* der Kinder Gottes und ihrer Freiheit.

Im Markus-Evangelium wurde dieser Denkansatz auf die Darstellung des Geschicks Jesu angewandt; Punkt der Enthüllung ist hier die Auferstehung Jesu. Sein Leben stand im Zeichen der Verhüllung, des Messiasgeheimnisses. Mit diesem wird daher der Evangelienstoff nach einem Schema behandelt, das bei der Erwartung der Auferstehung auch sonst eine Rolle spielte. Gemeinsam haben sie dies: Die Auferstehung ist der Punkt der Enthüllung.

Konsequenzen

Das Entscheidende ist geschehen, denn Taufe ist auch Anteil an Jesu Auferstehung. Andererseits: Auferstehung besteht in Aneignung (indem man eben wirklich so lebt wie aus Toten lebendig geworden) und Offenbarwerden.

Der irdische Tod ist für diese Sicht so unwichtig geworden, daß er gar nicht mehr vorkommt. Die Osterpräfation bringt das zum Ausdruck: »Durch sein Sterben hat er unseren Tod vernichtet und durch seine Auferstehung unser Leben wiedergewonnen.«

»Leben wie aus Toten auferstanden« heißt: Frei sein von der niederdrückenden Macht der Gier, fähig sein, den Süchten des alten Adam abzusagen. Paulus ist Moralist: Jetzt endlich, nach dem Sieg über die Todesmächte in uns, können wir der Gerechtigkeit leben. Stützpunkte für die paulinische Sicht sind die Auferweckung Jesu und die Universalität des Heils. Beides zusammen ist der Sieg Gottes und seines Messias. Der Christ kann sich an diesen Sieg anhängen und so dem weltweiten Triumphzug des Todes entkommen.

Konkretion

Wir haben Anteil am Leben des Auferstandenen. Damit sind wir qualitativ verändert: Wir sind Kinder, nicht mehr Sklaven. Wir befinden uns jenseits der Todesgrenze – der leibliche Tod bedeutet nur noch Ende unseres Exils, unserer Existenz »im Außendienst«.

Auferstehungsleben als Prozeß – das heißt: Das neue Leben kann, darf und soll den Alltag der Christen so durchdringen, daß jedes einzelne Teilchen umgepolt wird von der Richtung auf Tod in die Richtung auf Leben.

Sterben

Auf unserem Gang lassen wir uns nun auf die Station ein, die aus der Sicht der Nicht-Christen die erste ist, auf den leiblichen Tod. Oftmals handelt es sich dabei um einen längeren Prozeß, an dessen Ende der Tod steht. Wie Christen diesen Weg gehen, das war schon immer ein Zeichen für die Glaubwürdigkeit ihrer Botschaft.

Die Angst vor dem Tod

Angst und Identität

Angst vor dem Tod hat, wer nicht weiß, wer er ist. Denn wer sich selbst gefunden hat, kann auch sterben. In Abwandlung von Markus 8,34 könnte man sagen: Wer seine Seele gewonnen hat, kann sie auch durch den Tod nicht verlieren.
Oft ist der Weg auf den Tod zu eine Leidensgeschichte. Viele Leidensgeschichten werden überhaupt nur erträglich, wenn sie gleichzeitig Liebesgeschichten sind.

Autorität des Einen

Im Tod begegnen wir dem Unsichtbaren. Die biblische Religion will der Begegnung mit dem Unsichtbaren eine Gestalt geben. Denn wenn das Unsichtbare diffus bleibt, werden auch die Menschen angesichts dessen zerrissen von den vielen Mächten, die Grauen einjagen, von den vielen Finsternissen und von den vielen Ängsten. All das droht den Menschen zu verschlingen und nimmt ihm fast die Besinnung in seinem kurzen Leben. Die biblische Religion versucht, die diffusen Ängste konsequent mit Hilfe der Gestalt des einen und einzigen Gottes zu bannen und das ängstigende Chaos zu bändigen. Von daher ist die Autorität des einen Gottes sicher hilfreich und schon als solche lebensförderlich, weil der Mensch sich nicht in der Beruhigung diverser Ängste und Gottheiten verzetteln muß. Alle biblischen Ausrichtungen auf Einheit verfolgen dieses Ziel (auch die Einheit der Glaubenden in der einen Kirche).

Wenn man allerdings die biblische Religion bis auf die Ratio ausdünnt, können die Ängste nicht gebannt werden. Denn wenn Religion ihren Charakter als zu Gestalt verdichteter Begegnung mit dem Unsichtbaren verliert, lebt die alte Götter- und Dämonenwelt wieder auf, sie meldet sich wieder zu Wort, zum Beispiel in Gestalt der neuheidnischen Esoterik. Wenn der Gott des Christentums nicht mehr Gott ist und nicht mehr der »Herr der Geister«, dann tanzen diese, bildlich gesprochen, auf Tischen und Bänken. Wo die Kirchen einen sanften moralischen Deismus predigen, nehmen die Ängste überhand.

Für unser Thema bedeutet das: Gott ist der Herr des Todes und der Toten. Die Bibel spricht über Formen, ihm zu begegnen. Im Sinne der Bibel gilt: Nur in dieser Herrschaft, nicht außerhalb ihrer, gibt es Geborgenheit, in der man sich nicht ängstigen muß.

Segnen oder Verachten

Zwei uralte Wege, der Angst vor dem Tod zu begegnen, zeigt die Bibel auf. Der eine Weg besteht darin, das Irdische ernst zu nehmen, die leiblichen Nöte nicht zu verachten, sondern vielmehr die Kranken zu segnen, damit sie gesund werden, und um Gesundheit zu beten. Hier wird die Wundertradition der Evangelien fortgesetzt, von der immerhin in Markus 6,13 berichtet wird: *Die Jünger salbten viele Kranke mit Öl und heilten sie.* – Praktisch hat man heute diese ganze Dimension oft den Wallfahrtsorten und einigen Sekten überlassen, die freilich mit ihrer Heilungswut auch neue Schrecken wecken können.

Der andere Weg ist dem ersten in der Ausrichtung entgegengesetzt. Der irdische Tod hat aus dieser Sicht radikal an Bedeutung verloren, weil das eigentlich Gefährliche der zweite Tod als Tod der »Seele« ist. – Der leibliche Tod ist zur Station auf dem Weg zu Gott geworden, oft wird er als *Befreiung* oder geradezu als lobenswertes Werk Gottes bezeichnet. Gott wird dann gelobt als der »Zerstörer unseres Leibes«. Denn allein wichtig ist das Leben »mit Christus« oder die Auferstehung.

Bisweilen drängt sich der Eindruck auf, die Kirchen hätten beide Wege vergessen. Sie haben oft das Segnen verlernt, und gerade »die Theologen« können mit der Auferstehung nichts anfangen.

Der Tod als Eingang in das Fremde

Der Tod ist die Pforte in einen gänzlich unbekannten Bereich. Angesichts der scheinbar großen Fortschritte der Wissenschaft ist es schon erstaunlich, daß wir von dem Bereich, der hier betreten wird, nichts wissen. Es ist eine gänzlich fremde Welt. Man kann nun beobachten, daß sich Menschen so zur Welt des Todes verhalten, wie sie sich auch sonst dem gegenüber benehmen, was fremd ist. Wie man über den Tod spricht und sich ihm gegenüber rüstet, das ist ein Musterfall für den Umgang mit dem Fremden.

Die Ängste vor dem Tod sind Ängste davor, durch das Unbekannte bedroht und zerstört zu werden. Angesichts des gänzlich Fremden erfährt der Mensch besonders intensiv, wie stark er generell auf Vertrautes angewiesen ist. In diesem unbekannten Gebiet müssen wir geführt werden wie Blinde. Wer kann den Menschen da schützen? Wie kann er diesen Bereich passieren, ohne zerstört zu werden? – Die Antworten, die das Christentum auf diese Frage gegeben hat, sind wie mühselige, oft rührende Versuche, das Fremde des Todes einzubeziehen in die Welt verständlicher Zeichen, in die Welt, die man Kommunikation nennt, um die Schrecken zu nehmen. Oft sind die christlichen Zeichen wie Singen im dunklen Wald.

Mit gänzlich fremden Menschen verständigt man sich durch Zeichen und Symbole, von denen man annimmt, auch der Fremde verstehe sie. Genau das tun die älteren christlichen Kirchen angesichts des Todes. Sie versammeln fast das ganze Arsenal an Zeichen, das sie aufbieten können, so daß eine Welt des Sakramentalen auf engstem Raum entsteht. Die Fülle der Zeichen und Symbole ist nur ein Anzeiger dafür, wie intensiv man sich müht, den Abgrund zu dem hin zu überwinden, zu dem man kein Verhältnis hat.

Genau das könnte man Kultur nennen. Die Art, in der Menschen angesichts des Todes Brücken ins Unsichtbare und Namenlose bauen, zeigt in sehr hohem Maße überhaupt an, welche kulturelle Kraft sie besitzen. Die Zeichen angesichts des Todes sind grundsätzliche und archaische Weisen, in denen der Mensch Sprache findet angesichts des total Fremden.

An einem Beispiel läßt sich das verdeutlichen. Die klassische Gelegenheit, sich in der Begegnung mit dem Fremden menschlich (und auch als Christ) zu bewähren, ist die Gewährung von Gastfreundschaft. Die Würde des Gastes, zugleich das Fremdartige und Abweisende an ihm, aber auch seine verborgene Macht, wird erfaßt, wenn man sagt, daß in jedem Fall ja auch Engel zu Gast sein könnten, ja daß der Engel der klassische Gast ist (Hebräer 13,2). Genau so wie die Begegnung mit dem Engel, der zu Gast kommt, faßt die frühjüdische Überlieferung über Abraham auch den Besuch des Todesengels auf. Er kommt zu Gast zu Abraham, so wie einst die drei Männer ihn aufgesucht haben (1. Mose 18). Und mancher hat deshalb in Todesgefahr einen anderen Namen angenommen, auf daß der Todesengel die Adresse nicht finde und unverrichteter Dinge umkehren müsse – eine

tiefe Weisheit, weil man im Überlebensfall den neu ange-
nommenen Namen behalten mußte, also »ein anderer werden« sollte.

Weil der Engel des Todes oder auch die Engel, denen der
Verstorbene auf seinem Weg durch die unsichtbare Welt begegnet, menschliche Sprache nicht verstehen (ein Zeichen
des Abstands!), muß man mit Zeichen und Symbolen erklären, »was Sache ist«, wohin man gehört. Von sich aus, so
die Überzeugung, ist der Mensch viel zu schwach, um der
überwältigenden Majestät des Fremden (des Todes) stand-
zuhalten.

Eine besondere Rolle spielt das Öl, mit dem der Sterbende
gesalbt wird und das man auch über den Leichnam und in
den Sarg gießt. Ausdrücklich vergleicht man (Barhebräus,
Kirchenlehrer des 13. Jahrhunderts) die Taufsalbung mit der
Totensalbung, und man sagt, die Salbung »möge vor dir her-
gehen«. Eine besondere Rolle spielt natürlich das Zeichen
des Kreuzes – bis heute oft mit dem Grabschmuck der Christen verbunden. Denn das Kreuz soll für den Toten »eine
Brücke über das Meer des Feuers« sein (maronitische Liturgie).

Das Weihwasser gebraucht die elementare Symbolik des
Wassers, um den Toten vor unreinen Mächten als heilig dar-
zustellen. Auch die Taufe (erst) auf dem Totenbett, die in
den ersten Jahrhunderten manchmal praktiziert wurde, hat
man bis zu dieser Stunde aufgeschoben, um ihre Kraft für
den Bereich zu erhalten, in dem sie wirklich nötig war.

Eine besondere Bedeutung hat die Gabe des Abendmahls an
Sterbende (Sterbekommunion). Denn wenn der Tote den
Leib Christi ganz in sich aufgenommen hatte, war er geheiligt, und man sah darin auch die Verheißung künftiger Auferstehung: »Leib und Blut, das ihr aufgenommen, werden
eure Glieder auferwecken« (maronitische Liturgie). Nach
der äthiopischen Liturgie tritt neben die Taufe das Blut
Christi: Der Sterbende ist »mit deiner Taufe und mit deinem
Blut bezeichnet«. An der Spendeformel der Kommunion an

57

Kranke und Sterbende im Westen läßt sich erkennen, daß es sich hier nicht um ein Nebengleis handelt, sondern um eine Auffassung, die an biblisches Denken (vor allem im Johannes-Evangelium) anknüpft: »Der Leib unseres Herrn Jesus Christus bewahre dich bis zum ewigen Leben.« Die so gesprochene Bitte sagt, daß der Mensch gefährdet ist, jetzt und speziell im Tod. Im Tod besonders, denn jeder Übergang ist gefährlich.

Und ganz sicher sind all diese Zeichen auch ein Weg, dem Unheimlichen zu begegnen, das der Mensch in sich selbst verspürt. Für beide Welten, die unsichtbare Welt im Menschen und die unsichtbare des Todes, gilt: Wer ohne Zeichen bleibt, ist schutzlos ausgeliefert.

Wir halten fest: Die Zeichen, die Christen um das Sterben herum angesiedelt haben, entspringen der Ahnung, daß angesichts des Unbekannten eine schlichte und elementare Art von Kommunikation der beste Schutz ist. Die Kultur des Sterbens ist die Kultur der Begegnung mit dem Fremden schlechthin.

Zerstörung des Leibes?

Schon in der jüdischen Totenliturgie heißt es: »Gerecht bist du, Ewiger, wenn du sterben läßt und lebendig machst...« – Im Lobpreis der Gerechtigkeit des Richters (der sogenannten Gerichtsdoxologie) wird so der Tod eines Menschen als Wirkung der – freilich für Menschen unfaßbaren – Gerechtigkeit Gottes angesehen. Eben weil diese Gerechtigkeit unbegreiflich ist, wird sie als göttlich verehrt. In diesem Sinne läßt die westsyrische Liturgie Jesus zu Adam sagen: »Trauere nicht, Sterblicher, daß du mein Gebot übertreten hast, denn ich bin der Sohn Gottes, der den Tod veranlaßt und das Leben schenkt.«

Noch schärfer drücken es einige ostkirchliche Liturgien aus. In der ostsyrisch-chaldäischen Liturgie heißt es: »In deiner

Güte, Herr, hast du uns erschaffen, und in deiner Weisheit hast du uns zerstört. Erwecke uns in deinem Erbarmen, damit wir uns erheben, dir Dank sagen und dich ohne Unterlaß verehren in beiden von dir geschaffenen Welten, Herr unseres Todes und unseres Lebens.« Und: »Ehre dir, der du unseren Leib zerstörst, der du unsere Gestalt erneuerst, der du unser Geschlecht auferweckst, der du unsere gefallene Ordnung aus der Verwesung erhebst.« Bei den Westsyrern in Antiochien heißt es über den Becher des Todes: »Gepriesen sei, der ihn gemischt hat, daß alle von ihm trinken.« Wie eine Antwort aus dem Munde der Sterbenden auf diese Sätze nimmt sich der Abschiedsgruß nach der ostsyrischen Liturgie der Chaldäer aus: »Lebe wohl, Welt der Zeit, die jene, die sie besitzen, nicht retten kann, denn ich gehe, den Ort des Lichtes zu sehen.«

Die Formulierungen sind hart, haben aber auch etwas Befreiendes. Sie zeigen, wie man denken kann, wenn man den irdischen Tod wirklich nur als Durchgangsstation zur Auferstehung wertet. Wenn die Auferstehung wirklich Schatz und höchstes Gut ist, dann ist es nur konsequent, Gott dafür zu loben, daß er die Voraussetzungen für die Auferstehung durch den leiblichen Tod schafft.

Und ist nicht der Tod des Menschen auch Teil der bestehenden Schöpfung? Ist er nicht in ihr Regelwerk eingegangen? Was würde aus der bestehenden Schöpfung, wenn alle noch lebten? Kann man nicht in dieser Hinsicht sehr wohl sagen, die Zerstörung unseres Leibes sei »weise«, weil sie mit der Schöpfungsordnung harmoniert? Ist nicht der Tod des Menschen auch Begegnung mit Gottes Majestät, vor der der Mensch vergeht wie Stroh in vernichtendem Feuer? Wird nicht Gott selbst dann einen zweiten, verwandelten Leib schaffen, der ihm besser gewachsen ist? Macht nicht der Lobpreis des Zerstörers wirklich Ernst mit radikaler Hoffnung auf Auferstehung?

Andererseits: Will Gott den (biologischen) Tod wirklich, wo er doch Leben ist und der Tod der letzte Feind, der vernichtet werden soll? Kann Gott wirklich als Zerstörer so gegen die eigene Schöpfung handeln? Müßte man nicht den ost-kirchlichen Betern sagen: Wir können uns nicht vorstellen, daß jemand das ewige Leben lieben kann, wenn er über den Verlust des zeitlichen Lebens so jubelt?

Man sollte den Konflikt zwischen den beiden Sichtweisen nicht harmonisieren. Die Sichtweise der Ostsyrer ist frühjü-disch-neutestamentlich (Auferstehung), aber in extremer Form und deutlich geprägt von neuplatonischer Leibfeind-lichkeit. – Die zweite Sichtweise ist eher schöpfungstheolo-gisch und am Befund des Alten Testaments orientiert.

Vielleicht kann man so sagen: Gottes Ziel ist jedenfalls die Vernichtung des Todes, alles dessen, was Schmerz und Un-tergang bedeutet. Gott liebt seine Schöpfung, und alle Da-seinsfreude, aller Segen kommt von ihm.

Doch Gottes Schöpfung ist noch nicht vollendet. Der biolo-gische Tod ist in der Tat nicht isoliert zu sehen, sondern ent-spricht dem, was die Bibel »Fleisch« oder »Schwäche« der ersten Schöpfung nennt. Diese Schwäche bedeutet Sterb-lichkeit, Mangel, Anfälligkeit, Suchtgefährdung. Diese erste Schöpfung ist zu eng für alle Lebewesen, so daß sie insge-samt sterblich sind. Als geregelte Ordnung ist die erste Schöpfung zwar besser als gar kein Regelsystem und inso-fern »gut«, aber noch nicht das Ziel.

Seit dem Frühjudentum, spätestens aber seit Jesus können wir den leiblichen Tod anders bewerten. Er ist nur ein Durchgangsstadium. Und Gott hat sein Ziel erst dann er-reicht, wenn er den Tod vernichtet hat.

Das irdische Leben wird so, gerade wenn es Segen trägt, zum Abbild des künftigen, für das wir gedacht sind.

Angesichts von Gottes Ziel, sein Erbarmen zu aller Kreatur durchdringen zu lassen, verblaßt alles, was vorher war, Leid, vorläufige Ordnung und vorläufiger Tod.

Wenn der Tod eine besondere Station auf dem Weg zu Gott ist, dann in diesem Sinne: Die Begrenztheit irdischen Raumes und irdischer Zeit, die engen Grenzen irdischer

Leiblichkeit wird der Mensch los. Er tritt in ein Stadium seines Weges ein, in dem er nur noch durch Gott begrenzt wird.

Sterben als Auszug und Übergang

Im folgenden betrachten wir einige Bilder, die den Tod als Prozeß darstellen.

Land für die Toten

Wo Wirklichkeit konzentriert und »prallvoll« wahrgenommen wird, gewinnt sie unversehens räumliche Dimensionen, bedarf es eines Ortes. Daher sprechen die alten Texte über das Sterben hier von Weg und Ziel, vom Hindurchgehen durch Pforten, sie gebrauchen das Bild des Auszugs aus Ägypten und immer wieder das der Wanderung.

Für unser heutiges Verhältnis gegenüber dem Sterben scheint mir an diesen Texten folgendes hilfreich: Der Tod ist kein Punkt, sondern ein Weg, kein Ende, sondern der Beginn eines Prozesses, ist nicht Erstarrung, sondern Wanderung und daher Bewegung. Er geschieht nicht ins Nichts hinein, sondern hat ein Ziel.

Unüberbietbar schön formuliert die Liturgie der Chaldäer: »Herr, der du die Gestalt dieser Welt so eingerichtet hast, daß sie vergeht und sich in die Hoffnung auf die Auferstehung hinein auflöst...« Dank des Einflusses jüdischer Vorstellungen können Christen beten um »Ruhe im Land der Lebendigen«.

Pforten passieren

Bereits das Neue Testament kennt den Ausdruck *Pforten der Unterwelt* (Matthäus 16,18) und meint damit das Reich des Todes selbst. Die »Pforten« stehen für das Ganze, denn wer sie passiert, gehört dazu. »Pforten« stehen für räumliche Erfahrung.

So heißt es in der georgischen Totenliturgie im Gebet über den Sterbenden: »Die Pforte des Todes ist ihm nun plötzlich nahe gekommen, ihr entrinnt niemand. Er ist fern von seinen Eltern, Brüdern und Verwandten und ist auf den furchterregenden Thron zugegangen, der furcherregender ist als alle geschaffenen Dinge...« Hier wird mühelos das Totengericht in der Unterwelt in christliche Vorstellungen übernommen.

In der jüdischen Totenliturgie heißt es: »Öffne die Pforten des Erbarmens, der Güte und des Paradiesgartens.« Ganz entsprechend beten die Maroniten: »Mögen deine Tore sich öffnen, oberes Jerusalem«, und nach dem Gebet der Äthiopier sollen die »Pforten des Himmels« aufgetan werden. Jesus Christus wird nach Lukas 23,43 als der verstanden, der das Paradies geöffnet hat: »Jesus Christus, der du durch dein Leiden die Toten aus Gräbern erweckt und ihnen das Paradies geöffnet hast...« (georgische Liturgie). In der koptischen Liturgie wird Gott gebeten: »Tu ihr (sc. der Seele des Verstorbenen) auf die Pforten des Himmels, die Pforten der Gerechtigkeit, die Pforten des Paradieses wie dem Schächer, die Pforten des Königreiches, der Seligkeit.« Hier wird ausdrücklich betont: »Laß die Türhüter, die furchtbaren Sprecher, vor ihm (dem Verstorbenen) fliehen, vereitle den Ratschlag des Widersachers, mache zunichte das Zürnen des Drachens und schließe die Mäuler der Löwen. Laß die bösen Geister sich zerstreuen, die Feuerhölle verlöschen, die schlaflosen Würmer zur Ruhe kommen und die verwandelte Finsternis leuchten.«

Wir halten fest: Das häufig gebrauchte Bild der »Pforte« sagt wie kein anderes, daß es sich um eine neue, fremde, mit einem speziellen Zugang versehene Welt handelt. Daß man die Pforte passieren muß, bringt das Gefährliche des Weges besonders zum Ausdruck.

In der Alten Kirche ist Psalm 114 (113,1–8) einer der am Totenbett häufig gesprochenen Texte. Denn wenn man singt *Als Israel auszog aus Ägypten...,* wird der Exodus (lat.: *exitus*) zum Bild für den Tod als Übergang, Auszug und Einzug in das neue Passah.

Daß es sich nur um einen Übergang handelt, betonen die Kopten: »Es gibt keinen Tod für deine Diener, nur einen Übergang vom Tod zum Leben.« Das Meer, das Himmel und Erde trennt, besteht freilich jetzt nicht aus Wasser, sondern aus Feuer. In einem schönen Bild denkt man sich in der maronitischen Liturgie den Übergang: Das Kreuz soll »eine Brücke über das Meer des Feuers« sein. Nach der äthiopischen Liturgie können »nur Tränen der Buße« das Feuermeer löschen, durch das man auf dem Weg zum Himmel hindurchgehen muß.

Wie beim Auszug aus Ägypten ist das Ziel das gelobte Land: »Christus schenke dir Ruhe im Land der Lebenden, er öffne dir die Pforten des Paradieses und erweise dich als Bürger seines Reiches« (griechisch-orthodoxe Liturgie).

Entsprechend wird das Exodusgeschehen auch in seinem Zusammenhang mit weiteren Befreiungserfahrungen in der äthiopischen Totenliturgie genannt: »Herr, du hast gerettet Noah aus den Wassern der Sintflut, Josef aus dem Gefängnis, Israel vor dem Pharao, den Propheten Jona aus dem Walfisch, Susanna aus der Hand der Ältesten, Daniel aus dem Rachen von Löwen, die drei Jünglinge aus dem Feuerofen...« – entsprechend soll Gott jetzt die Seele aus dem Tod retten.

Da schon im Judentum der Auszug aus Ägypten und das Erreichen des Landes zum Bild für das Heil schlechthin geworden ist, ergeben sich hier sehr enge theologische Verbindungen.

Ganz schlicht beten die Maroniten in ihrem Totenritus: »Betet, Brüder, für mich, daß ich als Wanderer aufgenommen werde.« Ähnlich heißt es schon im jüdischen Ritus: »Laß mich den Weg des Lebens erkennen.«

Man weiß um die Gefährlichkeit und Länge der Reise, die der Tote antritt. So beten die Armenier: »Laß ihn (den Sterbenden) friedvoll an den Fürsten der Finsternis vorübergehen, daß sie nicht ihre eigene Bosheit in deinem Diener finden. Lösche vielmehr und tilge die Handschrift ihrer Einflüsterungen und Einwirkungen, die sie in sich eingesät haben, und gewähre ihm eine angenehme Reise. Laß von ihm abgehalten werden und fernbleiben das flammende Schwert, mit dem sie den Weg zum Baum des Lebens hüten. Mögen sie zurückprallen vor dem rettenden Zeichen des Kreuzes, das uns bereitwillig die Frucht des Lebens, ein Unterpfand des Lebens, verliehen hat.« Die Ostsyrer (Chaldäer) beten: »Wir wollen uns für die Reise in die himmlischen Wohnungen gut rüsten... Werke reisen mit einem.« Die Westsyrer (Antiochien) reden den Toten an: »Der Cherub, der das Paradies bewacht, wird dir den Weg bereiten, die Verheißung zu empfangen, die du dem Dieb am Kreuz gemacht hast.« Dabei macht das Öl, mit dem der Sterbende gesalbt wurde, seinen Körper »schlüpfrig und unangreifbar für die widrigen Mächte, die in der Luft auf der Lauer liegen«. Bei den Georgiern spricht der Sterbende: »O meine Seele, eine furchterregende und erschreckende Macht ist über mich gekommen. Sie entfernt mich von meinen Eltern und Verwandten, und ich breche auf in ein unbekanntes Gebiet und zu einem fremden Ort.«

Die Westsyrer (Antiochien) lassen den Sterbenden beten: »In deiner Zärtlichkeit entreiße mich den Zähnen des Unterdrückers, damit ich mit dem Gesang des Hosianna am Tage deines Kommens zu der Begegnung mit dir eilen kann... Laß mich in das Paradies gelangen und mit den Lämmern zu deiner Rechten weiden.«

Wir halten fest: Die alten Liturgien wissen um das Sterben als Übergang und als Beginn eines Prozesses, den sie mit dem Bild der Wanderung begreifen. Neben das »Land« als Ziel der Wanderung tritt besonders oft das »Paradies«. Die hier verwendeten Bilder werten wir nicht aus volkskundlichem Interesse, sondern als unüberholte Versuche, mit den Bildern der Bibel im Vertrauen auf Gott gegen die Angst anzusingen. *Nach dem Tod geht es immer um zwei Dinge: um Gefährdung oder um Herrlichkeit. Undenkbar ist nur eines: daß dort »nichts« ist.*

»Herr, in deine Hände«

Lukas 23,46 überliefert den Satz *Vater, in deine Hände lege ich mein Leben* als das Sterbegebet Jesu am Kreuz. Es handelt sich um ein Zitat aus Psalm 31,6. Der Text ist Abendgebet bei den Juden und im christlichen Stundengebet, dann jeweils mit der Fortsetzung aus Psalm 31,6: *Du rettest mich, du treuer Gott.* Auf die Beziehung zum Sterbegebet des Stephanus in Apostelgeschichte 7,59 hat man öfter hingewiesen: *Herr Jesus, nimm mein Leben an.* Die folgende Meditation entfaltet den Gehalt dieses Gebetes.

Vater, in deine Hände lege ich mein Leben.

Ich gebe mich ganz in deine Hände,
ich vertraue mich deiner schützenden Macht an,
ich überschreibe dir alle meine Freiheit.

Deine Hände sind das Menschlichste an dir,
sie sind nicht Stein oder Eisen,
sondern lebendig, voll Wärme.

Denn Hände sind ganz wie man selbst ist,
Hände sind Ausdruck der Seele, des Herzens.

Bilden die Linien in den Händen den Atem ab?
Deine Hände sind fein wie die eines Töpfers.
Deine Hände sind zärtlich wie die einer Braut.
Deine Hände sind fürsorglich wie die einer Mutter.

Wer in deine Hände flieht, muß den Tod nicht fürchten,
dort, wo Wärme, Zärtlichkeit und Leben ist.
Jeder, der zu dir flieht, weiß,
daß du Schutz und Burg und Festung bist.

Die Innenseite deiner Hände ist zart und empfindlich
wie du selbst.
Die Außenseite deiner Hände schützt mich vor Sünde, Tod
und Teufel.
Du läßt mich die Wärme deiner Hände spüren.

Deine Hände bergen mich wie das Nest den jungen Vogel.
Du formst eine Schale mit deinen Händen,
damit mein Leben nicht verrinnt wie Wasser.
Du errichtest ein Zelt mit deinen Händen,
damit der eisige Wind mich nicht tötet.
Du baust eine Wiege mit deinen Händen,
damit ich sorglos ruhen kann.
Du machst eine Höhle mit deinen Händen,
damit ich mich darin kuscheln kann.
Du flichtst einen Schoß mit deinen Händen,
damit ich darin leben kann.
Du hältst deine Hände wie einen Korb,
um mich darin zu tragen.
Du läßt mich schlafen in deinen Händen wie in einem Kelch,
damit ich vom Tau des Morgens erfrischt werde.

Wenn ich mein Gesicht in meinen Händen berge,
bin ich allein.
Wenn du mein Leben in deinen Händen birgst,
bin ich gerettet, befreit, erlöst, imstande zu jeglichem Jubel.

Konkretion:
Begleitung der Sterbenden in der Alten Kirche

Liturgie verleiht einer von chaotischer Formlosigkeit oder auch von lähmender Unfähigkeit zu trauern bedrohten Situation Sprache. In ihren Formen praktiziert sie dabei vertraute Einfachheit und Öffentlichkeit. Einerseits sollten die Aussagen verständlich sein und ein Mitfeiern ermöglichen, andererseits vollzieht der Liturge mit den Handlungen und Gebeten, die er allein vollzieht, auch ein stellvertretendes Bekennen des Glaubens der Kirche.

Die *Worte der Schrift* wirken sehr konkret auf Situationen ein und werden von ihnen erhellt. Beliebte Sterbetexte sind Römer 8,35–39 und, wie erwähnt, Psalm 114 (113,1–8): *Als Israel auszog aus Ägypten.*

Die *Krankenbesuche*, vollzogen besonders durch Frauen, gehören zu den vielen unersetzlichen Tätigkeiten an der Basis der Gemeinden. Die Frauen legen den Kranken die Hände auf. Diakonissen bedienen und waschen die Kranken. Gleichzeitig obliegt denselben Frauen bei ihren Hausbesuchen die allererste und damit auch die schwierigste Belehrung über den christlichen Glauben. So besteht ein enger Zusammenhang von Hausbesuch, Krankenpflege, Gebet um Gesundheit (Heilungen!) und Primär-Mission – Funktionen insgesamt in der Hand der Frauen.

Die überlieferten *Gespräche* mit Sterbenden sind ausgezeichnet durch ein kompromißloses Bekenntnis zur Auferstehung (zum Beispiel die Gespräche zwischen Augustinus und seiner Mutter Monika).

Daß die Alte Kirche die *Sterbekommunion* »Wegzehrung« nannte, weist auf das Verständnis des Sterbens als Weg, nicht als Punkt. Schon nach der jüdischen Mystik führt der Weg zum Thron Gottes vorbei an gefährlichen Mächten. Ihnen gegenüber ist die Wegzehrung ein Schutz. An dieser Stelle zeigt sich eine positiv zu bewertende Verbindung von sakramentalen Elementen und Mystik.

Oft werden kurze, seit Kindertagen vertraute *Gebete* zitiert. Dazu gehört auch die Klage, auf die zum Beispiel die Umstehenden mit einem Kehrvers antworten: »O Herr, aus tiefer Klage erhebe ich mein Gesicht.« In der russisch-orthodoxen Kirche sagt der Sterbende: »Ihr, meine Verwandten nach dem Fleisch, und ihr, meine Brüder nach dem Geist, und ihr Freunde und Bekannten, weint, seufzt und wehklagt; siehe, nun werde ich von euch getrennt.« – Die Gebete richten sich auf Vergebung der Sünden und Bestehen im Gericht.

Nach Markus 16,8 sollen die Jünger den Kranken die *Hände auflegen*, damit sie sich erholen. Bei der Handauflegung gegenüber Kranken und Sterbenden wird erkennbar, daß »Amt« und die Vollmacht, Heilung zu wirken, noch eins sind. Denn Handauflegen ist etwas anderes, als sich die Hand zu geben. Die Handauflegung wird nicht gegenseitig vollzogen, sondern nur in einer Richtung. Ihr ist daher ein Gefälle zu eigen. Das verweist darauf, daß das Heil den Menschen nicht von ihnen selbst her zukommt. Und doch ist bei der Handauflegung jemand ganz nah bei einem anderen.

Nach Markus 6,13 und Jakobus 5,14 ist die *Krankensalbung* wichtig. In der frühjüdischen Schrift »Leben Adams und Evas« wird für den todkranken Adam Öl aus dem Paradies geholt (von Eva und Seth). Das Öl der Krankensalbung ist der letzte Rest des Paradieses, die einzige Gabe, die von dort noch erhalten blieb. Entsprechend hoch ist sein Wert.

Wein und Öl sind bereits im Judentum Zeichen des Luxus. Die Grenze des absolut Lebensnotwendigen wird hier überschritten. Lebensnotwendig sind Wasser und Brot. Wein und Öl dagegen werden Zeichen für den Messias. Daher ist auch in der frühchristlichen »Lehre der Apostel« (Didache) die Ölweihe und die Ölsalbung der Teilnehmer ein wichtiger Bestandteil des messianischen Mahls. Aufgrund seiner physischen Konsistenz erlaubt Öl die differenzierteste und schonendste Annäherung. Da das Christentum seinen Namen vom Öl der Salbung her hat (griech.: *Christos* = der Gesalbte), kann man sagen: Religion ist hier »Hautsache« geworden. Schon im Alten Testament gibt es eine besondere Verbindung von Öl und Ekstase, das »Freudenöl«, das »Öl des Jubels« der Psalmen. Deshalb wird auch die Gabe des Geistes immer wieder als Ölung beschrieben (zum Beispiel Jesaja 61,1: *Der Geist des Herrn hat mich gesalbt*). Dabei kommt, etwa nach der Ölweihe des Kirchenlehrers Hippolyt, »der Heilige Geist auf das Öl, damit es Heilmittel für Leib, Seele und Geist werde und alle Schmerzen, Schwächen und Krankheiten aus Herz und Leib vertreibe«. Öl ist also sichtbares Zeichen einer neuen Daseinsqualität, die von außen her vermittelt wird. Der Duft des Öls wird als paradiesisch bezeichnet.

Immer wieder berichten Kirchenväter vom *Segen des Sterbenden* und seiner besonderen Kraft. Nach Ambrosius soll man sagen: »Der Segen des Sterbenden komme über mich!« – »Es möge die Seele beim Verlassen der Leibeswohnung dir den reichsten Segen zuführen« (nach der Schrift »Vom Segen des Todes«). Im Hintergrund steht die alttestamentliche Tradition des Patriarchensegens. Darauf geht auch die Wendung im Deutschen »das Zeitliche segnen« zurück.

Schließlich fordern die Kirchenväter dazu auf, nicht schwarze, sondern *weiße Gewänder* anzulegen, wenn ein Christ stirbt. So sagt der Kirchenvater Cyprian: »Daß man den Heiden keine Gelegenheit geben darf, uns mit Fug und Recht zu tadeln, weil wir doch die nach unserer Behauptung jetzt bei Gott Lebenden als tot und verloren betrauern und den Glauben, den wir in Wort und Rede kundtun, nicht auch mit Herz und Seele bezeugen und beweisen« (»Über die Sterblichkeit«, § 20).

Das Sterben der alten Christen galt als besondere *missionarische Situation.* Das gilt auch heute noch von der Art, den Tod eines Christen zu betrauern und ihm dadurch eine Deutung und Bedeutung zu geben.

Psalm 73,23–28: *Ich bin jedoch stets bei dir, du hast meine rechte Hand ergriffen. Nach deinem Ratschluß führst du mich und nimmst mich hernach in Ehren auf. Wen habe ich sonst im Himmel? Und außer dir begehre ich nichts auf Erden. Mag Herz und Leib mir vergehen, Gott ist mein Anteil für ewig. Denn siehe, wer sich von dir entfernt, geht zugrunde; du vernichtest alle, die dich treulos verlassen. Doch für mich ist Gottes Nähe mein Glück. Ich setze auf den Herrn mein Vertrauen...*

In diesem Psalm hat man häufig einen Hinweis darauf erblickt, daß der Fromme auch im Tod die Beziehung zu Gott und die Gemeinschaft mit ihm nicht verliert. So lautet die Botschaft dieses Stückes: »Wer Jahwe als seinen Trost und sein Teil erachtet, der wird auch in Not und im Sterben von seinem Herrn nicht getrennt.« Einig ist man sich in der Forschung darin, daß es hier nicht um eine Auferstehung geht. Und gewiß ist das *Vergehen von Herz und Leib* der Vorgang des Sterbens. Dennoch bleibt offen, ob der Text irgendeine Aussage über das macht, was nach dem Sterben folgt. Denn *für ewig* muß nicht die Ewigkeit im Sinne der Apokalyptik meinen, sondern kann heißen: immer, solange ich lebe. Immerhin ist der Text ein Gebet für den Weg des Sterbens.

Auf dem Weg zur Auferstehung

»Das ist das Ende – für mich der Beginn des Lebens«

Dies sind die letzten überlieferten Worte von Dietrich Bonhoeffer auf dem Wege zur Hinrichtung: »Das ist das Ende – für mich der Beginn des Lebens« (E. Bethge, Dietrich Bonhoeffer, 3. Aufl. 1970, 1037). Wir versuchen, mit Dietrich Bonhoeffer über diese Worte ins Gespräch zu kommen.

Was endet – was beginnt? Es enden ein sichtbares Erdenleben und der Kampf um das, was man geworden ist, es enden Widerstand und Ergebung. In der unmittelbaren Nähe der Hinrichtung ist sich Bonhoeffer ganz sicher, daß dies nicht alles gewesen sein kann. Nicht nur, daß sich die gemeine Gewalt in ihrer Lächerlichkeit selbst entlarvt, daß sie an ihrer eigenen Absurdität im scheinbaren Triumph über ein Menschenleben zerbricht.

Der Mut des Zeugen

Es ist wie bei den Märtyrern der ältesten Christenheit. Angesichts der äußerlich übermächtigen Machthaber wuchs ihnen eine Kraft zu, die man ihnen bis dahin nicht zugetraut hatte. Der Mut und die Kraft zum Widerstand, die die Prozeßzeugen miterlebten, machten den Märtyrer zum unersetzlichen Zeugen für die Wirklichkeit, um deretwillen er litt. Alle vier Evangelien wissen das bereits ganz genau. In der Stunde, da die Christen vor die Machthaber geführt werden, wird ihnen Jesus selbst, der Heilige Geist oder der »Paraklet«, wie das Johannesevangelium den Heiligen Geist nennt, eingeben, was sie zu sagen haben. Das Antlitz des Stephanus beginnt in derselben Situation zu leuchten.

Für die Alte Kirche ist dieses die Stunde der Glaubwürdigkeit schlechthin. Was dem Märtyrer hier zuteil wird, ist so
evident aus einer »anderen Welt«, daß es keine stärkeren Beweise für die Wahrheit des Glaubensbekenntnisses gibt. So
ist es geblieben, denn bis heute ist Kirche fast immer nur
dann glaubwürdig, wenn sie mit dem Rücken zur Wand
steht.

So gilt auch heute: Der Märtyrer ist mit seinem Zeugnis vor
der Übermacht der Verfolger eine wirkliche Brücke zwischen der Welt der »Normalität« und dem unsichtbaren
Gott. Der Spruch »Das Blut der Märtyrer ist der Same für
neue Christen« gilt unvermindert. Denn: Woher hat jemand
angesichts des Todes diese Kraft? Auf diese Kraft konnten
und können sich auch andere einlassen. Denn sie macht aus
schwachen, um ihr Leben besorgten Menschen mutige Zeugen. Wenn es um das Letzte geht, wird klar erkennbar, wo-
von man lebt. Dann kommt dieses Letzte im scheinbar ohn-
mächtigen Opfer als hilfreiche Kraft zur Wirkung. Diese
Kraft trägt ihn und greift voraus, noch in das irdische Leben
des Blutzeugen hinein.

Ohne historisch irgendwie vermittelt zu sein, bricht diese
Evidenz auch bei Bonhoeffer wieder auf. Das Wort Märtyrer
(abgeleitet vom griechischen Wort *martys*, Zeuge) sagt es: Er
ist der Zeuge schlechthin. Menschen unserer Tage sind sehr
anspruchsvoll in bezug auf Glaubwürdigkeit. Die Christenheit kann ein ganzes Heer von Märtyrern nennen.

Beginn des Lebens

Hat Bonhoeffer nicht an seine Verlobte gedacht, als er dies
sagte: »Beginn des Lebens«? War das bisherige Leben keines,
das diesen Namen verdient hatte?
Bonhoeffer erfährt es so: Die finstere, blutrünstige Weltmacht bringt den Tod. Die Weltmacht »stößt« ihn von sich,
weil er nicht dazu paßt.
In dieser Situation gibt es für Bonhoeffer nur ein einziges

Thema: Leben. Nur das gilt noch, ganz rein und elementar, ohne jede Ausmalung. Weil er die Kraft spürt, die ihn jetzt trägt, ist sich Bonhoeffer ganz sicher: Er steht auf der anderen Seite, und diese Seite ist keine Illusion. Die Erfahrung der sichtbaren Welt ist zugespitzt auf das mörderische Regime.

Der Preis ist hoch: das leibliche Dasein. Bonhoeffer wird in dieser Stunde schier überwältigt von der Erfahrung, daß dies nicht alles ist.

Im Gefängnis hat Bonhoeffer ein Missale studiert; spätestens von daher war ihm die Auffassung vom Todestag des Märtyrers als seines Geburtstags bekannt, und er hat darin sicher auch den Satz gefunden, der für Märtyrer gilt: *Unsere Seele entwich wie der Sperling aus der Schlinge des Jägers, zerrissen ward die Schlinge, und wir sind frei* (Psalm 123,7–8). Das Martyrium ist für Bonhoeffer ein Fest der Freiheit. Gott ist ein anderes Wort für dieses Fest.

Das ist die Weltsicht des Märtyrers: Das Entscheidende zum Leben ist die Freiheit, erst wo sie ist, kann von Leben gesprochen werden. Diese Weltsicht ist auch das »Strickmuster« der Aussagen des Neuen Testaments über Jesus. Messias ist er erst als Auferstandener, nachdem er die Welt der Leiden und der blutigen Tyrannen hinter sich gelassen hat.

Der Märtyrer und besonders Jesus Christus stehen für diese Wirklichkeit mit ihrem Zeugnis ein. Im Widerstand war deren Macht unumstößlich evident geworden.

Was das für eine siegreiche Macht und für eine Wirklichkeit ist, kann man nur ahnen. Jedenfalls gilt, folgen wir jetzt einmal dem Zeugnis dieser Zeugen, daß die unermeßlichen Räume des Weltalls klein sind im Vergleich zu dieser Herrlichkeit.

Die Bitte um Auferstehung kann bereits in der Stunde des Sterbens vorgebracht werden. So betet die ostsyrische Kirche der Chaldäer mit dem Sterbenden: »In Güte hast du mich aus Staub gebildet und nennst mich das Bild deiner Majestät. Entzieh mich nicht dem Leben, du guter Herr, der du zum Tod und zum Leben führst.« Dieselbe Totenliturgie enthält auch diese Gebete: »Herr, der Tod hat mich verschleppt und eingeschlossen in seinem Versteck. Hole meine Seele aus seinem Gefängnis heraus.« – »Erwecke unsere Verstorbenen in deinem Erbarmen, setze sie zu deiner Rechten und kleide sie in deinem Königreich mit hellem Glanz.« Eigenartig ist das folgende Gebet: »Die Gnaden, die dem reuigen Schächer das Paradies verheißen, sie mögen als Bittsteller und Fürsprecher für uns eintreten.« – Der Refrain der Gebete um Auferstehung lautet bisweilen: »Der du die Toten lebendig machst, ehre deinen Namen!« Der Text appelliert also, wie manche Psalmen, gewissermaßen an Gottes Eigeninteresse: Er möge etwas für seinen Namen tun. – Für ein junges Mädchen bittet die koptische Totenliturgie: »Möge ihr Eintritt bei dir sein strahlend wie eine nicht verlöschende Leuchte, in ein Gastmahl unaussprechlicher Freude, und erwecke sie gemäß deiner Verheißung bei der Auferstehung der Gerechten.« Die Westsyrer (Antiochien) bitten: »Komm herab, lebenspendender Geist, blase über die Toten und erwecke sie, damit sie den Lobpreis singen können. Erneuere ihre entschwundene Schönheit.«

Die römische Liturgie hat für den Augenblick des Sterbens folgendes Gebet entwickelt: »Gott, bei dem alles lebt, das stirbt, für dich gehen durch das Sterben nicht zugrunde unsere Körper, sondern sie werden verwandelt zu besserem Dasein. Wir bitten dich, laß aufgenommen werden die Seele deines Knechtes (deiner Magd) durch die Hand deiner heiligen Engel, laß sie geführt werden in den Schoß deines Freundes, des Patriarchen Abraham, laß sie auferweckt werden am

Jüngsten Tag des großen Gerichtes. Und wenn der (die) Verstorbene im Bereich des Sterblichen etwas gesagt hat, das dir zuwider ist, weil doch der Teufel ihn (sie) getäuscht hat, dann befreie ihn (sie) von der Schuld, indem du verzeihst, du treuer Gott.«

Von guten Mächten

Bisweilen findet man auf modernen Todesanzeigen den ersten Satz von Dietrich Bonhoeffers Gedicht zitiert: »Von guten Mächten treu und still umgeben, behütet und getröstet wunderbar.« Im Unterschied zu vielen amtlichen Formulierungen christlicher Lehre ist dieser Satz nicht nur allgemein verständlich, sondern wird auch generell bejaht, auch als Todesanzeige. An dieser ungeteilten Zustimmung wird exemplarisch die Situation christlicher Verkündigung deutlich. In dichterischer Sprache darf man so reden. Wer dagegen in lehramtlicher Form den Glauben an Engel einfordert, wird sicher des Dogmatismus bezichtigt, und man wird ihm vorwerfen, die Grenze des Zumutbaren überschritten zu haben. Wer Bonhoeffers Gedicht in einer Todesanzeige verwendet, schließt direkt an die Auffassung aller alten Liturgien an, daß Engel den Verstorbenen abholen und begleiten. Der Sterbende betet in der koptischen Kirche: »Mögen sich in meiner Nähe halten die Engel des Lichts«, und für ihn betet man: »Du wollest vor ihm (sc. dem Toten) hersenden einen Engel der Gerechtigkeit, einen Engel des Friedens, daß sie ihn zu dir geleiten ohne Furcht.« Die maronitische Liturgie redet den Toten an: »Bis hierher haben wir dich, Bruder, getragen, von nun an mögen dich die Wächterengel weiter begleiten.« Die äthiopische Liturgie bittet: »Engel des Lichts mögen herniedersteigen, um dem Toten zu dienen.« Die Westsyrer (Antiochien) reden den Toten an: »Der Cherub, der das Paradies bewacht, wird dir den Weg bereiten, die Verheißung zu empfangen, die du dem Dieb am Kreuz gemacht hast«; in der Todesstunde spreche der Engel: »Komm mit mir, laß uns gehen, der Herr ruft dich.« In der griechisch-orthodoxen Liturgie werden die Engel um Fürsprache gebeten: »Wollet doch herbeikommen, meine allheiligen Engel, um zu stehen am Richterstuhle Christi, und mit gebeugtem Knie wehklagend zu ihm rufen: Erbarm dich, Schöpfer aller Dinge, des Werkes deiner Hände, o Guter, und verstoß es nicht von dort...« Anders die Kopten: »Empfange seinen Geist und mische ihn unter die Scharen deiner Engel und mache ihn würdig, zu tanzen und zu frohlocken bei den Heiligen und bei denen, die deinen Namen lieben.« Wieder anders in der georgischen Liturgie: »O meine Seele, eine furchterregende und erschreckende Macht ist über mich gekommen. Sie entfernt mich von meinen Eltern und Verwandten...«

Die ostsyrische Liturgie dagegen schildert die Feinde: Die Kirche ist wie eine junge Taube, sie hat ihr Nest auf den heiligen Altar gebaut. Die Schlange greift an, um das Nest zu plündern und die Küken zu vertilgen.

Wir halten fest: Christliche Zeugnisse spiegeln die Gewißheit wider, daß der Sterbende nicht allein auf seinen Weg geht. Was wir heute »gute Mächte« nennen, sind für die Kirche des ersten Jahrtausends die »Engel«, die nichts anderes darstellen als ein Stück der Gegenwart Gottes selbst, erfahren in der Brechung mit einer irdischen Situation.

Tod als Geburt

In der Bibel und darüber hinaus im jüdischen und christlichen Denken wird der Tod immer wieder als Geburt gedeutet. Besonders gilt das vom Schmerz der Wehen, dem Kampf auf Leben und Tod beim Gebären und der nachfolgenden Freude. Genau diese Abfolge von Schmerz und Freude gilt auch für den leiblichen Tod des Menschen.

»Wenn so jedermann Abschied auf Erden gegeben ist, dann soll man sich allein zu Gott richten, wohin der Weg des Sterbens sich auch kehrt und uns führt. – Und hier beginnt die enge Pforte, der schmale Steig zum Leben. Darauf muß sich ein jeder getrost gefaßt machen. Denn er ist wohl sehr eng, aber nicht lang. Und es geht hier zu, wie wenn ein Kind aus der kleinen Wohnung in seiner Mutter Leib mit Gefahr und Ängsten geboren wird in diesen weiten Himmel und Erde, das ist unsere Welt: ebenso geht der Mensch durch die enge Pforte des Todes aus diesem Leben.

Und obwohl der Himmel und die Welt, darin wir jetzt leben, als groß und weit angesehen werden, so ist es doch alles gegen den zukünftigen Himmel so viel enger und kleiner, wie es der Mutter Leib gegen diesen Himmel ist.

Darum heißt der lieben Heiligen Sterben eine neue Geburt, und ihre Feste nennt man lateinisch Natale, Tag ihrer Geburt. – Aber der enge Gang des Todes macht, daß uns dies Leben weit und jenes eng dünkt. Darum muß man das glauben und an der leiblichen Geburt eines Kindes lernen, wie Christus sagt: ›Ein Weib, wenn es gebiert, so leidet es Angst. Wenn sie aber genesen ist, so gedenkt sie der Angst nimmer, dieweil ein Mensch geboren ist von ihr in die Welt‹ (Johannes 16,21). So muß man sich auch im Sterben auf die Angst gefaßt machen und wissen, daß danach ein großer Raum und Freude sein wird.«

(Aus: M. Luther, Ein Sermon von der Bereitung zum Sterben, 1519, WA 2,685–697).

Der Ausgangspunkt: Der Weg des Sterbens führt zu Gott. Das ist nicht selbstverständlich. Gott und nicht das Nichts oder die Leere und die Wüste ist das Ziel dieses Geschehens. Der Tod hat etwas mit Gott zu tun wie alle anderen Ereignisse des Lebens auch. Der Tod in seiner eigenen und besonderen Weise: Er ist ein Weg. Nicht ein Ereignis für sich, nicht das Ende, sondern ein Prozeß mit vielen Phasen und Stationen. So sieht es auch die Alte Kirche: Schon zum Sterben hin sind wir auf einem Weg, das Sterben selbst ist wie ein Tag auf dieser Wanderung. Daher: Sterben ist ein Exodus-Geschehen, ein Auswandern und Pilgern auf ein Ziel hin.

Dann das Bild des steilen, engen, aber nicht langen Wegabschnittes. Das ist das eigentliche Sterben. Luther vergleicht es mit dem Höhepunkt der Wehen. Beidemale ist die Enge, ist der Schlund nicht das Letzte.

In beiden Fällen, beim Geborenwerden und beim Sterben, folgt auf die Enge eine Weite. Der enge Schlund der Geburt leitet in die große, weite Welt. Um wieviel weiter ist die Welt des Himmels, die sich dem eröffnet, der durch den Schlund des Todes hindurchgegangen ist! Wie unermeßlich groß ist der zukünftige Himmel! Es ist gar nicht so, daß einem »engen Schlund« dann eine enge Welt entspräche, vielmehr ist es umgekehrt: Je enger der Schlund, der zu einer Welt hinführt, um so weiter ist die Welt. So ist die fürchterliche Enge des Todes nur ein Hinweis auf die unermeßliche Weite des Himmels.

Wie man nach den Ängsten der Geburt das Licht der Welt erblickt, so kann man nach den Ängsten des Todes das Licht des Neuen Tages sehen.

Luther erinnert an die Heiligen, deren Gedenk- und Namenstag in der Sprache der Liturgie ihr Geburtstag *(Natale)* heißt. Denn an ihrem Todestag werden die Heiligen für die unsichtbare Welt geboren. Daher ist der Todestag, der Gedenktag, kein Grund zum Trauern, sondern ein Festtag: Ein neuer Himmelsbürger ist geboren.

Dieser Anfang der »eigentlichen« Existenz der Heiligen im Himmel, versammelt um den Thron Gottes und des Lammes, wird schon in den Hymnen der Offenbarung des Johannes geschildert. Freilich ist dieser Anfang je und je mit der mißlichen und entsetzlichen Schwelle des Todes verbunden. Aber das ist im Neuen Testament auch der Weg, auf dem der »Christus«, der Messias, in seine ihm zustehende Herrlichkeit gelangt. Daher die Wortverbindung »Leiden« des »Christus«.

Luther zitiert dann Johannes 16,21: *Ein Weib, wenn es gebiert, so leidet es Angst. Wenn sie aber genesen ist, so gedenkt sie der Angst nimmer, dieweil ein Mensch geboren ist von ihr in die Welt.* Der Vers bezieht sich bei Johannes nicht auf den Tod, sondern auf die Zeit der Verfolgung der Gemeinde. Der Evangelist versichert: So sicher wie auf die Wehen einer Frau die Freude der Geburt folgt, ebenso sicher folgt auf das Leiden der Gemeinde die Zeit der Freude, die ihr niemand mehr nehmen kann. Luther übernimmt das Bild von Wehen, Geburt und Freude, überträgt es aber auf die Phase des Sterbens jedes einzelnen Christen.

Wir halten fest: Luther vergleicht das Sterben als Weg mit dem notvollen Weg der Geburt. Zwei Zusatzargumente führt er an: Einmal weist er darauf hin, daß der Himmel noch ungleich weiter sein wird als das Licht der Welt, das man nach der Geburt erblickt. Sodann erinnert er daran, daß auf den Schmerz Freude folgt, die allen Schmerz vergessen läßt.

Zu Luthers Gedanken paßt auch ein modernes Gedicht: »Vielleicht ist Sterben wie eine Geburt. Zuerst durchlebst du allen Schmerz und dann plötzlich die ganze Freiheit« (Christina Kunzmann).

Was bleibt? – Kritische Anfragen

Wir fragen: Wenn etwas bewahrt wird – was wird im Tod bewahrt? Wenn die Bibel keine Trennung zwischen Leib und Seele kennt – kann überhaupt etwas bewahrt werden, wo doch der Leib in der Erde verkommt? Oder haben diejenigen Christen recht, die sagen: Nichts wird bewahrt. Der Mensch ist ganz und gar tot. Wenn Gott will, macht er ihn neu. Aber was heißt dann »ihn«? – Glauben nicht manche Christen wie die Griechen zu Recht an eine unsterbliche geistige Seele? Oder ist es wie in den meisten Texten des Alten Testaments, daß der Mensch in einem dunklen Reich als Schatten vegetiert, als Gespenst und Schatten seiner selbst?

Die Antwort auf unsere Fragen holen wir uns durch einen Analogieschluß von Paulus, der von den getauften Christen sagen kann, sie seien schon gestorben, und zwar mit Christus (Römer 6,2–10). Was blieb erhalten? Ihr Leib, ihre Seele? – Vom Leib bemerkt Paulus hier, daß er gestorben sei, und zwar der *Leib der Sünde*, das heißt: der Mensch insofern, als er ganz und gar durch seine Beziehung zur Sündenmacht gekennzeichnet ist. Sie hat ihn durch und durch verdorben. »Leib« heißt hier also nicht der physikalische Leib, sondern es handelt sich um ein komplexes Phänomen, die Summe der Außenbeziehungen des Menschen. Das ist auch nicht der Leib im Unterschied zur Seele, sondern der ganze Mensch unter dem Aspekt seiner Abhängigkeit von allem, was außerhalb seiner selbst besteht. Das, so kann man sagen, geht zugrunde, bei der Taufe unsichtbar (und nur im Untertauchen symbolisch angedeutet), im biologischen Tod des Menschen sichtbar. Das Sichtbare wird da gewissermaßen nachgeholt. Alles Irdische geht zugrunde, ohne Unterschied zwischen Leib und Seele.

Was bleibt?

Erhalten bleibt aber der Bezugspunkt. Denn Paulus sagt ja weiterhin *ich*. Er spricht auch anläßlich der Auferstehung davon, daß *alle verwandelt werden*. Jemand, der verwandelt wird, muß noch da sein. Nur ist an keine gleichbleibende Substanz gedacht; denn allem, was bestand, wird angekündigt, es werde verwandelt.

Wir nennen das, was bleibt, das Selbst, und zwar im Unterschied zum Ich, das stets die konkrete Person des Menschen in seiner jeweiligen Leiblichkeit meint. Wir vergleichen dieses Selbst mit der biblischen Größe des *Namens*. Der Name ist weder die Seele, noch verschwindet er mit der jeweiligen Leiblichkeit. Er ist diejenige biblische Kategorie, die den Gedanken und die Hoffnung der Auferstehung überhaupt erst, wenn man so sagen darf, möglich macht.

Den Namen, seinen eigenen Namen, hat der Mensch nicht von sich aus, sondern weil er so gerufen wird. Das gilt zunächst von dem Namen, mit dem einen die Eltern und Verwandten als Kind rufen. Der Name formuliert daher grundsätzlich eine soziale Beziehung und Wirklichkeit, diejenige, daß der Mensch nicht er selbst ist ohne die anderen. Im jeweiligen Kontext muß der Name, das ist sein Sinn, exklusiv diesen bestimmten Träger bezeichnen. Er ist ein Realsymbol für dessen unverwechselbare »Identität«. Diese besteht in der Sicht der Bibel auch für jeden einzelnen Menschen im Gegenüber zu Gott. Gott kann zu Jakob/Israel sagen: *Ich habe dich bei deinem Namen gerufen, und du bist mein* (Jesaja 43,1).

Als mit Namen Gerufener erkennt der Mensch andere und sich selbst. So erkennt Maria Magdalena den Auferstandenen an der Art, wie er ihren Namen sagt (Johannes 20,16). Der »gute Hirt« sagt nach Johannes 10,3f, daß er die Namen seiner Schafe kennt und umgekehrt sie den seinen. Besondere Bedeutung hat im Judentum der Name Gottes, der Gott repräsentiert und an seiner unnahbaren Heiligkeit Anteil hat. Es wird vorausgesetzt, daß Gottes heiliger Name im Himmel wie auf Erden verstanden wird. Und die Menschen sind gerettet, wenn ihre Namen im Buch des Lebens stehen (Offenbarung 20,12; Lukas 10,20b). Besondere Bedeutung hat es, wenn der Name einer Person verborgen bleibt, so der Name Gottes in manchen Texten des Alten Testaments, der Name (Titel) Jesu nach dem sogenannten Messiasgeheimnis (zum Beispiel Markus 3,11f), der neue Name der Christen nach der Offenbarung des Johannes (zum Beispiel 2,17). Wer den Namen einer Person weiß, kann in Zauber und Segen, in Gebet und Fluch über sie verfügen, das heißt ihr Nutzen oder Schaden zukommen lassen.

Aufgrund der Bedeutung des Namens erlangen auch das Rufen und die Berufung (jeweils mit dem Namen verbunden) ihre große theologische Bedeutung.

Biblische Grundlegung

Die Grundlage für diese Ansicht ergibt sich aus dem Alten Testament. Nach dem Propheten Jesaja gilt: *So spricht der Herr: Denen, die an meinem Bund festhalten, ihnen will ich in meinem Haus und in meinen Mauern Denkmal und Namen geben. Einen ewigen Namen will ich ihnen geben, der nicht getilgt werden soll* (Jesaja 56,4f).

Schon nach dem Wortlaut dieser Stelle im Alten Testament ist dieser *ewige Name* sicher mehr als Nachruhm oder als der mit dem Namen versehene tote Gedenkstein, der in die Tempelmauer eingelassen ist (manche Kirchen haben allerdings architektonisch Jesaja 56 »kopiert«).

Nach dem Kontext geht es hier auch nicht um das Nachleben in den leiblichen Kindern (weil es sich um Kastrierte handelt, ist diese Möglichkeit ausgeschlossen). »Der alte Israelit gehörte dem Gottesvolk allein durch sein Stehen in der Geschlechterkette an. Vergangenheit und Zukunft hatte er allein in dem Herkommen von den leiblichen Eltern und dem Weiterleben in den leiblichen Kindern... Hier kann der Name ohne leibliche Nachkommen weiterleben; es gibt eine neue Möglichkeit, in der Gemeinde weiterzuleben... Die neue Gemeinde ist auf dem Weg zu einer Gemeinschaftsform, die sich nicht mehr mit dem alten Begriff des Volkes Gottes deckt« (C. Westermann, Jesaja 40–66, 251).

Der Name ist eine »geheimnisvolle mächtige Potenz, er tritt an die Stelle der Person«. Im Frühjudentum gilt: Wessen Name aus dem Buch der Lebenden ausgelöscht wird, der ist auf ewig verdammt und tot. Das heißt: Was mit dem Namen geschieht, ereignet sich automatisch auch an dessen Träger, der zugehörigen Person, wie wir es nennen würden.

In einer jüdischen Offenbarungsschrift aus dem 1. Jahrhundert n. Chr. (4. Buch Esra 14,35) heißt es: »Denn das Gericht wird nach dem Tod kommen, wenn wir von neuem wieder lebendig werden. Und dann werden die Namen der Gerechten erscheinen, und die Taten der Gottlosen werden gezeigt werden.« Bei den Gottlosen besteht der Name nicht mehr, man kann nur noch zur Abschreckung auf ihre Taten verweisen. Der Text klingt wie eine Illustration des Jesuswortes in Johannes 5,29: Die einen erstehen auf zur »Auferstehung, die im Gericht besteht«, die anderen zu einer Auferstehung, die im Lebendigsein besteht. Denn »das Gericht« besteht im Aufweis der schlechten Taten, das Leben aber darin, daß man einen Namen hat. Auch in 4 Esra geht es um eine Auferstehung. In einer Schrift des Frühjudentums (Henoch 70) heißt es über Henoch, der zu Gott entrückt wurde, »sein Name« sei unter den Menschen »verschwunden«. Nicht einfach Henoch ist verschwunden, sondern »sein Name«. Er ist herausgelöst aus der Gemeinschaft der Menschen. Für das Judentum ist Existenz eine komplexe Beziehung. Genau das bringt das Wort »Name« zum Ausdruck.

So gilt: Solange ein Mensch einen Namen hat, lebt er. Wenn sein Name vergessen oder ausgemerzt wird, ist er tot. Das zeigt sich an bestimmten Listen, die geführt werden. Für das Judentum sind es die Bücher der Lebenden, deren Ort im Himmel angenommen wird. Für die Alte Kirche sind daher die vielen Namen im Kernteil der Eucharistiefeier wichtig, Namen von Lebenden und Namen von Toten. Solange die Kirche ihrer gedenkt, sind sie allzumal Lebende. Daher gedenkt der Kanon der römischen Messe derer, die »uns vorangegangen sind im Zeichen des Glaubens« unter namentlicher Nennung mit der Bitte »Gedenke, Herr, ihrer« als Überschrift. Gelten soll das auch für die, »deren Glauben nur du kennst«. – Schon Jesus schließt nach Markus 12,26–27 daraus, daß Gott sich der »Gott Abrahams, Isaaks und Jakobs« nennt, daß diese Väter am Leben sein müssen. Denn er schließt allein aus dieser Selbstbezeichnung Gottes: »Also ist er ein Gott Lebender und nicht Toter«. Daraus schließt er ferner, daß es eine Auferstehung schon für diese drei Erzväter gibt und deshalb Auferstehung überhaupt. Denn wenn Gott sie nennt und »ihr Gott« ist, dann müssen es Lebende sein.

Die Nennung des Namens hat daher eine ganz außergewöhnlich hohe Bedeutung für die Frage nach dem, was nach dem Tod kommt.

Von daher könnte man sich auch verständlich machen, was der Seher Johannes meint, wenn er dem »Sieger« durch den erhöhten Jesus die Verheißung zukommen läßt: *Ich werde ihm... einen weißen Stein geben und auf dem Stein einen neuen Namen geschrieben, den keiner kennt außer dem, der ihn empfängt* (2,17) Denn wer den neuen Namen empfängt, erhält ihn direkt von Gott, Gott redet mit ihm persönlich, und daher war der Name bis zur Verleihung völlig geheim (von da ab muß er es nicht mehr sein). Wie Jesus nach Philipper 2,9 einen neuen Namen *über alle Namen* erhält, so bedeutet auch für den »Sieger« der neue Name eine Rangerhöhung. – So ist es auch, wenn zu Jerusalem gesagt wird: *Und man nennt dich mit einem neuen Namen, welchen der Mund Jahwes bestimmt* (Jesaja 62,2). Sein Empfänger war »von Gott gekannt und geliebt und Gottes unverlierbares Eigentum. Der neue Name ist der Name, durch dessen Nennung Gott den Überwinder erlöst« (H. Kraft).

Wir halten fest: Was mit dem Namen geschieht, das vollzieht sich an seinem Träger. Wird der Name vergessen oder ausgelöscht, dann ist sein Träger tot. Wird er genannt, gar von Gott genannt, dann lebt er. Wird jemand mit einem neuen Namen (von Gott) benannt, so wird er erhöht und verherrlicht. Der Name ist daher ein extremer Sonderfall von Sprache. Der zauberisch-magische Charakter, den Sprache bei den alten Völkern oft hatte, ist im Gebrauch oder Nichtgebrauch des Namens oft bis heute erhalten. Wichtig ist, daß nach der Bibel Gott selbst einen überaus heiligen Namen hat (zweites Gebot, Bitte des Vaterunsers *Geheiligt werde dein Name*), und daß es Leben bedeutet, wenn er den Namen nennt oder wieder nennt oder von der kirchlichen Gemeinschaft an seinen Namen erinnert wird. Der Name ist daher eine Art geheimnisvoller Präsenz dessen, der ihn trägt.

Alles das kann hier nur angedeutet sein. Es ergibt sich: Der Name einer »Person« (die Antike hat noch keinen Personbegriff) ist mehr als Schall und Rauch. Im Namen ist die Wirklichkeit einer »Person« auf mythische Weise konzentriert, und zwar gerade im Hinblick auf ihre Beziehungen zu anderen, besonders was die Möglichkeiten zu verletzen und zu fordern betrifft.

Was gemeint ist, kann man vielleicht an einem Beispiel verdeutlichen. Wenn zwei Klassenkameraden sich nach vierzig Jahren wieder begegnen, haben sie sich sehr verändert. Doch ihre Beziehung zueinander wird immer noch ähnlich sein, alte Verhaltensmuster werden sehr schnell wieder lebendig. Und: Sie nennen einander mit demselben Namen wie damals. Die ganz spezifische Relation ist geblieben. – Mit dem Namen meint die Bibel mehr als nur ein Wort. Sie spielt auf die Wirklichkeit an, die an dem je individuellen Namen »dranhängt«, die nicht sichtbar, sondern sozialer Natur ist. Der Name bündelt die unterschiedlichsten Beziehungen, in denen ein Mensch steht. Und man kann fragen: Sind die Ereignisse, die wir in zeitlicher Erstreckung im Nacheinander und in Wiederholung mit Abwandlungen wahrnehmen, nur die Entfaltung dessen, was diesen Menschen ausmacht? Und wäre das, was ihn ausmacht, als Bündelung gedacht, im Sinne der Bibel sein Name? Es ist deutlich, daß für den Namen die Kategorie der Erinnerung wichtig ist, weil sie zuallererst die Bündelung, die der Mensch selbst ist oder sein könnte, abbildet.

Wir halten fest: Was bleibt, das ist der »Name«, eine komplexe, mythisch, magisch und sozial zu denkende Realität. Von daher kann man verstehen, daß nach Texten der Alten Kirche Auferstehung darin besteht, daß Gott sich unseres Namens erinnert oder daß er uns erneut bei unserem Namen ruft. Nicht allein Gott hat einen geheimnisvollen Namen, auch jeder Mensch trägt den seinen. Nach biblischer Anschauung ist sein Name auf Gottes Hand geschrieben (Jesaja 49,15f). Daher wird Gott ihn nicht vergessen.

Ein neuer Weg wird eröffnet

Im folgenden geht es um die durchweg positive Wertung des Sterbens beim Apostel Paulus.

Tod als Befreiung

Paulus hatte ein merkwürdiges Verständnis vom irdischen, biologischen Tod. Gewiß will er unter allen Umständen den sogenannten »zweiten Tod«, das endgültige Verlöschen, verhindern. Aber für den Christen Paulus ist der irdische Tod keine traurige Angelegenheit, sondern er sieht darin, sowohl wenn er in der Taufe vorweggenommen wird, als auch wenn er leiblich stirbt, eine Eröffnung neuer Möglichkeiten.

So denkt Paulus: Der Tod macht frei, er eröffnet und erschließt einen neuen Weg. Er ist das Ende des Exils auf Erden. Er trägt heraus aus den Schwächen des sichtbaren Leibes. Er ist Befreiung von den Altlasten der Vergangenheit, in der der Christ unter der Sündenmacht stand. Alle sündigen Taten gingen immer auf Kosten des Leibes. Nur durch den Tod kommt der Mensch aus dem verseuchten, infizierten alten Leib heraus. Das gilt vom sakramentalen Tod in der Taufe wie vom biologischen Tod. Der so verstandene Tod eröffnet neue Wege, weil er aus alter Sklaverei befreit. Der Mensch erhält die Chance, sich von neuem durch etwas, durch eine neue Ausrichtung oder einen neuen Herrn, bestimmen zu lassen.

Daß Paulus den leiblichen Tod eher als Erlösung betrachtet, geht auch aus seinen späteren Äußerungen hervor: So schildert er das Stöhnen der vergänglichen Welt im Vorhof des Todes (Römer 8,22–26), oder er sagt, daß er sich danach sehnt, »beim Herrn« zu sein. Hier und jetzt trägt er immer das Sterben, die Leidenszeichen des Christus mit sich herum.

Aus all diesen Äußerungen erkennen wir, daß Paulus ein leidender und kranker Mensch war. Das irdische Leben war für ihn aufgrund von Krankheit und Verfolgung unerfreulich. Um so wichtiger sind für ihn die Erfahrungen, die er jetzt schon mit der Überwindung des Todes macht. Er sieht Jesus, den Auferstandenen, und er wird aus Lebensgefahr errettet (2. Korinther 1,2–9).

Am Ende dieses Abschnittes werden wir erkennen, daß Paulus den irdischen Tod des Menschen nur positiv sehen kann. Bei keinem frühchristlichen Theologen ist das so klar und radikal gesehen wie bei ihm. Konsequent führt er die Christen in eine neue Deutung des Sterbens und des (biologischen) Todes hinein.

Machtwechsel

Leben ist für Paulus immer ein zielgerichteter, ein »teleologischer« Prozeß. Das Leben ist auf etwas aus, es hat einen Fluchtpunkt, einen Herrn und ein Ziel. Wenn Paulus also sagt, der Christ lebe *für, bei, vor Gott* oder *von Gott her*, dann ist damit seine Lebensmitte gemeint. – Das ist für uns fremd, denn wir existieren meist »so vor uns hin«, verstehen Leben als ein Dasein ohne Herkunft und Ziel.

Paulus sagt in Römer 6,10–11: *Sofern er* (Jesus Christus) *lebt, ist er bei Gott lebendig. So sollt auch ihr daran denken, daß ihr tot seid für die Sünde, aber für und vor Gott lebendig in der Gemeinschaft mit Jesus Christus.*

Daraus wird zunächst deutlich: Unser normales Dahinleben ohne Ziel verschleiert nur den »teleologischen« Tatbestand, daß es entweder Aufbauen oder Zerstören ist. Denn im Grunde ist alles ein Verhalten gegenüber Werten. Weil der

Mensch maßlos und ungerecht ist, zerstört er am Ende das, was er eigentlich will: Lebendigsein. Der übliche, unregulierte Lebenswille ist geradezu kontraproduktiv. Wer nur seiner Gier folgt (Habgier, Machtgier, Freßgier, Sexgier), der meint, Lebensfreude zu erreichen, wird aber enttäuscht, weil Gier und Sucht den Täter und seine Lebensordnung zerstören. Paulus nennt diese Weise des unbedachten Dahinlebens *sich selbst leben* (»Selbstverwirklichung«) oder auch den Sklavendienst des alten Menschen gegenüber der Sündenmacht.

Da hilft nur noch Verbrennen

Aus diesem Dahinleben kommt der Mensch nur durch den Tod heraus. Denn sein Leib und sein Leben ist so weitgehend und tiefgründig infiziert von Schlamperei und Egoismus, daß nur »Verbrennen« oder Sterben hilft. Denn es gibt Dinge, die sind so verseucht, daß sie nur durch Verbrennen aus der Welt geschafft werden können.

Eben in diesem Sinn öffnet Sterben eine neue Möglichkeit. Nur das Sterben macht es möglich, den alten Zusammenhang von Saat des Unrechts und Ernte für das Unrecht als Zerstörung und Tod abzuschließen und den Menschen aufzubrechen für neue Saat und neue Ernte.

Paulus ist in bestimmter Hinsicht entschiedener Moralist, und zudem denkt er in komplexen Beziehungsstrukturen. So bricht er durch seine Auffassung vom Sterben den üblichen verfilzten Unrechts-Zusammenhang auf, um ein anderes Geflecht, eine neue Gerechtigkeit, an dessen Stelle zu setzen. Und Paulus ist in derselben Hinsicht Rigorist. Für ihn ist der Mensch so korrupt, daß nur noch Sterben hilft.

Variationen des Sterbens

Als der Messias, der einzige Gerechte, ermordet wurde, starb er nicht für sich allein. Sein Tod hat kollektive Bedeutung.

Das kann Paulus, soweit es unser Thema betrifft, in zwei Richtungen entfalten.

Zum einen kann er sagen: Jesu Sterben war *stellvertretend*. Jesus hat also die Todesstrafe für jeden einzelnen auf sich genommen. Er ist dadurch ihr »Schatz« geworden. Seine Liebe ist die neue Lebensregel. So sagt Paulus in 2. Korinther 5,14f: *Die Liebe, die Jesus Christus uns erwiesen hat, treibt uns an... Denn einer ist für alle gestorben. So sind wir alle gestorben. Und er ist anstelle von uns allen stellvertretend gestorben, damit wir nicht mehr uns selbst leben, sondern für ihn, der für uns gestorben und auferstanden ist.*

Man kann nun allerdings fragen: Wenn Christus für Paulus gestorben ist – warum lebt Paulus dann nicht mehr *für sich selbst?* Ist das Besitzverhältnis geändert? Gehört man dem, der für einen gestorben ist? Ist Jesus so zum Herrn geworden, weil er die zu ihm Gehörenden so »erworben« hat? – Oder geht es wirklich um Liebe, so daß Paulus den nur wiederlieben kann, der ihn so geliebt hat? Der unmittelbare Kontext legt Letzteres nahe.

Die andere Möglichkeit: Paulus geht auf das *Mit-Sterben* aus. Wenn ich mit jemandem mit-sterbe, dann ist das etwas anderes als Stellvertretung. Bei Stellvertretung sterbe nicht ich, er stirbt für mich, an meiner Statt. Sterbe ich mit ihm, so sterben wir gemeinsam; vielleicht ist die Art unterschiedlich, aber ich sterbe auch auf meine Weise. So sagt Paulus es im 6. Kapitel des Römerbriefes. Da geht es gerade nicht um Stellvertretung, sondern um Gemeinschaft. Im Unterschied zu 2. Korinther 5,14f fehlt auch das Stichwort *Liebe,* es geht nicht um das *anstelle von,* der Mit-Gestorbene lebt jetzt auch nicht *für Christus*, sondern er teilt das Geschick Jesu, und er lebt jetzt *für die Gerechtigkeit*. In 2. Korinther 5 ist von der Taufe nicht die Rede (war Paulus, der hier von sich spricht, überhaupt getauft?), nur vom Glauben, und der öffnet den Weg zur Stellvertretung Jesu (wie Römer 3,25). In Römer 6 geht es dagegen um die Taufe, und das Untertauchen wird gedeutet als Mitbegrabenwerden mit Jesus.

Die Beziehungen zu Jesus beschränken sich daher in Römer 6 auf das gemeinschaftliche Sterben.

Dabei stirbt der Getaufte dann der bisher maßgeblichen Welt, den Werten, die trügerisch und scheinhaft waren. Paulus bringt das mit dem Stichwort »Kreuz« zum Ausdruck.

Der Getaufte ist der Sünde gestorben, weil er dem Sündenleib gestorben ist, wie Paulus sagt. Und das heißt: Er hat radikal Abschied genommen von der Verflechtung mit Unrecht, die seine ganzen Beziehungen und damit seinen Leib betrafen. Es ist also ein wirkliches Sterben.

Man kann auch hier fragen: Warum lebt der Getaufte jetzt plötzlich für Gott und die Gerechtigkeit? Oder besser: Warum soll er jetzt aus dieser Kraft und auf dieses Ziel hin leben? Er war doch nur mit Christus mitgestorben, sonst nichts. Antwort: Im Hintergrund steht ein aggressiver Dualismus, das heißt: Zwei Herren stehen sich gegenüber, Sünde und Gott. Wer dem einen nicht gehört, lebt nicht neutral, sondern wird sofort vom anderen beansprucht. Die beiden Herrschaften stehen einander nicht ruhig, »statisch« gegenüber, sondern kämpfen um den Menschen.

Wenn die eine Herrschaft aufhört, wird der Getaufte sofort von der anderen in Anspruch genommen. Wenn der Mensch von der Herrschaft der Sünde und von der Verfilzung mit ihr frei geworden ist, belegt ihn die andere Herrschaft sofort mit Beschlag. Das Sterben mit Christus dient den »imperialistischen« Zwecken des Messias Christus.

In beiden Fällen aber geht es um die von Gott her gnädigerweise eröffnete Möglichkeit, daß dem Christen vorzeitig der Tod als abschließende Strafe für Sünde angerechnet wird. Was bedeutet das für das spätere (biologische) Sterben?

Vorwegnahme des Todes

Für den nicht-christlichen Menschen folgen nach Paulus biologischer Tod und das endgültige Aus direkt nacheinander.

Der christliche Mensch hingegen hat in der Taufe oder seit dem Zeitpunkt, an dem er an Jesus Christus glaubt, den Tod als Sündenstrafe hinter sich. Stellvertretung Jesu oder Mit-Sterben mit Jesus waren zwei Möglichkeiten, in die kollektive Dimension des Sterbens des Messias einbezogen zu werden.

Wenn der Christ nun so den Tod hinter sich hat, ist er jedenfalls vom Anspruch des Gesetzes, ihn zu verurteilen, frei. Er ist dem Zusammenhang von Sünde und Todesstrafe entronnen. Aber er hat die Möglichkeit des Rückfalls. Modern gesprochen: Er hat die Wahl, und zwar erst jetzt. Aber in der Sicht des Paulus ist das keine positive Wahlfreiheit, sondern, weil der alte Leib noch fortbesteht, die Gefahr des Rückfalls. Der alte Leib ist und bleibt labil.

Aber »rechtlich gesehen« gehört der Christ jetzt zu Gott und zu seinem Messias, er ist versklavt dazu, daß er jetzt Gerechtigkeit wirkt.

Der leibliche Tod ereilt den Christen noch immer, er ist aber ein Akt der Befreiung. Längst ist der *innere Mensch*, die neue Identität als Christ und Himmelsbürger, im Christen herangewachsen. Der Christ kann nun direkt in das Reich des Christus gehen.

Sterben als Abschluß der Taufe

Daher können wir hier überrascht feststellen: Der leibliche Tod hat für den Christen keinen Strafcharakter mehr. Wenn das oben zu »Punkt oder Prozeß« Bemerkte stimmt, dann ist der leibliche Tod nur das Ende des Mitgekreuzigtwerdens, das Ende des schmerzhaften Abschieds von der Welt. Von daher wird verständlich, warum Paulus den leiblichen Tod ausschließlich als Befreiung wertet und ihm keinerlei düstere Züge beimißt.

Der Tod des Christen ist das Ende des in der Taufe begonnenen Weges zu (und mit) Jesus. Seit der Taufe lebt der Christ unter dem Zeichen des Kreuzes. Sein Leiden und Sterben ist ein anderes geworden als das gewöhnliche Sterben. Denn es führt nicht zum unwiderruflichen Ende und ist daher nicht Vorgeschmack des entsetzlichsten Elends und des endgültigen Aus.

Vielmehr sieht Paulus Taufe und biologisches Sterben zusammen: Mit der Taufe (punktuell) beginnt gleichzeitig der Prozeß, in dem der Christ diesem Christus zugeeignet wird. Das geschieht, indem er seine Leiden als Teil des Kreuzes Jesu begreift. Kreuz heißt immer: schmerzvoller Abschied. Aber es ist ein Abschied mit dem Ziel der Teilhabe an der Herrlichkeit des Christus.

Inwiefern Abschied? Leiden wird anders gewertet. Es ist – wie die versucherischen Leiden bei Abraham, Hiob (Frühjudentum) und Jesus – Anfrage an die neue Sinndeutung durch den Glauben. Wer glaubt, läßt sich durch das Leiden nicht darin beirren, daß er Gott zum Vater hat, der die Befreiung seiner Kinder will.

Konkretion

Der biologische Tod des Christen steht nach Paulus unter dem Zeichen des Kreuzes. Er ist schmerzvoll, aber nicht düster. Denn das Kreuz ist der Weg, die Herrlichkeit das Ziel.

Der Tod des Christen ist Teil der Taufe. Anfang und Ende schließen sich an dieser Stelle zu einem Kreis zusammen. Denn seit der Taufe sind die Leiden und Schmerzen des Christen Zeichen der Gemeinsamkeit mit dem Messias.

Dabei geht es nicht um die Frage, woher die Leiden im einzelnen kommen, das ist ganz unterschiedlich (jedenfalls kommen sie nicht von Gott). Entscheidend ist, daß sie als Anfrage an den Glauben gewertet werden:

Sollte man angesichts des Leidens nicht alles hinwerfen?

Gibt es wirklich etwas, das stärker ist als Schmerz und Ehrlosigkeit und eben Kreuz? Das ist die Frage, da diese drei doch Menschen bis zum äußersten fertigmachen.

Die Schmerzen und Leiden des Christen offenbaren nur, was das Wesen der Welt ist, aus der sie kommen: Feindschaft gegen Gerechtigkeit, Leben und Lebensfreude.

Leiden und Sterben sind die Spuren, die die Welt an Menschen hinterläßt als Zeichen ihres Widerspruchs gegen Gott, der das Leben ist.

Leiden ist Widerstand der Welt des Todes gegen das Leben.

Dieser Widerstand äußert sich im Kreuz. Denen, die hoffen, tut man das Äußerste an. Und andererseits wird das Kreuz zum Zeichen des Protestes, des Widerstandes gegen die äußerste Entehrung. Denen, die den Gekreuzigten verachten, wird das Kreuz zum Zeichen des berechtigten Hochmuts der Glaubenden.

Paulus ist alles andere als unempfindlich gegen Schmerz, er ist auch nicht einfach »voller Hoffnung«, wie wir fromm sagen würden. Sondern eines erfüllt ihn ganz: die kollektive Dimension des Messias Jesus. Daß sein Weg der Weg all derer sein kann, die zu ihm gehören.

Und das ist unbestreitbar ein Weg zu Gott.

Der Tod wird zum Zeichen der Gemeinschaft mit Jesus.

Sterben im Herrn

Nach einigen biblischen Texten sterben die Christen, ohne daß ihre enge Gemeinschaft mit Gott zerstört wird. Auf eine Ausmalung wird verzichtet. Es heißt lediglich: *Selig die Toten, die im Herrn sterben von jetzt an. Ja, sagt der Geist, sie werden von ihren Mühen ausruhen, denn ihre guten Werke sind bei ihnen* (Offenbarung 14,13). Ähnlich formuliert Paulus in 1. Thessalonicher 4,16: *Und die Toten in Christus werden zuerst auferstehen.* Nach 1. Korinther 15,17f gilt: *Wenn Christus nicht auferweckt worden ist..., sind die verloren, die in Christus entschlafen sind.* – Bei 1. Thessalonicher 4,16 könnte man aber auch das *in Christus* zu *auferstehen* ziehen, dann würde der Satz bedeuten: »Und die Toten werden zuerst auferstehen durch die Kraft des Christus.« Diese Lesart ist aber wegen der Stellung des *in Christus* im griechischen Text unwahrscheinlich. – In vergleichbaren antiken jüdischen Texten außerhalb der Bibel heißt Gott »der Ruheort der Seelen der Gerechten«, oder man sagt: »Im Herrn ist der Lohn der Gerechten« oder »Die Seelen der Gerechten sind in Gottes Hand«.

Klar erkennbar ist: Zunächst wurde Gott selbst mit dem Ruheort identifiziert, dann Jesus. Die Rede vom Ruheort stammt aus der alttestamentlichen Landverheißung. Das Land, das Israel erhalten soll, heißt dort der Ruheort oder das Erbland. In frühjüdischer Zeit wird dieser Landbesitz als himmlisches und endzeitliches Gut verstanden. Nach den oben zitierten Texten ist dann Gott selbst dieser himmlische Ort geworden. Schon nach Psalm 95,11 sagt Gott: *Sie sollen nicht zu* meiner *Ruhe eingehen.* Paulus und vielleicht auch die Offenbarung des Johannes übertragen diese Rolle Gottes auf Jesus.

In Christus oder *im Herrn* entschlafen zu sein bezieht sich daher nicht auf die Todesstunde, sondern darauf, daß dann und danach die Gerechten das verheißene himmlische Land, oft sagt man auch: Erbe, erhalten haben, einen Ort in und bei Gott selbst. Bewahrt ist dieser Sprachgebrauch bis heute in der Bitte: Herr, gib ihm (ihr) die ewige Ruhe. Zumeist wird der Satz mißverstanden, als handle es sich um Beruhigung oder Seelenfrieden. Gemeint ist aber: die himmlische Verheißung, ein Ort bei Gott. Insofern sind die *Wohnungen*, die Jesus nach dem Johannesevangelium (14,1–3) bereiten will, eine sachgemäße Deutung.

Konkretion

Der Mensch und sein Ort – das ist die Überschrift zu einem Drama im Umfang der Weltgeschichte. Wo gehört der Mensch hin? Wo ist Ort und Standort jedes einzelnen? Wo sind die Toten?

Die Geschichte der Juden von Abraham bis heute dreht sich noch einmal verschärft um diese Frage. Wohin gehört das auserwählte Volk? Landverheißung ist das Thema dieses Volkes. Damit wird das Volk der Juden zum Bild für alle menschliche Existenz.

Wenn das Neue Testament dann von den Toten *im Herrn* spricht, dann sind diese Sätze die Ergänzung zur Vorstellung vom Leben und Sterben als Wanderung, als Exodus und als Prozeß. *Im Herrn* ist das Ziel. Denn die Frage war: An welchem Ort können wir ruhig werden? – Schon im Alten Testament bahnt sich hier eine Verbindung mit dem Stichwort Jerusalem an (1. Chronik 23,25: *Der Gott Israels hat seinem Volk Ruhe gegeben und wohnt nun für immer in Jerusalem*), und entsprechend geht es dann in den Totenliturgien um das himmlische Jerusalem.

Unruhig ist unser Herz, bis es ruht in Gott. Gott als verheißenes Land, das ist eine ungewöhnliche Vorstellung. Doch auch das Neue Testament wagt ein entsprechend kühnes Bild. Das himmlische Jerusalem, die Braut des Lammes nach Offenbarung 21f, enthält keinen Tempel, offenbar deshalb, weil die Stadt selbst Tempel Gottes, sein Wohnort mit den Menschen ist. Und dieses Jerusalem wird vorgestellt als eine große, humane Weltstadt. Dort wird Gott mit den Menschen sein. So wird ihre Ruhe, ihr Land, ihr Lebensraum bei Gott sein.

Licht für die Toten

Das Reich des Todes gilt für die Menschen im Umkreis der Bibel als dunkel und als Herrschaft der Nacht. Finsternis und Tod sind fast deckungsgleich. Daher betet man für die Toten um Licht. Denn auf der anderen Seite sind Licht und Leben identisch. Auch und besonders für die Zeit direkt nach dem Tod bittet man Gott um Licht. Das heißt: Licht ist für diesen »Zustand« nicht selbstverständlich, sondern eine Gestalt der Gnade.

Weit verbreitet bis hinein in moderne Gebete ist der Wunsch, »Engel des Lichtes« mögen den Menschen, der verstorben ist, in Empfang nehmen, abholen und geleiten (koptische Liturgie). Die Totenliturgie der Äthiopier bittet darum, daß vor dem Toten »der Abgrund der Finsternis zu leuchten beginne und die Engel des Lichts herniedersteigen vom Himmel, um ihm zu dienen«.

Die griechisch-orthodoxe Liturgie bittet für den Toten: »Mach ihn zu einem Kind des Lichts.« Und weiter betet man bei den Äthiopiern für den Toten: »Laß ihm die Flügel des Heiligen Geistes wachsen, damit er über das Feuermeer hinüberkomme, das nicht schweigt, auf daß er mit leuchtendem Antlitz vor deinem furchterregenden Angesicht stehe.«

Gott wird gebeten, den Toten aufzunehmen wie den verlorenen Sohn im Gleichnis von Lukas 15 (vgl. besonders Vers 22: Bekleidung mit dem Festgewand): »Nimm deinen Knecht mit Freuden auf und bekleide ihn mit dem Gewand des Lichts.«

In der Totenliturgie der ostsyrischen Chaldäer heißt es: »Das Schlafgemach der Könige ist Finsternis, das Grab der Gerechten aber ist Licht.« Die Westsyrer beten über den Toten: »Erleuchte die Augen, die in der Zerstörung und im Zusammenbruch dunkel geworden sind.« Der Heilige Geist möge »in ein Gemach des Lichts erwecken«.

Die äthiopische Liturgie nennt den Toten ein »Licht, das auf dem Leuchter brennt, welcher die Kirche ist. Siehe, er ist nun unter den Scheffel gestellt worden, welcher das Grab ist, denn der Staub der Erde bedeckt ihn.« Die Anspielung auf das Gleichnis in Markus 4,21f birgt einen indirekten Appell an Gott, den Toten aufzuerwecken. Denn: »Niemand stellt sein Licht unter den Scheffel...« In diesem Sinne soll Gott diesen unsinnigen Zustand bald beenden.

Von den Erzvätern Abraham, Isaak und Jakob, zu denen der Verstorbene geleitet werden soll, wird gesagt, sie hätten »das Licht deines Antlitzes gesucht« (Westsyrer, Antiochien). In anderer Weise bittet ein maronitischer Text um Licht: »Dein Glanz steige herab in die Tiefen der Unterwelt und erleuchte ihm die Finsternis.« Und Gott wird angeredet: »Herr, Beherrscher der Gewalten und Gott aller Barmherzigkeit, mit Feuer Gewandeter, dessen Angesicht von Feuer lodert, funkensprühendes Feuerschwert, Reiter auf feurigen Rossen...« (äthiopische Liturgie). Die Äthiopier bitten für den Toten, »... daß er vor den furchterregenden und schrecklichen Thron gelangt. Und dort soll ihm Trost widerfahren und Tau auf ihn fallen, damit ihn die Feuerflamme an den Flügeln der Engel des Geistes nicht versenge.«

Gott gibt Anteil an seinem Licht. In der armenischen Totenliturgie beruft man sich auf den Typos des Mose: »Der du vormals den Propheten Mose erleuchtet hast mit göttlicher Herrlichkeit durch die Erscheinung deiner Gottheit, erleuchte auch unsere Entschlafenen und laß sie ruhen im Himmelszelt.«

Das alte Bild der Sonne der Gerechtigkeit nehmen die Georgier wieder auf: »Sonne der Gerechtigkeit, du bist aufgeschienen in unseren Herzen; wahres Licht, öffne uns das Tor und versammle uns im Schatten deines Kreuzes, um deinen Namen zu verherrlichen.«

Land des Lichts

Über die besondere Deutung der Landverheißung als des zentralen Heilsgutes in den Gebeten für die Toten haben wir bereits gesprochen. Zu diesen Texten gehören auch solche, die vom »Land des Lichts« reden. Die Verknüpfung mit den Erzvätern rührt aus dem jüdisch-alttestamentlichen Hintergrund.

In der griechisch-orthodoxen Liturgie betet man, Gott möge den Toten »ins Licht und Land des Lebens, in die Schöße Abrahams, Isaaks und Jakobs« führen. Ähnlich in der Totenmesse der lateinischen Liturgie: »Erlöse sie aus dem Rachen des Löwen, daß der Tartarus sie nicht verschlinge, daß sie nicht in die Finsternis fallen. Sondern der Heilige Michael, der Bannerträger, geleite sie ins heilige Licht, das du einst Abraham verheißen und seinem Samen.«

Licht der Auferstehung

Sehr nahe an die Auferstehung reichen die folgenden Gebetstexte heran. Die westsyrische Totenliturgie (Antiochien) bittet: »Schenke mir ein Gewand des Lichts, der du dich mit dem Licht wie mit einem Gewand bekleidet hast, und heilige mich mit deinem heiligen Geist.«
Ein koptischer Osterhymnus lautet: »Werde Licht, werde Licht, du Berg der Ölbäume, du Versammlungsort der Lebewesen, die Wohlgeruch verbreiten, weil in ihrer Mitte sich der Vogel befindet, von dessen Flügeln der Wohlgeruch alle Lande erfüllt.« Der Text nimmt Jesaja 60,1 auf mit den Worten *Auf, werde Licht, Jerusalem...* und bezieht die Stelle auf die Auferstehung.

Die Toten gehören zu Jesus

Herr der Toten

Römer 14,7–9: *Keiner von uns bildet sich ein, das Ziel des eigenen Lebens sei er selbst, und auch im Sterben erfahren wir nicht nur uns selbst. Denn für unser Leben ist der Herr Ursprung und Ziel, und er ist es auch für unser Sterben. Im Leben und im Sterben gehören wir dem Herrn. Denn Jesus Christus ist gestorben und wieder lebendig geworden, um über beide, Lebende wie Tote, zu herrschen.*

Der Christ erfährt sich nicht als autonom, sondern steht in einer Leibeigenschaft. Nicht sich selbst, sondern radikal jemand anderem zu gehören ist hier wie auch sonst Merkmal der biblischen Religion. Daß jemand anders der Herr ist und nicht »man selbst«, soll freilich den Menschen nicht zerstören, sondern ihn zu sich selbst führen. Das aber kann nur auf dem Umweg geschehen, daß er sich selbst »läßt« und nicht sich selbst »verwirklichen« will. Der Mensch gewinnt sich nur, wenn er auf einen anderen blickt. Doch nur im Verhältnis zu Gott ist eine solche Leibeigenschaft nicht schädlich und zerstörerisch. Überall sonst wird der Mensch entmündigt und um sein Leben gebracht. Denn daß der Herr Besitzrecht über einen Menschen hat, bedeutet auch, daß der Betreffende unter dem Schutz dieses Herrn steht – allein schon aufgrund des Eigeninteresses des Herrn.

Daß wir *im Leben und im Sterben dem Herrn gehören*, geht über nahezu alles hinaus, was wir vom Alten Testament her über die Toten wissen. Denn dort »gehören« die Toten nicht zu Gott, unterstehen nicht seinem Schutz. Für das Alte Testament gilt weithin: *Die Toten können dich nicht loben, Herr, auch nicht alle, die zur Unterwelt hinabsteigen; doch wir, die Lebendigen, lobpreisen den Herrn* (Psalm 115,17f). Daß Gott oder sein Messias also auch Herr der Toten ist, geht weiter als fast alle alttestamentlichen Aussagen. Denn Gott ist üblicherweise dem Bereich des Todes fremd und entgegengesetzt.

Wie kam es zu diesem Wandel? In Jesus Christus ist Gott in den Bereich des Todes eingedrungen. Das allein genügt freilich noch nicht. Denn Gott hat sich auch die Lebenden nicht angeeignet, indem Jesus Christus einfach in ihren Bereich »eintrat«.

Jesus ist gestorben, um Herr über die Lebenden zu sein. Hier ist an 2. Korinther 5,14f zu denken: Christus ist in Stellvertretung gestorben, damit die Lebendigen *nicht mehr für sich selbst leben,* sondern für den, der für sie gestorben und auferweckt worden ist. Für die Deutung, Jesus sei aufgrund seines stellvertretenden Todes Herr der Toten geworden, spricht, daß wir in Römer 14 wie in 2. Korinther 5 denselben Ausdruck *für sich selbst leben* finden, das heißt, Ziel des eigenen Lebens zu sein. Denn wenn jemand stellvertretend für einen anderen stirbt, dann gehört der Überlebende nicht mehr sich selbst, sondern dem, der ihn durch seinen Tod freigekauft hat. Der stellvertretende Tod Jesu begründet so neue Eigentumsverhältnisse. In diesem Sinne ist er nicht selbstlos. Sondern: Um den Preis seiner selbst hat Christus die erworben, für die er starb. – Zumeist denkt man beim stellvertretenden Tod nur an die eine Hälfte des Geschehens: daß jemand für andere etwas tut. Aber die andere Seite ist: Weil der Stellvertreter die anderen wirklich ersetzt hat, ist ihre Selbstbestimmung erloschen, gehören sie dem, der für sie starb. In diesem Sinne ist beim stellvertretenden Tod Jesu häufiger auch von *Kaufen, Loskaufen* oder *Erwerb als Eigentum* die Rede (zum Beispiel Apostelgeschichte 20,28). Es ist wie ein Besitzerwechsel. So ist Jesus durch seinen Tod Herr derer geworden, für die er stellvertretend starb.

Auf diese Weise aber hat er den Tod wenigstens prinzipiell entmachtet, und nicht dieser ist mehr der Herr über die Toten und ihr Besitzer, sondern eben Jesus, der Lebendige. Denn er ist der *Erstling aus den Toten,* der auferweckt wurde. Die übliche Auffassung ist, daß die Toten unter der Herrschaft des Todes stehen. Ihm untersteht das Reich des Todes. So wird er fast personifiziert vorgestellt (Offenbarung 20,14).

Schon in 1. Korinther 15,55 fragt Paulus angesichts der Auferweckung Jesu und derer, die zu ihm gehören: *Tod, wo ist dein Sieg?* Auch der Vergleich von Adam und Christus in demselben Kapitel läuft darauf hinaus, daß Christus den Tod überwindet. Wer den Tod überwindet, erbt aber dessen Herrschaft über die Toten. Die Toten sind wie eine Kriegsbeute Jesu. Denn er hat den Tod überwunden, also ist er auch Herr über dessen Haus. Das gilt dem grundsätzlichen Rechtsstatus nach auch jetzt schon. Denn er hat den Hausherrn der Hölle beerbt.

Der zweite Satz lautet dann: Jesus ist wieder lebendig geworden (auferstanden), um Herr über die Lebenden zu sein. Herr über die Lebenden ist nicht einfach ein anderer, der lebt, sondern einer, der über sie erhöht ist, der bei Gott erhöht lebt. Paulus erklärt das in Philipper 2,9–11: *Und Gott hat ihn erhöht und ihm einen Namen über alle Namen geschenkt, damit im Namen Jesu jedes Knie sich beuge von den Himmlischen, Irdischen und Unterirdischen, und jeder Mund bekenne: Jesus Christus ist der Herr...* Alle drei Gruppen, besonders aber die Irdischen, sind wohl auch in Römer 14 gemeint. Sie bekennen Jesus als ihren Herrn, weil er aus ihrer Mitte stammt und zu Gott erhöht wurde, wie nach dem römischen Mythos sonst Romulus und die späteren römischen Kaiser. Nur ist die Herrschaft Jesu eben umfassender.

In der armenischen Totenliturgie wird der Akt der Überwindung des Todes in einem Gebet, das Jesus anredet, so beschrieben: »Als dich der Tod erblickte, zerfiel er. Und es erbebte erschüttert die Unterwelt, welche dem Tod bekannt machte den Tod des Todes.« In der im Osten und Westen verbreiteten Literatur über den Abstieg Jesu in die Unterwelt (der sogenannten Descensus-Literatur) wird die Entmachtung von Tod und Hades dramatisch dargestellt. Nach Auffassung der maronitischen Totenliturgie wird Jesus durch eine List (Verkleidung) Herr der Toten: »Bangt nicht, ihr Verstorbenen, sagt unser Herr, denn ich habe auch einen Leib angezogen, der den Tod erfahren hat, wie ihr ihn erfahrt. Damit wurde ich auch im Grab gefangen. So verschleierte sich die Gottheit in mir, damit ihr lebt.«

Vielleicht ist es aber auch so: Jesus ist Herr der Toten, weil er dorthin gegangen ist, wo sie sind. Überall da, wo er hingeht, obwohl er dort nicht sein müßte, durchbricht er die absolute Alleinherrschaft des örtlichen Tyrannen. So ist es nach Römer 8,3 mit der Sünde. Jesus wird als der reine Sohn Gottes in den Bereich der Sünde gesandt und zerbricht schon allein dadurch deren Alleinherrschaft, daß er unter Menschen auftaucht. Er verurteilt die Sünde schon durch den bloßen Kontrast zu ihr und weil er ihr nicht unterworfen ist. Auch nach Philipper 2,10 erkennen ja die Unterirdischen Jesus als Herrn an, weil und nachdem er zuvor *bis zum Tod gehorsam* gewesen war.

Gebete an den Herrn der Toten

In der ostsyrischen Totenliturgie der Chaldäer und auch sonst öfter wird Jesus angesprochen: »Herr unseres Todes und unseres Lebens. Dein ist die Herrschaft in beiden Welten, die du geschaffen hast...« In der äthiopischen Totenliturgie wird der Sieg Jesu als bereits geschehen konstatiert, aber das Gebet richtet sich auf die Vollstreckung: »Auf deinem Kreuz hast du die Sünde gekreuzigt und mit deinen Todesnägeln den Tod angenagelt. Die erzenen Tore hast du zerbrochen, die eisernen Riegel und die diamantene Mauer zerschlagen, die Wand aus Feuer hast du zerstört. Die Zähne des tyrannischen Höllenkönigs, des Unterweltwächters, hast du zerbrochen. Du hast die Seelen aus der Mitte seiner Mahlzähne, die sie einst verschlungen hatten, herausgeführt. Du hast die mit Eisen- und Feuerketten Gefesselten befreit. – Das Maul des Löwen werde verschlossen, das Gebiß der Drachen zerbrochen, der schlaflose Wurm gehe zugrunde, das Höllenfeuer erlösche. Das Gift des Drachen werde kraftlos, das Brausen des Feuers lege sich. Der Tote aber stehe vor dir mit leuchtendem Angesicht.«

Konkretion 1

Tod ist eine Frage der Macht. Der Tod ist der größte Machthaber der Welt, weil alle ihm bedingungslos unterworfen sind. Diese sichtbare Machtentfaltung wird durchkreuzt von einer anderen Botschaft: Jesus Christus ist der Herr aller Toten. Noch sind die Toten sichtbar der Macht des Todes unterworfen. Doch seit der Auferstehung Jesu haben alle Toten einen neuen Anführer bekommen.

Wenn Jesus Christus Herr der Toten ist, dann stehen sie unter seinem Schutz, unter seiner Obhut und Verheißung. Nichts, das von außen kommt, kann ihnen schaden. Und wenn Jesus lebendig ist und schon Herr im Haus der Toten, dann ist es nur eine Frage der Zeit, bis sie nach seinem Willen gleichfalls lebendig werden. Er zieht den Toten voran in das Haus des Lebens und leert das Haus des Todes, dessen Schlüssel er schon in Händen hat. Denn der Herr der Toten wird sich seine sehr besondere Herrschaft über die Toten nicht nehmen lassen.

Konkretion 2: Leibeigenschaft

Im Leben und im Sterben gehören wir dem Herrn.
Man braucht als moderner Mensch lange, um sich an die Aussage zu gewöhnen, daß wir einem Herrn »gehören«.

Mir wurde beim Nachdenken darüber deutlich: Wo es keine Verbindlichkeit gibt, da gibt es auch keine Hoffnung. Wo es keinen Herrn gibt, dem man dient, da gibt es auch keinen Herrn, der etwas für einen tun kann. Wo es keine Pflichten gibt, dort gibt es auch keine Rechte. Wo man niemandem verantwortlich ist, da gibt es auch keine Verheißung. Abhängig sein im Tun bedeutet auch, abhängig sein zu dürfen im Hoffen.

Mustergültig kommt das in Luthers Übersetzung von Lukas 17,9f zum Ausdruck: *Danket er* (der Herr) *es auch dem Knechte, daß er getan hat, was ihm befohlen war? Ich meine es nicht. Also auch ihr, wenn ihr alles getan habt, was euch befohlen ist, so sprechet: Wir sind unnütze Knechte, wir haben getan, was wir zu tun schuldig waren.*

Doch: Sind wir nicht autonom? Sind die Menschenrechte nicht durch Jahrhunderte hin teuer erkauft? Ist es nicht bedauerlich und schmerzlich, daß sie noch nicht überall durchgesetzt sind?

Gehört nicht, wer von Verbindlichkeit redet, eher ins rechte Spektrum? Soll ich meine Autonomie aufgeben und plötzlich wieder »unter« jemandem stehen?

Im Ernst: Wissen wir noch, was das ist, einem Herrn zu gehören? Einmal ganz abgesehen von der Frage, ob das nicht auch ein Vorteil sein kann.

Der Herr hat einen Willen, und der ist verbindlich. Es ist deutlich, daß der Herr Dienst will und daß sein Wille getan wird. Und: Einem Herrn gebührt Furcht und Ehre, ihm allein. Alle Untergebenen des Herrn wirken solidarisch mit an dem Gewand seiner Ehre.

Aber, was den Willen des Herrn betrifft: Wo, bitte, ist die Richtung? Wer kann das heute noch sagen? Welches ist denn wirklich das Interesse dieses Herrn? Oder sind wir nur Weltmeister im Verdrängen und Selbst-Entschulden? Wir fragen gerne: Was kann der einzelne schon ändern? Ja, schlechte Gewissen haben wir in Fülle, aber wir wissen nicht recht, wohin damit. Es ist ortlos wie wir selbst.

Aber es geht ja doch auch nicht um Moral. Jahrelange Appelle an die asketische Vernunft blieben unbefolgt. Auch sie blieben – sozial gesehen – ortlos. Geistige Heimatlosigkeit ist wohl noch weitaus folgenreicher als mangelnde Moral. Bei den großen Kämpfen der Zukunft wird es um die Frage der geistigen Heimat gehen.

Es hat keinen Sinn, über den Willen Gottes, über Gebote und Verbindlichkeit zu reden, wenn der Herr nicht da ist. Wo seine Gegenwart nicht wirklich Gegenwart und Gegenüber ist. (Die nachkonziliare Verbannung des doch angeblich in der Hostie real-präsenten Christus in irgendwelche ungeliebten Nischen in vielen katholischen Kirchen ist nur ein kleines, vielleicht ein zufälliges Symptom.)

Wo wird das Schweigen Gottes so lange ausgehalten, bis er sprechen kann?

Geistige Heimat hat nichts mit Folklore zu tun, sondern damit, daß unsere Unfähigkeit, dem Geheimnis Gottes angemessen zu begegnen, in Demut und Lobpreis Ausdruck findet.

Römer 8,35–39: *Wer kann uns trennen von der Liebe, die Jesus Christus uns schenkt? Etwa Bedrängnis, Not, Verfolgung, Hunger, Mangel an Kleidung, Gefahr oder Todesstrafe? Geschrieben steht: Den ganzen Tag über drängt man uns in den Tod, man hält uns für Schlachtschafe. Doch bei alledem siegen wir durch die Kraft dessen, der uns liebt. Denn ich weiß, daß weder Tod noch Leben, weder Engel noch Gewalten, weder Gegenwart noch Zukunft, auch nicht irgendwelche Mächte, weder Höhe noch Tiefe oder sonst irgendeine Kreatur uns wird trennen können von der Liebe Gottes, die er uns zugewandt hat in Jesus Christus, unserem Herrn.*

Trennungsängste

Sterben ist Abschiednehmen. Paulus selbst hatte es für die Taufe so beschrieben. Denn weil die Taufe Mitsterben mit Christus ist, bedeutet sie Abschied von alten Beziehungen, Verflechtungen und Verfilzungen. – Hier geht es nun um den biologischen Tod. Für die Zurückbleibenden und besonders für den, der stirbt, bedeutet er Abschied, daher auch die Angst vor der Einsamkeit. So hat die moderne Philosophie die Einsamkeit des modernen Menschen darin entdeckt, daß er in seiner Zeiterwartung im Tod seine Grenze findet.

Die Angst vor dem Tod ist eine sozial begründete Angst davor, allein in ein unbekanntes Land gehen zu müssen. Nichts hat Bestand von der Art, daß man es mitnehmen könnte.

Alle Trennungsängste beziehen sich auf den Verlust von Liebe und Sicherheiten.

Trennende Mächte

Der Tod ist nicht das einzige, das Angst macht, ins Bodenlose zu fallen. Paulus nennt vor allem noch Engel, Gewalten und Mächte. Sie sind unfaßbar in ihrer Größe und Macht. Sie sind gewissermaßen Anwälte der Majestät Gottes. Weil sie dies sind, rufen sie den Menschen in Erinnerung, wie schwach und klein diese sind, wie weit der Abstand zwischen Mensch und Gott ist. Das Frühjudentum malt in dramatischen Szenen aus, wie die hohen Engel gegen die Erwählung und Bevorzugung des Menschen durch Gott protestieren. Wie kann der große Gott nur den kleinen, unwürdigen Menschen sogar vor allen Engeln bevorzugen? Gemeint ist damit: Gottes Hoheit und Größe, angesichts derer Gottes Zuneigung zu Menschen als unbegreiflicher Wahnsinn erscheinen muß – oder eben als Liebe.

Das heißt: Die Engel, Mächte und Gewalten, die den Menschen von Gottes Liebe trennen möchten oder könnten, stehen gewissermaßen für Gott selbst in seiner unfaßlichen Hoheit. Noch viel unbegreiflicher, ja skandalös ist es, daß Gott die Menschen liebt. Dem steht Gottes Hoheit, wie deutlich sein dürfte, eigentlich im Weg.

Unter diese abweisenden Mächte ist auch der Tod zu rechnen. Denn zum einen ist er ein gewaltiger Machthaber, weil alle ihm unterworfen sind. So denkt sich das Judentum den Tod als einen strahlenden, mächtigen Engel. Zum anderen aber ist die Sterblichkeit des Menschen der krasseste Unterschied zu Gott. Gerade in dieser Hinsicht ist der Tod als Macht daher ein Hinweis auf die gewaltigen Unterschiede zwischen Gott und Mensch. Denn der Tod macht offenbar, wer der Mensch angesichts Gottes ist. Zum dritten aber scheidet der Tod – wenigstens der Richtung nach – zwischen Gott und Mensch, indem er die angeknüpfte Verbindung zwischen ihnen jäh unterbricht. Spätestens im Tod müßte oder könnte der Mensch wieder in Hoffnungslosigkeit versinken. War also alle Annäherung Gottes an den Menschen umsonst? Triumphiert am Ende die Hoheit Gottes? An Auferstehung denkt Jesus und denken frühe Christen, weil sie gewiß sind, daß letztlich nicht die abweisende Majestät Gottes in Gestalt des Todes triumphiert, sondern Gottes Liebe.

Gottes Liebe ist stärker als seine Majestät, seine Zuwendung größer als seine Hoheit, die Erwählung des Menschen ist stabiler als die riesigen Unterschiede zwischen Mensch und Gott. Gott hat an dem Menschen »einen Narren gefressen«, und diese abgöttische Liebe Gottes bleibt, sie ist hartnäckig wie alle unvernünftige Liebe. Gegen alle Vernunft, Logik, Berechenbarkeit und Wahrscheinlichkeit hat Gott den Menschen erwählt, gewollt, zu seinem Kind gemacht.

Paulus rechnet mit dem Einwand: Wie wäre es, wenn der Mensch sich das alles nur ausgedacht hätte? War es nicht schon immer die äußerste Versuchung für den Menschen, sich in die Gemeinschaft und Freundschaft mit Gott hineinzulügen? War dies nicht die Versuchung der Schlange: Ihr werdet sein wie Gott? Also: Welchen Hinweis gibt es, daß dies nicht insgesamt Wunschträume und Projektionen sind? Auch für den modernen Theologen meldet sich immer wieder dieser Verdacht, und zwar als Folge davon, daß man stets nur vom Gegenüber Mensch – Gott redet. Theologie wird so zur Anthropologie, obwohl sie doch wesentlich Christologie sein müßte und könnte.

Paulus weiß ein Bollwerk gegen jeden Projektionsverdacht zu nennen: Jesus Christus. An seiner Sendung und an seinem Geschick ist offenbar geworden, daß Gott uns liebt. Jesus hat diese Liebe dargestellt und uns glaubwürdig weitergegeben. So ist er der Mittler der Erlösung. Paulus kann in Jesu bedingungslos gelebtem Gehorsam nur Liebe zu den Menschen erkennen.

Weil Liebe stärker ist als der Tod, weil Gottes Liebe jeden Unterschied zwischen Gott und Mensch überwindet, aus allen diesen Gründen, die am Ende nur ein einziger Grund sind, weiß Paulus: Der Tod wird nicht das letzte Wort haben. Daß Gott groß ist, das ist ebenfalls nicht die letzte Aussage, die man über Gott machen könnte, sondern nur die erste.

Liebe überwindet jeden Unterschied. Auch der Tod macht und kennt keinen Unterschied. Insofern ist er der geborene Gegenspieler der Liebe. Der Kampf zwischen diesen Gegnern ist ernst, er ist der eigentliche Kampf der Weltgeschichte. Schön bringt dies die westsyrische Liturgie (Antiochien) zum Ausdruck: »Herr, *deine* Liebe brachte dich von oben herab zu uns, damit durch deinen Tod unsere Sterblichkeit verschlungen werde.«

Bei diesem Kampf geht es darum: Wird der Abstand zwischen Gott und Mensch das Letzte sein – oder seine Zuwendung in Liebe?

Wir halten fest: Weil Paulus das, was er an Jesu Sendung und Geschick erkennen kann, nur als Liebe Gottes zu deuten vermag, ist damit auch die Frage nach der Bedeutung des biologischen Todes geklärt. Er hat keine Bedeutung, er trennt nicht von Gott. Gottes Liebe kennt keine Unterbrechung durch den biologischen Tod. An Jesus Christus ist ihm das deutlich geworden. Daß Paulus über das, was nach dem Tod sein wird, keine bestimmten Einzelvorstellungen entwickelt, liegt wohl gerade daran, daß für ihn die Hauptsache so über jeden Zweifel erhaben geklärt worden ist.

Konkretion

Alles spricht dagegen, alles zerrt immer wieder an der bloßen Vorstellung, daß Gott die Menschen lieben soll. Paulus spricht nicht davon, daß der Mensch Gott liebe, denn das würde ihn überfordern. Schon das andere, daß Gott den Menschen liebe, ist »von Natur aus« höchst unwahrscheinlich. Insbesondere der Tod des Menschen zeigt, wie wenig Gott und Mensch zusammenpassen, denn im Tod kommt heraus, was der Mensch ist.

Angesichts dessen konnte und kann nur eines retten, denn nur eine Macht kann verbinden, was so weit auseinander liegt. Paulus faßt die ganze Botschaft in diesem einzigen Wort zusammen: Liebe. Sie ist ungeschuldet, ohne Ursache, ohne logische Berechtigung, ohne Bedingung. Jesu gesamtes Auftreten ist eine Liebeserklärung Gottes. Was wie zufällig aussieht: daß es gerade Jesus war, gerade jetzt geschah, gerade diese Menschen, uns, erreichte – man kann es nur als Liebe deuten.

Wenn Gott den großen Abstand zu den Menschen auf diese Weise übersprungen hat, dann ist es nur eine erneute Herausforderung für Gottes Liebe, wenn ein Mensch stirbt. Jetzt wird er erst recht nicht von seiner Liebe lassen.

Viele Liebespaare leben vom Widerstand, der sich gegen ihre Verbindung regt. Angesichts des gemeinsamen Gegners sind sie stark. Hier, bei der Verbindung von Gott und Mensch, gibt es viele gemeinsame Gegner, denn zu ungleich, zu außergewöhnlich scheint diese Verbindung. Die Chancen für diese Liebe stehen von daher gut.

Die Erfahrung von Martyrium und Tod ist Paulus nicht fremd. Man kann sich nicht konkret genug vorstellen, was die Erfahrung bedeutet, täglich auf dem Weg zum Martyrium zu sein. Was haben Märtyrerdasein und Liebe miteinander zu tun? – Die Qualen dieses Weges können den Märtyrer durchaus zum Aufgeben bringen. Doch die meisten Märtyrer haben offenbar gespürt, daß sie von einer Kraft her leben und lebten, die allen Zweifel überwindet. Das, was bedroht und versucht zu sein scheint, ist in Wahrheit das Siegreiche, Stärkere, das verborgene, kraftvolle Geheimnis.

Diese Kraft ist für Paulus glühende, ansteckende Liebe. Nämlich: um Gottes willen sich selbst, auch Schmerz und Tod in Freiheit lassen zu können. Als Freiheit ist diese Liebe ein Stück der Wirklichkeit Gottes selbst. Nichts, das nur brav, nur ordentlich wäre, sondern etwas, das überfließend und überreich ist, das mitreißt wie ein feuriger Strom.

Nicht der Egoismus ist mit einem Male die stärkste Kraft im Menschen, sondern die Freude an der Freude, die Freude am Schenken. Auch im Märtyrer selbst wirkt diese Kraft, alles für das Gegenüber tun und lassen zu können.

Paulus schreibt diese Zeilen aber nicht für Märtyrer, sondern für gewöhnliche Christen und Christinnen. Gilt nicht der Satz *Den ganzen Tag über drängt man uns in den Tod* für jeden Christen auf dem Weg in den Tod, besonders für den Prozeß des Sterbens? Erhält nicht in diesem Prozeß jeder Christ Anteil am Weg des Märtyrers, wenn er die Freiheit gewinnt, von welcher der Apostel spricht? Ist nicht deshalb gerade die Schlußphase des Lebens der Christen, die Art, in der sie nicht nur leben, sondern auch sterben können, schon immer ein glaubwürdiges Zeugnis gewesen? – In der Alten Kirche traut man den Christen auf dem Sterbebett ein wichtiges missionarisches Zeugnis zu. Nicht nur für Märtyrer gilt, daß die Art, in der Christen sterben, als Beispiel dienen und Vertrauen wecken kann.

Sollte man nicht gerade am Sterben erkennen können, was die »Grundsätze« eines Menschen taugen? Aber was heißt hier »Grundsätze«, wo es doch nur um das Eine geht, das Paulus die Liebe Gottes nennt, die in Christus erfahrbar wird und von der die Glaubenden angesteckt werden?

Diese Liebe, sagt Paulus, läßt sich vom Tod nicht beeindrucken. Denn sie erfährt sich gerade in diesem Prozeß als Kraft. Denn sie ist Seligkeit, die einem niemand nehmen kann, wenn man doch alles andere geben und hergeben muß. Beim Märtyrer und beim Christen wird der Prozeß des Sterbens nicht als Schadennehmen und als Verlieren verstanden, sondern als Geben, als Lassen, und auf der Seite des Gebenden entsteht als »Mehrwert« die Seligkeit.

Daher geht es in den Seligpreisungen um Seligkeit schon jetzt, das Aufatmen im Geben und Lassen. So heißt es in 1. Petrus 4,14, daß der Heilige Geist auf denen sei, die jetzt leiden müssen, und in 1,6 wird gar vom Jubel derer gesprochen, die sich jetzt bereitwillig betrüben lassen.

Seligkeit und Jubel jetzt – denn anstelle von Habgier, Raffgier und Sexgier ist die andere Richtung geglückt, die andere Richtung, die auch im Tod standhält. Das Gleichnis vom Schatz im Acker sagt Wichtiges über dieses Lassenkönnen:

Da gibt ein Mann alles, was er hat, weil er *voll Freude* hingehen kann, denn er hat einen Schatz gefunden. Eben einen wirklichen Schatz, und Paulus redet an vergleichbaren Stellen vom Überreichtum und von dessen Überfließen. Das ist das wichtigste Merkmal seines Gottesbildes.

Denn wo immer Menschen schenken können, ist ein Stück Tod überwunden.

Wo immer Menschen frei werden und lassen können, rückt Auferstehung in Sichtweite.

Wo immer Leben geschenkt wird, ist ewiges Leben greifbar nahe.

Die Regel, das Gesetz des Christus nennt man dieses, weil in seinem Tod und in seiner Auferstehung diese Abfolge von Schenken und Seligkeit sichtbar wurde, die Verknüpfung von Sichtbarem und Unsichtbarem.

Paulus reflektiert nicht über sich, er ist eingebettet in den Prozeß, in die Bewegung, die den Namen Jesu Christi trägt.

Die Sonne und ihre Strahlen

Der »Brief an Rheginus« ist ein Dokument aus dem 2. Jahrhundert nach Christus, in dem ein Christ versucht, soweit es möglich ist, gnostische Vorstellungen aufzunehmen, um radikaler Gnosis das Wasser abgraben zu können. In diesem Brief heißt es: »Es ist deutlich: Wir tragen ihn in dieser Welt, wir sind seine Strahlen. Wir werden von ihm umfaßt, bis wir versinken, das heißt, bis wir sterben. Wir werden von ihm zum Himmel gezogen wie die Strahlen von der Sonne, ohne durch irgend etwas zurückgehalten zu werden. Das ist die geistliche Auferstehung.«

Das Bild

Christus ist die Sonne. Christen gehören zu ihm wie Strahlen zur Sonne. Wenn die Sonne untergeht, sammelt sie die Strahlen in sich ein. So ist der irdische Tod der Christen in Wahrheit gleichzeitig ihre Auferstehung. Sehr intensiv wird die Gemeinschaft mit Christus in diesem Bild erfaßt. Ähnlich ist sie aus dem Neuen Testament in den Bildern vom Leib des Christus geläufig. In diesem Sinne spricht auch die Totenliturgie der ostsyrischen Chaldäer von der bleibenden Verbundenheit mit Christus: »Der Regen läßt auf der Erde keine Wurzel aus, die er nicht zum Wachsen bringt, noch läßt Christus ein Glied im Scheol aus, das er nicht zum Auferstehen bringt.«

Aber auch wenn nach dem Neuen Testament die Toten *in Christus entschlafen* sind, ist die Verbindung ähnlich intensiv. Zu erinnern ist auch an die Erwartung des Paulus (und anderer), direkt nach dem Tod *mit Christus* zu sein.

Das Bild von der Sonne und den Strahlen hat aber vor allen anderen Aussagen über die fortdauernde Gemeinschaft mit Jesus folgende Vorzüge:

– Die unzertrennbare Gemeinschaft mit Christus ist nicht in irgendeinem Sinne zufällig, sondern naturnotwendig und wesensgemäß. (Ähnlich, wenn Paulus sich als *Geruch* Christi bezeichnet; dann ist er das, was von Jesus Christus ausgeht und zu den Menschen kommt.)

– Plausibel werden durch dieses Bild verschiedene Aspekte: die Zugehörigkeit zu einem einzigen Ganzen, die Veränderung durch das Einsammeln der Strahlen in Richtung Himmel (zum Beispiel bei Sonnenuntergang), die Tatsache, daß das Einsammeln der Strahlen nicht nur an der Zugehörigkeit nichts ändert, sondern sie sogar noch intensiviert.

– Das Bild von Sonne und Strahlen läßt der individuellen Existenz des Christen neben der Kollektivität einen gewissen Raum.

– Durch das Bild der Sonne wird deutlich, daß bei diesem Vorgang Reinheit und Herrlichkeit zentral sind.

– Der Vorgang des Einsammelns erklärt das Verschwinden des Verstorbenen von der Erde. Aber das Bild läßt Trauer gar nicht erst aufkommen. Das Licht kommt zum Licht.

Du, Herr, bist der Leib, und wir sind die Glieder. Du bist die Sonne, und wir sind die Strahlen. Du bist der Weinstock, wir sind die Reben. Du bist der Wein, und wir sind die Wassertropfen, in ihn hineingesenkt. Du bist der Menschensohn, und wir sind das Volk der Heiligen des Höchsten. Du bist der Baum, und wir sind die Blätter. Du bist der Menschensohn, erstrahlend im Glanz von Feuer, und wir sind wie Sterne in deiner Hand. Du bist der neue Adam, und derselbe Geist macht uns wie dich zum Bild Gottes. Du bist der Erstling aus den Entschlafenen, und wir, deine Jünger, sind wie eine Menschenkette mit dir verbunden. Du bist der Anführer des Glaubens, und wir gehören zum wandernden Gottesvolk, zur Kirche seit Abel.

Weil du so bist, deshalb gründet in dir all unsere Hoffnung auf Auferstehung. Deshalb ist unser Sterben, wie wenn die Sonne ihre Strahlen sammelt, wenn das Feuer seine Funken wieder an sich zieht. So kommt Licht zum Licht. Wir danken dir, daß du uns zu Strahlen, Licht und Funken gemacht hast.

Dem Heiligen Geist anvertraut

Der entscheidende Schlüssel zum Verständnis der Auferstehungshoffnung ist der Heilige Geist. Daß man den Heiligen Geist in der westlichen Theologie im allgemeinen und in der modernen Theologie im besonderen stark vernachlässigt hat, rächt sich auf breiter Linie gerade an diesem Punkt.

Wir setzen wieder bei der paulinischen Theologie ein. Die Grundlage ist, wie auch in den Evangelien, daß man durch den Heiligen Geist Gottes Kind wird. Gott legt ein Stück von sich selbst in den Menschen hinein, der durch diesen »Geist Gottes« zu seinem Kind wird. Die Auferstehung aus Toten ist nur eine Station in dieser Geschichte des Kindseins gegenüber Gott dem Vater. Die Auferstehung macht dieses Kindsein zu einem bestimmten Zeitpunkt offenkundig. So war es bei Jesus: Er ist als Sohn Gottes erfüllt von Gottes Lebensgeist in die Welt gesandt, die Auferstehung (aus der Kraft des Geistes) aber hat ihn öffentlich als Sohn Gottes erwiesen (Römer 1,3f). Ähnlich bei den Christen: Gottes Kinder sind sie schon seit der Taufe durch den Geist, sie beten auch in dessen Kraft. Aber erst bei der Auferstehung, die durch den Geist gewirkt ist, wird ihre Kindschaft wirklich offenbar (Römer 8,11.22).

Der Grundvorgang ist ganz einfach: Die zunächst noch verborgene Gotteskindschaft wird dann durch die Auferstehung offenkundig. Von da an lebt das Gotteskind im »Himmel« vor Gottes Thron. So ist auch nach den Evangelien die Gottessohnschaft Jesu zunächst verborgen (Messiasgeheimnis), und nach der Auferstehung Jesu kann sie kundgetan werden (Markus 9,12; vgl. Lukas 20,36). Bei Paulus heißt diese Gabe, dank der Christen schon jetzt Gottes Kinder sind, Geist als *Anzahlung*. Denn eine Anzahlung ist wie die erste Rate bei einem Vertrag, mit dem man sich zur Zahlung des Ganzen verpflichtet hat.

Im Klartext heißt das: Der Heilige Geist ist wie ein Brückenkopf der künftigen Totenauferstehung, den es schon jetzt in unserer Existenz gibt. Er ist bei den Christen und garantiert, daß die zukünftige Auferstehung keine Illusion ist. So begründet er nicht nur die Kindschaft, sondern ist die wenigstens schon im Ansatz geschenkte Kraft der zukünftigen Auferstehung. Das kann deshalb sein, weil der Heilige Geist immer die Macht ist, die Grenzen aufhebt. Das betrifft die Grenzen und Schranken zwischen Gott und Mensch wie auch zwischen den Menschen. Wenn die Schranken zwischen Gott und Mensch aufgehoben werden, so geschieht das deshalb zugunsten der Menschen, weil sie auf diese Weise teilhaben an Gottes unzerstörbarem Leben.

Wir halten fest: Die Hoffnung auf Auferstehung ist nach dem Neuen Testament keine leere Erwartung, sondern ihr entspricht schon ein Teil greifbarer Wirklichkeit, weil Christen den Geist als Wirklichkeit bereits erfahren. Das gilt für die Aufhebung der Schranken zwischen Juden und Heiden, zwischen ethnischen, sexuellen und sozialen Unterschieden und für den Freimut im Gebet und die »Gaben des Geistes«, von denen die Diakonie einen besonders hohen Rang hat.

Der treu beim Leib wacht

Bei den Maroniten heißt es in der Totenliturgie: »Wie der Adler um seinen Horst schwebt und seine Fittiche über seine Jungen ausbreitet, so wird der Heilige Geist über deinem Leib schweben. Du hast ihn in der Taufe angezogen und mit Ehrerbietung ihm gedient...« Wie in 1. Mose 1,2b *(Der Geist Gottes schwebte über den Wassern)* ist der Geist daher bis zur Auferstehung in Bereitschaft, den Leib neu zu gestalten.

Die Westsyrer (Antiochien) beten in ihrer Totenliturgie: »Zwar ist der Becher des Todes bitter, aber ebenso wie der Logos seine Menschheit während des Aufenthalts im Grabe nicht verlassen hat, verläßt der Heilige Geist den Leib und die Seele des Gläubigen nicht, der durch den Tod getrennt worden ist; während die Seele bei Gott lebt, bleibt der göttliche Hauch bei dem Leib, der sein Tempel gewesen ist, bis seine schöpferische Kraft bei der allgemeinen Auferstehung zur Geltung kommen wird.«

Der aus Toten auferweckt

Nach Paulus (besonders Römer 8,11: *Der Geist dessen, der Jesus aus Toten auferweckt hat..., wird auch eure sterblichen Leiber lebendig machen durch den Geist, der in euch wohnt)* und anderen Verfassern frühchristlicher Schriften (zum Beispiel Offenbarung 11,11) weckt Gott durch seinen Heiligen Geist die Toten auf. Ähnlich wie der Lebensodem Gottes nach 1. Mose 2,7 wird hier der Lebensgeist Gottes als belebend, als mitteilbar und »ansteckend« aufgefaßt. Schöpfung und Auferstehung rücken dadurch in ein enges Verhältnis zueinander. Der sterbliche Lebensodem wird überboten durch den unzerstörbaren Lebensgeist.

Die Westsyrer (Antiochien) formulieren als Doxologie: »Ehre sei dem Vater, der seinen Sohn zu den Sterblichen gesandt hat, Anbetung dem Sohn, der uns durch seinen Tod errettet hat, Danksagung dem Heiligen Geist, der uns aus dem Staub wiedererwecken wird.« Ähnlich bitten sie für die Toten: »Komm herab, lebenspendender Geist, blase über die Toten und erwecke sie, damit sie den Lobpreis singen können.« Und sie erwarten: »Wie die Lilien auf dem Feld ein nicht von Menschenhand gewobenes Gewand anlegen, so werden die Rechtschaffenen ein Gewand anlegen, das der Heilige Geist für Adams Kinder gewoben hat.« Und: »Der Heilige Geist, den du aus dem Wasser der Taufe angelegt hast, wird dich aus dem Wasser zum Gemach des Lichts erwecken.« Hier finden wir den Übergang von der Gewand- zur Baumetaphorik wie in 2. Korinther 5. Und ferner: »Schenke mir ein Gewand des Lichts, der du dich mit dem Licht wie mit einem Gewand bekleidet hast, und heilige mich mit deinem Heiligen Geist.«

Wir halten fest: Besonders in den östlichen Liturgien wird die biblische – und vor allem die paulinische – Tradition wachgehalten, nach welcher der Heilige Geist von den Toten auferwecken wird. Zumindest dieser Gedanke kommt in der lateinischen Liturgie römischer Prägung zu kurz. Immerhin heißt es im lateinischen Hymnus »Veni sancte spiritus«: »...da perenne gaudium«, »schenke Freude ohne Ende«.

Da wir in diesem Abschnitt die Ansätze in Richtung Auferstehung erörtern, ist abschließend zu fragen, was die biblische und rabbinische Rede vom zweiten Tod bedeutet.

In seinem berühmten »Sonnengesang« sagt Franziskus von Assisi: »Lob sei dir, du Herre mein, durch unseren Bruder, den leiblichen Tod, ihm kann kein Mensch lebendig entrinnen... Selig sind, die in seinem allheiligen Willen sich finden, denn der zweite Tod tut ihnen kein Leid an.« Franziskus unterscheidet den leiblichen Tod vom »zweiten Tod«. Den leiblichen Tod sieht er als Bruder an. Er ist nicht das eigentlich Schlimme, sondern eine Station auf dem Weg des Menschen zu Gott. So sah es auch Paulus, für den der leibliche Tod Befreiung aus dem Exil war. Und die ostkirchlichen Liturgien loben Gott als den Zerstörer des Leibes.

Franziskus denkt daran, daß der leibliche Tod so ungeheure Macht ausübt. Denn keiner kann ihm entrinnen. Mit dieser Macht weist er auf Gott, stellt er ein Stück von Gottes Hoheit und Herrlichkeit dar.

Ganz anders aber der »zweite Tod«. Er »tut Leid an«, wenn man in Todsünde stirbt und Gottes Willen verfehlt, wie Franziskus in dieser Strophe sagt. Den Begriff »zweiter Tod« hat er aus Offenbarung 20,6. Dort heißt es von den Märtyrern, die schon an der ersten Auferstehung (für die Offenbarung: im sogenannten Reich der tausend Jahre) Anteil hatten: *Über diese hat der zweite Tod keine Gewalt.* Dieser Begriff findet sich öfter in jüdischen Targumen (aramäischen Bibelübersetzungen) und bedeutet: Der zweite Tod ist der endgültige Tod, das unwiderrufliche Aus, die restlose Vernichtung. Manchmal denkt man sich diesen Tod als Feuerstrafe, andere sprechen von einer Erstarrung zu Eis. In jedem Fall bedeutet es die vollkommene Hoffnungslosigkeit. Hier wird gewissermaßen auch der Name des Menschen gestrichen.

Welchen Sinn haben diese schrecklichen Drohungen? Sie haben keinen dogmatischen Sinn, als müsse man an den »zweiten Tod« oder die »ewige Vernichtung« glauben. »Glauben« soll man überhaupt nur an Gott. Denn glauben heißt: seine

Existenz auf etwas oder jemanden gründen. Die Rede vom zweiten Tod richtet sich vielmehr an die Hartgesottenen und an alle, denen man sagen muß: »Achte auf dich selbst.« Dies ist eine drastische Weise des Appells, doch es ist eine bekannte Erfahrung, daß für Gedankenlose wie für solche, die sich über gute Worte nur lustig machen, Erschrecken heilsam sein kann.

Denn bei allen Aussagen über Zukunft geht es der Bibel immer um die Veränderung der Gegenwart. Nicht mit künftigen Gespenstern wird Angst gemacht, sondern es wird etwas in Erinnerung gerufen, das es rechts und links von uns schon gibt. Das Grauen und die Hölle, sie sind keine fernen Glaubensgegenstände, sondern überall in unserer Wirklichkeit schon Gegenwart. Daher darf man fragen: Auf welche Wirklichkeit bezieht sich die Rede vom zweiten Tod jetzt?

Die Antwort: Was gemeint ist, sagt Jesus nach Markus 8,35: *seine Seele retten, sein Leben gewinnen.* Was heißt das? Auf sein Leben achten, und zwar nicht nur auf die Knochen und die Leber; darum Sorge tragen, daß das Herz nicht zerrissen bleibt, daß man sich selbst findet, Gestalt gewinnt als Antwort auf das, was einem im Dasein begegnet. Wie viele Menschen können sich selbst nicht annehmen, strahlen förmlich Unglück aus, haben sich nicht eingeholt. Das ist nichts Transzendentes, rein Zukünftiges, sondern es betrifft die Frage, ob ein Mensch wirklich wasserdicht glücklich ist. Denn es geht im Leben unwiederbringlich um einen selbst. Unglücklich sind sehr viele, weil sie sich selbst nicht gefunden haben.

Verhandelt werden hier nicht die fremden Interessen eines tyrannischen, fernen, klerikalen Gottes, sondern die eines jeden Menschen selbst, ob er auch auf seine Seele, das heißt: auf sein Glücklichsein, achtet. Die alten Liturgien sagen: Der Tod zerstört die Gesichtszüge des Menschen. Das gilt umfassend vom zweiten Tod. Er ist keine ferne, willkürliche Strafe. Man stirbt ihn hier und jetzt.

Zwischenzeit

Zwischen Tod und Auferstehung

»Zwischenzustand« nennt man die »Zeit« zwischen dem Tod des einzelnen und der allgemeinen Auferstehung. Wir sahen bereits, daß sich diese »Zeit« und damit die Frage, was in ihr mit den Toten geschehe, nur für eine bestimmte Sichtweise ergibt. Von einer Zwischenzeit spricht nur der, für den der entscheidende Akt der Auferstehung oder der Herstellung der vollkommenen Gemeinschaft mit Christus weder bei der Taufe noch in der Todesstunde geschieht, sondern noch aussteht, und zwar als zukünftige gemeinsame Auferstehung in Verbindung mit dem Gericht. Von einer Zwischenzeit spricht zum Beispiel Paulus in 1. Thessalonicher 4,15: Die toten Christen *schlafen* im Herrn. Dagegen kennt er in Philipper 1,23 keine Zwischenzeit, sondern will nach seinem Tod direkt zum Herrn gehen.

Die Alte Kirche spricht weithin der Sache nach von einer Zwischenzeit. In ihren Gebeten bringt sie zum Ausdruck, daß es sich um eine vorläufige Zeit handelt. Eine ganze Reihe von bildlichen Vorstellungen hat sie ausschließlich dieser Zeit vorbehalten. Dazu gehört besonders die Rede von Abrahams Schoß, in den die Gerechten kommen. Hierfür konnte man sich auf Lukas 16, 19–31 berufen (Lazarus in Abrahams Schoß), obwohl aus diesem Text eine Begrenzung auf die Zwischenzeit nicht hervorgeht. Dazu gehört auch die Rede vom himmlischen Jerusalem. Auffällig ist, daß die Bilder für diesen »Zwischenzustand« in der Regel extrem stark jüdisch geprägt sind. Offenbar sah man hier, wo es noch nicht um das Endgültige ging, eine Chance, die alten jüdischen Erwartungen unterzubringen. Ähnlich hat man etwas später alte nationale jüdische Messiaserwartungen in der Endphase der irdischen Weltzeit in Apokalypsen der byzantinischen Reichsapokalyptik untergebracht.

Nach der Totenliturgie der Westsyrer (Antiochien) sollen die Toten, aus ihrem zeitlichen Leben befreit, »bis zum Tag der Auferstehung« in den himmlischen Wohnungen »rasten«.

Nur selten formuliert man so bescheiden wie in der äthiopischen Totenliturgie: Der Tote kehre zurück zur Wohnung Adams, zum Staub, »doch du (seine Seele) hast ein verborgenes Leben beim Herrn«. Die im Judentum entwickelte Vorstellung von den Kammern, in denen die Toten aufbewahrt werden, lebt fort in der Liturgie der Ostsyrer (Chaldäer): »Auf deinen Befehl hin verließ die Seele den Leib, um erhoben zu werden in die Schatzkammer des Lebens, wo alle deine Heiligen deinen großen Tag erwarten, um sich in Herrlichkeit zu kleiden und dir Dank darzubringen. Sei nicht traurig, daß du entschlafen bist, denn die Auferstehung wird dich wiedererwecken.«

Bilder und Vorstellungen

Für die »ewige Seligkeit« gibt es wenige Bilder; anders ist es dagegen mit der Ausstattung des »Zwischenzustandes«. Die überraschende Fülle schöner Bilder vermittelt nach den alten Liturgien den verstorbenen Christen eine den Anschauungen nach tief in der Geschichte des Alten Testaments verwurzelte himmlische Heimat.

Himmlisches Jerusalem

Nach Hebräer 12,22f ist die vom Verfasser angeredete Gemeinde *hinzugetreten zum Berg Sion, der Stadt des lebendigen Gottes, dem himmlischen Jerusalem..., zur Versammlung und Kirche der Erstgeborenen, die im Himmel aufgeschrieben..., und zu den Geistern der vollendeten Gerechten.* Von daher konnte man das himmlische Jerusalem als schon jetzt bestehenden Ort ansehen, in dem die »Geister« der entschlafenen Christen bereits wohnen. Im Unterschied dazu rechnet zum Beispiel die Offenbarung des Johannes erst für die Zeit der kommenden Welt damit, daß das himmlische Jerusalem zugänglich wird, nämlich dann, wenn es vom Himmel herabkommt. Man darf fragen: Besteht es dort schon jetzt? Aber nach dem Hebräerbrief und den alten Liturgien ist das himmlische Jerusalem »ab sofort« der Ort der Entschlafenen.

Die theologisch-seelsorgerliche Bedeutung dieser Texte liegt darin, daß diese alten jüdischen Bilder (Jerusalem, Landverheißung, Paradies, Kirche, Erzväter, Reich, Tanzen vor dem Thron) gerade der ungewissen Zwischenzeit aufgrund ihres archaischen Profils eine vertrauenerweckende Gestalt verleihen.

Die maronitische Totenliturgie betet für den Verstorbenen: »Mögen deine Tore sich öffnen, oberes Jerusalem.« Die äthiopische Totenliturgie sagt: »Es lobt und preist dich das heilige, herrlich geschmückte Jerusalem, das himmlische Sion und alle Kirchen auf Erden«, der Tote soll zum »himmlischen Jerusalem, das der Fuß der Adler nicht erreichen kann«, gelangen. – In der westsyrischen Totenliturgie (Antiochien) betet man: »Führe die gläubige Seele zu den Wohnungen des himmlischen Jerusalem.«

Die Armenier bitten: »In die Stadt des Herrn der Heerscharen, in die Stadt des großen Königs, mögest du mit Hoffnung kommen und ruhen bei den Engelscharen, zu sehen das Licht der Ewigkeiten.« Und: »Nimm uns auf in die himmlische Stadt Jerusalem, wo die Gerechten sich versammeln, um deine Ehre immerfort laut zu besingen, im himmlischen Jerusalem, in der Wohnstatt der Engel, wo Henoch und Elia sind, taubengestaltig alt geworden, in Edens Garten würdig verklärt.« – Die koptische Totenliturgie formuliert: »Christus möge diese Seele ruhen lassen im himmlischen Jerusalem, im Lande der Lebenden.« Der Lohn im himmlischen Jerusalem bestehe darin, daß es der Ort sei, »von dem gewichen Kümmernis des Herzens«. – Die Äthiopier sagen: »Laß ihn, o Herr, in dein Königreich eingehen, dessen Baumeister du bist, laß ihn die himmlische Stadt ererben, deren König du bist.« Oder: »Er (der Tote) gelange in deine heilige Stadt, deren Dach von Wasser und deren Wand aus Feuer ist, in die Stadt, die kein Adlerauge je erblickt«, in »das himmlische Jerusalem, es gebührt allen vollkommenen Priestern und siegreichen Märtyrern, das dir gehört, seinem Architekten und Bildner, seinem Erschaffer und Baumeister.«

Himmlische Kirche

Dem, was Hebräer 12,23 die *Kirche der Erstgeborenen, die im Himmel aufgeschrieben sind* nennt, steht in jüdischen Texten »Israel, deine Kirche auf Erden« gegenüber. Für Hebräer 12,23 ist umstritten, wer damit gemeint ist. Geht es um die Christen der ersten Generation oder um Engel und deren himmlisches Bürgerrecht – oder um beide?
Die westsyrische Totenliturgie (Antiochien) nennt den Himmel »deine jungfräuliche und himmlische Kirche« und bittet für die Seele des Verstorbenen: »... der du sie aus der irdischen Kirche weggenommen hast, setze sie ein in der Kirche der Reinen.« Die koptische Totenliturgie spricht von der »Kirche der Erstgeborenen«, in der der Tote ein Priesteramt erhalten möge.«

Abrahams Schoß und Paradies

Schon lange vor Lukas 16,19–31 ist Abrahams Schoß der Ort, an den man direkt nach dem Tod gelangt, wenn man Abrahams würdig war. Im Alten Testament ist zunächst das Erbbegräbnis der Familie im Blick, wenn man sagt, der Tote werde *zu den Vätern versammelt* und ruhe dementsprechend *im Schoß der Väter.* In frühjüdischer Zeit sind die gerechten Väter aber weder in der Erde, im Grab, noch in der Scheol, sondern im Himmel bei Gott. Daher wird der Tote von Abraham, Isaak und Jakob empfangen oder ruht »in deren Schoß«, bei Frauen ist es entsprechend die Urmutter Sara, Abrahams Frau, in deren Schoß gerechte Jüdinnen ruhen.

Die griechische Redewendung »in jemandes Schoß liegen« bezieht sich auf die Tischordnung bei den Mahlzeiten: Man »lagerte« ja bei Tisch, und wer »im Schoß« liegt, der liegt rechts oder links neben einem, wie der Lieblingsjünger im Johannesevangelium neben Jesus. Das wird nun auf das himmlische Gastmahl übertragen, bei dem der Gerechte – für unbegrenzte Zeit – mit den Erzvätern zu Tische liegt. Im Neuen Testament ist diese jüdische Vorstellung in Lukas 13,28f und Matthäus 8,11 erhalten. Hier wird jedoch eine zeitliche Begrenzung auf den Zwischenzustand nicht erkennbar.

In der Regel wird der Schoß Abrahams, Isaaks und Jakobs zudem mit dem »Garten der Freude« (Paradies) gleichgesetzt und mit Gottes (oder Jesu Christi) gegenwärtigem himmlischen Königreich, so etwa in der ostsyrisch-chaldäischen Totenliturgie: »Gott berief Mose und tat ihm verborgene Dinge kund, daß Abraham, Isaak und Jakob im Königreich am Leben sind.«

In der koptischen Totenliturgie bittet man für den Toten: »Möge er sich dem Chor der Himmlischen zugesellen im Schoß Abrahams, Isaaks und Jakobs in deinem Königreich«; hier hat deutlich 4. Makkabäer 18,23 mit der Aussage über die Märtyrer Pate gestanden *(sie werden dem Chor der Väter zugesellt, nachdem sie reine und unsterbliche Seelen empfangen haben...).* Weiter betet man: »Bewahre die Seele in Ruhe bis zur Auferstehung im Schoße unserer Väter Abraham, Isaak und Jakob, dem Ort, von dem gewichen sind die Kümmernisse des Herzens, die Trauer und das Seufzen.« Die äthiopische Totenliturgie bittet: »... führe ihn in den

123

Garten der Freude, laß ihn vom Baum des Lebens essen, laß ihn im Schoß der Heiligen Väter Abraham, Isaak und Jakob im Königreich der Himmel ruhen.« Oder: »Verwahre ihn bis zum Tag der Auferstehung und deiner Ankunft an einem lieblichen, anmutigen, wunderschönen Ort, an welchem es Tau und Nebel gibt, bei klarem Wasser, im Schoße Abrahams, Isaaks und Jakobs« oder »am begrünten Ort bei klarem Wasser im Schoß von Abraham, Isaak und Jakob, bei den Führern des Lichts, deinen Engeln.« Hier wird eine zeitliche Befristung hinzugefügt: »... bis die Auferstehung die Seele mit dem Körper wieder zusammenfüge.« Ähnlich sagt es die koptische Liturgie. Für eine Nonne wird »Kühlung im Schoß Abrahams, Isaaks und Jakobs, im Lichte der Lebenden, im Land der Ruhe und des Genusses ohne Kümmernis des Herzens, Trauer und Seufzen« erfleht.

Nach der maronitischen Totenliturgie ruht der Tote, »befreit von der leidvollen Welt zur glorreichen und unvergänglichen Welt in Abrahms Schoß. Er genießt selige Ruhe ... mit Abraham, Isaak und Jakob, den Rechtschaffenen, die deine Gebote hielten.«

Die griechisch-orthodoxe Totenliturgie betet: »Herr, der du den Räuber zum Bürger des Paradieses gemacht hast, würdige seiner Umkehr auch mich...« und »Christus schenke dir Ruhe im Land der Lebenden, er öffne dir die Pforten des Paradieses und erweise dich als Bürger seines Reiches.« Gott führe den Toten »ins Licht und Land des Lebens, in den Schoß Abrahams, Isaaks und Jakobs, wo Schmerz, Trauer und Wehklagen gewichen«. Nach der äthiopischen Totenliturgie ruht der Tote »im Königreich der Himmel im Schoße des Abraham, Isaak und Jakob«. – Daß dabei an ein Gastmahl gedacht ist, wird aus der Totenliturgie der Maroniten deutlich, die bitten: »Laß den Toten ruhen in deiner erstgeborenen Gemeinde und bei deinem seligen Gastmahl.« Aber auch so formulieren es die Maroniten: »Laß sie die schrecklichen Pfade und fürchterlichen Orte übergehen und bringe sie in den gesegneten Schoß von Abraham,

Isaak und Jakob, an die heiligen Orte und prächtigen Ruhe-plätze, zu den geistlichen Scharen, Ständen und Ordnun-gen.« Nach der koptischen Liturgie soll der Tote »ruhen im Schoße Abrahams mit deinen anderen verklärten Heili-gen«.

In der Liturgie der Ostsyrer heißt es: »Jakob war traurig, als er Abraham unter Seufzen in das Leichentuch einhüllte, denn die Auferstehung war verborgen, und niemand wußte von ihr. Gott berief den Mose und tat ihm verborgene Dinge kund, daß Abraham, Isaak und Jakob am Leben sind.« Hier wird – dem entsprechend, was Markus 12,26 berichtet – die Art, wie Gott sich dem Mose vorstellt, als Zeugnis für die Auferstehung der Erzväter gewertet. Denn er sagt: *Ich bin der Gott Abrahams...* Gott hat Mose damit das Geheimnis der Auferstehung verkündet, das Isaak noch verborgen war. Isaak trauerte noch. Aber, so die Schlußfolgerung, schon seit Mose braucht man nicht mehr zu trauern!

Die Liturgien sprechen überaus häufig von der Gemein-schaft mit den Erzvätern. Darin liegt eine bleibende Verbin-dung zu Israel und seinen Verheißungen. Zugleich besteht darin ein menschlicher Zug in den Vorstellungen vom Him-mel. Eine direkte Gemeinschaft mit Gott und Jesus Christus mag man offensichtlich weniger mit Worten benennen. Hier lassen die Texte ein Schweigen aus Scheu erkennen. Lieber greift man zu den vertrauten jüdisch-alttestamentlichen Bil-dern, die alles im tröstlichen Maß belassen.

Tanzen vor Gottes Thron

Die koptische Liturgie bittet für den Toten: »Mache ihn würdig, zu tanzen und zu frohlocken bei den Heiligen und Liebhabern deines heiligen Namens.« Die armenische To-tenliturgie bittet: »Nimm diesen Diener in den Schoß der Erde, aus dem er wiedergeboren werden wird zu einem unsterblichen Leben. Führe seinen Geist der Herrlichkeit deines Thrones zu, zusammen mit den anderen verklärten

Geistern, zu frohlocken, sich zu ergötzen und zu tanzen um deinen königlichen Thron bis zur Offenbarung deines Zweiten Kommens.«

Gottes Thron

Wie in der Offenbarung des Johannes ist Gottes Thron der schon jetzt unsichtbar gegenwärtige Ort Gottes und der zu ihm Gehörigen, die ihm dort zujubeln. Und für antike Menschen war es auch ganz klar, daß sich eine *Festversammlung* wie in Hebräer 12,22 um den Thron Gottes schart, der ja auch in Hebräer 4,16 als der *Thron der Gnade* erwähnt wird. Auch wenn wir im Glaubensbekenntnis sagen, Jesus sitze »zur Rechten Gottes«, sind unsere Bilder monarchisch am Königsthron ausgerichtet.

Die Liturgien lassen erkennen, daß mit Gottes Thron auch Gottes Macht und Schrecken angesprochen ist. Es ist wohl wichtig, daß auch dieses Element der Angst zur Sprache kommt. Es bleibt aber nicht namenlos, sondern wird Gott zugeordnet.

In der georgischen Totenliturgie heißt es: »Die Pforte des Todes ist ihm (sc. dem Verstorbenen) nun plötzlich nahe gekommen, ihr entrinnt niemand. Er ist fern von seinen Eltern, Brüdern und Verwandten und ist auf den furchterregenden Thron zugegangen, der furchterregender ist als alle geschaffenen Dinge. Aber du, der du den Lazarus aus dem Grab herausgerufen und den Schächer am Kreuz gerecht gesprochen hast, der du das Tor der Barmherzigkeit bist, o Christus, sende deinen heiligen Segen...« – Die äthiopische Totenliturgie bittet, der Tote möge gezählt werden »zu den himmlischen Priestern, die auf dem Thron sitzen im Kreis um den Thron vor den Irdischen und mit den Himmlischen«, und bittet für den Toten, »bis daß er vor den furchterregenden und schrecklichen Thron gelangt. Und dort soll ihm Trost widerfahren und Tau auf ihn fallen, damit ihn die Feuerflamme an den Flügeln der geistlichen

Engel nicht versenge.« Sie wendet sich an Gott mit den Worten: »Starker Gott, dessen Thron furchterregend ist, Allmächtiger, der alles erfüllt und den dennoch kein Ort umfaßt...«

Auferstehung

Die Mitte des Glaubens

Einer modernen unaufgeklärten Aufklärung ist der Osterglaube ein Ärgernis. Es scheint, daß die Exegese des 19. und 20. Jahrhunderts nur allzu gerne den über Paulus und die Auferstehung spottenden Philosophen auf dem Areopag den Zuschlag geben möchte. Doch wäre es nicht Aufgabe aufgeklärter Wissenschaft, sich zunächst über die Grenzen des Feststellbaren im klaren zu sein? Seit wann wird mit der Regel von Ursache und Wirkung jede nur denkbare Realität erfaßt? Seit wann ist eine fotografische Platte gegebenenfalls letzte Instanz, um zu bestimmen, was Wirklichkeit ist? Die Kernfrage lautet: Welche Wirklichkeit meint ihr?

Theologische Grundlagen

Die frühchristliche Kategorie der Auferstehung steht im Rahmen eines bestimmten Gottesbildes. Als immer mehr Märtyrer um des jüdischen Glaubens willen starben, war die Frage nach der ausgleichenden Gerechtigkeit für diese brennend geworden. Ebenso aber erwachte, je mehr man den vorgegebenen »volkskirchlichen« Rahmen des Judentums durchbrach, die Auffassung, daß Gott jeden einzelnen Gerechten liebt und nicht vergißt. Beide Anschauungen laufen im Neuen Testament zusammen. Denn Jesus wie Paulus stehen der Bewegung des frühen Pharisäismus nahe, und daher wird das Martyrium Jesu mit den bereitliegenden Kategorien des leidenden Gerechten und des zur Auferweckung bestimmten Märtyrers erfaßt.
Theologisch entfaltet Paulus in 1. Korinther 15 diesen An-

satz auf großartige Weise. Exegetisch ist das oft erläutert worden, seltener theologisch. Das soll hier zunächst geschehen. Paulus geht davon aus, daß die Schöpfung Gottes noch nicht vollendet ist. Der Adam aus dem ersten Schöpfungsbericht (1. Mose 1), sagt Paulus, ist erst mit Jesus gekommen; der Adam aus dem zweiten Schöpfungsbericht (1. Mose 2) war der irdische, sterbliche Adam. Mit Jesus ist Gott einen entscheidenden Schritt vorangekommen: Mit seiner Auferstehung ist der Anfang dazu gemacht, daß am Ende der Tod selbst besiegt wird. Erst dann werden die schöpfungswidrigen Mächte und Gewalten restlos besiegt sein. Das heißt: Der Gott der Bibel will Leben und ist Leben. Sein Gegner, der Tod, wird sicher überwunden werden, aber das dauert noch eine Weile. Doch wenn Gott Leben ist und Leben will, dann wird er uns auch in der Erbärmlichkeit des Todes nicht liegen lassen, sondern uns erneut mit unserem Namen rufen. Wenn dieser Gott Leben ist – wie könnte er sich selbst vergessen? Denn die alles entscheidende Frage ist, ob Gott sich selbst aufgeben muß angesichts des Todes, ob er davor »kapitulieren« wird oder ob er den längeren Atem hat. Was ist also Gott wert angesichts des Todes?

Ein Zweites: Die Bibel kennt nur eine leibliche Auferstehung. Denn eine Zweiteilung von Leib und Seele gibt es hier noch nicht. Erst nachdem man die Gedanken Platos in der Kirchengeschichte übermäßig stark aufgenommen hatte, haben auch wir uns angewöhnt, den Menschen – ohne jeden Anhaltspunkt! – in Leib und Seele zu unterteilen, und viele meinen daher, eine Auferstehung nur der Seele oder deren Fortleben sei leichter vorstellbar. Das ist im Sinne der Bibel sicher ein folgenschwerer Irrtum. Gerade im Neuen Testament ist Leiblichkeit der Horizont von Gottes endzeitlichem Handeln. So kann Jesus sagen, als er Zachäus in seinem Haus besucht: *Heute ist diesem Haus Heil widerfahren,* weil Gott leibhaftig in ihm gegenwärtig ist. Und in der Bergpredigt fordert er in radikaler Weise unseren Leib als sein Eigentum, zum Beispiel beim Verbot des lüsternen Gaffens (Matthäus 5,28f), beim Verbot der Wiederheirat nach Scheidung oder in der Aufforderung zum Martyrium (rechte Wange / linke Wange; Matthäus 5,39). Leiblich vollzogen werden auch die Zeichen des Heils in den Wundern, und bei alledem gilt denen, die Jesus nachfolgen, wie ihm selbst die Verheißung der Auferstehung für den Leib. Die radikale Botschaft der Nähe Gottes erfaßt daher grundsätzlich immer auch die Leiblichkeit, wie wir weiter unten noch sehen werden.

Ein Drittes: Leiblichkeit im Sinne der Bibel ist immer ein komplexes und differenziertes Ganzes. Denn der Leib ist unser Kontaktorgan zur Wirklichkeit Gottes und der Mitmenschen, von ihm her bestimmt sich auch die Qualität unseres Daseins, Jammer oder Seligkeit. Daher gilt für die Auferstehung von den Toten, daß sie sehr wohl leiblich sein wird, aber eben in »verwandelter« Leiblichkeit. Auch dieses ist nicht physikalisch zu betrachten, sondern allein unter dem Aspekt, daß Auferstehung nichts anderes bedeutet als Sein mit Gott, Existieren im Raum Gottes und zu seinen Bedingungen. So sagt es die Totenpräfation: »Denn denen, die an dich glauben, Herr, wird das Leben nicht geraubt, sondern verwandelt.« Wichtig ist die Bedingung »die an dich glauben«.

Daher ein Viertes: Auferstehung ist nicht »naturalistisch« und von der Substanz der Körper her zu denken, sondern so, daß die Beziehung Gottes zum Menschen und des Menschen zu Gott erhalten bleibt. Diese Beziehung besteht schon immer und von Anfang an darin, daß Gott den Menschen bei seinem Namen ruft, den er »in seine Hand geschrieben« hat. Auferstehung ist nichts anderes, als daß Gott des Menschen, jedes einzelnen Menschen, »gedenken« wird und ihn von neuem bei seinem Namen ruft, damit er bei und mit Gott sei. Die Bibel nennt das die Vermeidung des »zweiten Todes«. Dieser wäre die eigentliche Katastrophe.

Die Auferstehung ist also ein Fall von Liebe. Sie ist der endgültige Liebeserweis Gottes an den Menschen. Wir haben allein Bestand, wenn und weil wir im Netz der lebendigen Beziehung zu Gott gehalten werden. Aus diesem Grunde geht es nicht um eine technisch-physikalische Frage. Das ist auch daran erkennbar, daß Paulus davon immer wieder mit Worten spricht, die dem Bereich der Sehnsucht und der elementaren kreatürlichen Angst (Wehen) entstammen. Das heißt: Hier geht es nicht um rationale Ableitungen und Beweise, sondern um den Wunsch, beim Herrn zu sein. Daß sich Gott in Jesus Christus geoffenbart hat, erlaubt dem erlösten Menschen jetzt, eine Sehnsucht zu hegen, die jede Grenze der Kreatur übersteigt.

Trifft das zu, dann ist die Wiederaufrichtung der Toten nicht Selbstzweck, sondern der letzte und eigentliche Sinn ist Freude, geschenkte Lebensfreude.

Verstehens-Voraussetzungen

Der fundamentalistische Irrtum beim Verständnis biblischer Texte besteht zumeist darin, daß man differenzlos unsere alltägliche und stark »technische« Wirklichkeitserfahrung auch für die des Neuen Testaments hält. Von daher werden dann immer Fragen wie diese gestellt: »Ist Jesus nun leiblich auferstanden oder nicht?« Dabei wird das Schwierigste unterschlagen, nämlich die Frage, ob das Wörtchen »ist« heute dasselbe bedeutet wie zur Zeit des Neuen Testaments. Immerhin bejahen diese Frage weitaus die meisten evangelischen Christen, auch die Theologen. Das rührt daher, daß man sich sowohl auf dem rationalistischen Flügel wie auf dem entgegengesetzten, dem fundamentalistischen Flügel über einen Punkt ganz einig ist: Was Wirklichkeit ist (oder was als Wirklichkeit erfahren wird), ist zu allen Zeiten gleich gewesen, mithin eine physikalische und anthropologische Konstante, wie die Theologen zu sagen pflegen.

Wer diesen Konsens bestreitet, hat zunächst die Beweislast zu tragen. Bei der Frage nach der »historischen Psychologie des Neuen Testaments« bin ich (in meinem Buch »Historische Psychologie des Neuen Testaments«, 3. Auflage 1995) – in Auseinandersetzung mit den humanwissenschaftlich-exegetischen Ansätzen von E. Drewermann und G. Theißen – zu der Einsicht gelangt, daß es – entgegen der These von R. Bultmann – keine anthropologischen Konstanten gibt. Das heißt: Die grundlegenden Erfahrungen von Ich, Leib, Zeit, Identität und Gefühl, von Andersheit und »Transzendenz« waren zur Zeit des Neuen Testaments mit Sicherheit ganz anders als heute. Man kann daher eben nicht von einer gleichbleibenden menschlichen Psyche sprechen. Schon von daher verbietet es sich, von unserem Wirklichkeitsverständnis auf das der damaligen Menschen zurückzuschließen. Überschneidungen ergeben sich nur in einem Teilbereich, den man »harte Fakten« nennen kann (zum Beispiel die Kreuzigung Jesu). In anderen Bereichen der Wirklichkeit haben Menschen zur Zeit des Neuen Testaments ganz anderes wahrgenommen als wir – vergleichbar vielleicht dem, was Kinder in ihren Zeichnungen darstellen. Das ist ja auch nicht »primitiv« und von Erwachsenen überholt, sondern nur »anders«.

Diese Verschiedenheit betrifft nun vor allem Formen mythischen Wahrnehmens, das heißt der Wahrnehmung einer besonderen wirkmächtigen Präsenz Gottes bei seinen Erwählten und zum Beispiel bei Jesus. In meinem Buch »Darf man an Wunder glauben?« (Stuttgart 1996) habe ich diesen Aspekt dargestellt. Gottes Nähe zur Wirklichkeit ist unterschiedlich intensiv. Dort, wo ein Mensch ihm besonders nahe steht, ist auch die Wirklichkeit Gottes von besonderer schöpferischer Macht. Und dies ist nach den Aussagen des Neuen Testaments bei Jesu Entstehung und bei Jesu Tod der Fall. Alle Wunder sowie Jesu Entstehen durch den Heiligen Geist, seine Auferstehung und seine Wiederkunft sind von demselben Ansatz her zu deuten. Nach der Erfahrung damaliger Menschen ist hier Gottes Schöpferkraft buchstäblich mit Händen zu greifen, auch wenn dies heute nicht mehr wissenschaftlich als Faktum erweisbar ist. Allerdings kann man dieses Verständnis von Wirklichkeit sehr wohl rekonstruieren. Dabei ergibt sich, daß es sich keineswegs um Irrationales handelt, sondern um den Bereich des Mythischen mit einer eigenen, nicht durch Aristoteles geprägten Logik. Für dieses Verständnis von Wirklichkeit gilt der Satz E. Troeltschs nicht mehr, Voraussetzung der Wissenschaft sei, daß Wirklichkeit überall gleichartig (nach dem Gesetz der Kausalität) zu erfassen sei.

Wohlgemerkt: Es geht hierbei noch lange nicht darum, irgend etwas zu »glauben«, sondern darum, mit Bereichen des Wahrnehmens zu rechnen, die durch unsere Zivilisation verdeckt oder verdunkelt werden. Innerhalb des (auch biblischen) mythischen Bereichs gibt es dann Dinge, auf die man bauen, das heißt seine Existenz gründen kann, und solche, die nichts taugen. Derselbe Konflikt findet sich auch heute im Verhältnis zwischen neuheidnischer Esoterik und christlichem Glauben. Stets bleibt zu beachten, daß Glauben im biblischen Sinn nicht bedeutet, Dinge anzunehmen, die man nicht sieht, sondern im Bereich der unsichtbaren Mächte sein Vertrauen auf den Gott Abrahams und Jesu Christi zu setzen – auf *diese* unsichtbare Macht und auf keine andere.

Anwendung

Es gehört zur Eigenart »mythischer« Wahrnehmung, daß sich Fakten und Erfahrungen aus diesem Bereich nicht lehrhaft oder autoritativ weitergeben lassen, sondern nur wieder durch Erfahrung. Daher sind alle gut gemeinten Versuche, die Osterbotschaft »umzusetzen«, so lange verfehlt, wie nicht grundsätzlich klar ist: Es handelte sich bei den Osterereignissen um eine hilfreiche Erfahrung, die es erleichterte, an Jesus und an den Gott Jesu Christi zu glauben, denn dieser hatte sich als der eine und einzige Gott erwiesen, der (als der Schöpfer) Tote zum Leben erwecken kann. Von daher ergibt sich zwingend, daß diese Ereignisse nur als eben diese zum

Glauben helfende Erfahrung weiterzugeben sind, aber nicht zur Hauptschwierigkeit des Glaubens überhaupt werden dürfen. Wenn die Ostereignisse zur Hürde werden, über die der Glaubende springen muß, wenn er denn überhaupt Glaubender heißen will, dann haben sie ihre Funktion verfehlt und jeden Sinn eingebüßt. Noch deutlicher gesagt: Die Ostereignisse wollen nicht geglaubt, sondern erfahren werden.

Daher sollte man zu Ostern nicht belehrende, doktrinäre Predigten halten, sondern den Osterglauben durch Ansteckung weitergeben, indem man Ostern *feiert*. An der Stelle der belehrenden Predigt sollte stehen, daß man von der Auferstehung Jesu singt oder einander den Glauben vorspricht, wie es in der orthodoxen Liturgie geschieht, wenn Christen zu Ostern einander begrüßen mit dem Gruß »Christus ist auferstanden« – »Er ist wahrhaft auferstanden.« Auch deutet die (byzantinische und katholische) Liturgie als Abbildung der himmlischen Wirklichkeit sehr wohl den Bereich und Raum an, in dem vom Faktum der Auferstehung überhaupt sinnvoll die Rede sein kann. Eine Vermittlung diesseits des Doktrinären sind auch die mittelalterlichen Passions- und Osterspiele gewesen, von deren ersten Stadien noch die Ostersequenz »Victimae paschali laudes« zeugt, bei der es sich um ein nachgestelltes dramatisches Interview mit der Augenzeugin Maria Magdalena handelt. – Nicht zuletzt stellte auch das Ostergelächter eine eigene Art der sehr leibhaften Inszenierung von Ostern dar.

Wir halten fest: Es kommt nicht darauf an, »an die Auferstehung« zu glauben. Glaube richtet sich immer nur auf Gott und auf den in Jesus Christus anwesenden Gott. Aber für diesen Glauben war Ostern eine entscheidende Hilfe, und zwar als Erfahrung. Ostern ist nicht einfach eine paradoxe Behauptung gegen alle Wirklichkeit.

In der Osternachts-Liturgie der Westgoten findet sich folgendes Gebet (Missale Gothicum 593):

»Du hast voll Weisheit die Himmel erschaffen, du hast die Erde über den Wassern gebildet, und du hast die großen Leuchten erstehen lassen: die Sonne als Herrin am Tag, den Mond und die Sterne als Herrscher der Nacht. Du hast uns erschaffen und nicht wir uns selbst: o gib die Werke deiner Hände nicht preis! Dein ist der Tag und dein ist die Nacht: am Tag hast du kundgetan dein Erbarmen und in der Nacht dein Geheimnis enthüllt, das wir heute am Vorabend des Lichtfestes feiern.

Denn dies ist die Nacht, die um die heilwirkenden Geheimnisse weiß, in der du den Sündern dein Erbarmen gewährst, in der du aus den alten Menschen neue erschaffst, vergreiste Menschen in reife Kinder verwandelst, da du sie als neugeborene Geschöpfe aus dem Taufquell hervorgehen läßt. In dieser Nacht brechen die Völker auf, die neugeboren sind, zum ewigen Tag. Die Tore des Himmels schließen sich auf, und nach dem seligen Gesetz der Erlösung wird Göttliches für Menschliches getauscht.

Denn dies ist die Nacht, die Freude gebracht hat: in der du uns, Herr, mit Jubel erfüllt hast; die Nacht, in der die Hölle ihre Tore auftat; die Nacht, in der Adam erlöst ward; die Nacht, in der die verlorene Drachme wiedergefunden, das verlorene Schäflein auf den Schultern des Herrn heimgeholt wurde; die Nacht, in der Satan besiegt ward und Christus als die Sonne der Gerechtigkeit aufstrahlte, in der die Ketten der Hölle gesprengt wurden, die Tore der Gottesfeinde zerbrochen, vieler Heiligen Leiber den Gräbern entstiegen und die Heilige Stadt besuchten.

O wahrhaft selige Nacht, sie allein durfte Zeit und Stunde erfahren, in der Christus erstand! Von ihr hat schon der Psalm geweissagt: Lichtüberströmt wird sein die Nacht gleich dem Tag.«

In dieser Nacht kommen alle Ereignisse des Heils zusammen. Sowohl der Himmel wird geöffnet als auch die Hölle. Sowohl der »selige Tausch« zwischen Gott und Mensch ist in dieser Nacht als auch der Sieg über den Satan. Der Kontrast zwischen Licht und Nacht wird mehrfach aufgenommen. Gott hat die Gestirne geschaffen und sie als Lichter auf Nacht und Tag verteilt, in der Nacht werden durch die Taufe die Heidenvölker neugeboren für ihren Weg zum »ewigen Tag«. In ihr ist Christus, die Sonne der Gerechtigkeit, aufgegangen.

Die verlorene Drachme wird in dieser Nacht wiedergefunden, weil nach Lukas 15,8 die Frau zum Suchen ein Licht anzündet. Auch andere Liturgien deuten dieses Licht direkt auf die Osterkerze. Und weil das verlorene Schaf gleich nebenan steht, in Lukas 15,3–7, wird die Osternacht zur Nacht, in der das Verlorene überhaupt wiedergefunden und gerettet wird.

Vor allem aber ist der Schöpfer auch der Befreier. Die grundlegende Erschaffung von Tag und Nacht wird gefüllt und »erfüllt« durch die Taten des Heils.

Und schließlich: Ein Geheimnis, das auch Geheimnis bleiben soll, teilt man anderen mit im Schutze der Nacht. Aber diese Geheimnisse machen die Nacht zum Licht und zur Zeit des Jubels und der Freude. So wird das neue Leben aus der Nacht geboren.

Diese liturgische Osterdeutung versammelt Bilder aus der ganzen Heilsgeschichte um diese Nacht. Sie unterscheidet sich von historisch-kritischer Deutung, indem sie nicht die Texte reduziert, sondern erweitert. Legitim werden die Aussagen durch die Überzeugungskraft der ähnlichen Bilder, durch die Evidenz der Analogie. Denn die elementaren Symbole von Licht und Finsternis haben auch, das »entdeckt« dieser Text, eine Beziehung zum ersehnten Heil.

Zunächst ist wichtig, daß von Ostern in sehr unterschiedlichen Textsorten die Rede ist, deren Intention auch je verschieden ist. Der Vorgang der Auferstehung selbst wird nur im Petrus-Evangelium geschildert (bei W. Schneemelcher, Neutestamentliche Apokryphen, Bd. I) und in der »Himmelfahrt des Jesaja« (ebd., Bd. II). Die Osterzeugen sind hier die Gegner Jesu (vor allem die römischen Soldaten am Grabe).

Aus den ersten drei Evangelien sind die Berichte bekannt, in denen der oder die Engel am leeren Grab den Frauen die Osterbotschaft mitteilen. Man beachte: Nicht das leere Grab »an sich« überzeugt oder führt zum Glauben, sondern die Botschaft des Engels, der eben Engel Gottes ist. Die entscheidende Frage ist daher nicht allein: War das Grab Jesu leer?, sondern vielmehr: Können Engel lügen oder irren?

In einer Reihe von Visionen, die jedoch nicht ausführlich erzählt werden, erscheint der auferstandene Jesus den späteren kirchlichen Autoritätsträgern (Petrus, Jakobus, Paulus), aber auch Kollektivvisionen mit ähnlicher Funktion (zum Beispiel vor den Jüngern) sind bekannt. Wenn der Herr verhüllt erscheint, dann dient dieses nicht zur Beauftragung oder Installation kirchlicher Autoritäten.

Ganz überraschend ist, daß dort, wo von der Erhöhung Jesu oder von seinem Eindringen in das Reich des Todes berichtet wird, nirgends Zeugen genannt werden. Diese Berichte oder Teile von Hymnen kommen mithin gänzlich ohne »Beweise« aus. Diese Belege »mythischer Rede in Reinform« sind besonders dann bedenkenswert, wenn man meint, bei den übrigen biblischen Berichten zwischen »historischen Berichten« und »legendarischen Ausweitungen« unterscheiden zu müssen.

Von der Intention der Form her sind mithin nur wenige Ostertexte so formuliert, daß sich in ihnen lediglich bestätigt, daß Jesus »lebt«. Dazu gehören die Berichte über die Erscheinung (der Engel oder Jesu) vor Frauen, damit sich überschneidend die Berichte über den Gang zum Grab sowie über die Ereignisse am Grab nach Matthäus 28 und im Petrus-Evangelium. Alle anderen Berichte gehen bereits weit darüber hinaus, indem sie insbesondere die Verkündigung oder die Sendung (das »Amt«) der Jünger nach Ostern legitimieren.

Nur Paulus (1. Korinther 15), der Kolosserbrief und die Offenbarung des Johannes gehen den Schritt über die Auferstehung Jesu hinaus bis hin zur Auferstehung »der Toten«. In allen anderen Fällen, und das heißt eben: ganz überwiegend, ist das Ziel der Aussagen über Auferstehung oder Erhöhung Jesu zunächst nur auf Jesus bezogen, also rein christologischer Art. Die Auferstehung Jesu ist daher nicht von vornherein oder generell als Beginn der allgemeinen Totenauferstehung angesehen worden. Das gilt auch für alle vier Evangelien.

Das kritische Instrumentar des Exegeten ist in meinen Augen überfordert, wenn es dazu taugen soll, alle ausführlicheren Osterberichte für legendenhafte, sekundäre, erbauliche Weiterungen zu erklären und nur kurze Notizen wie »Der Herr erschien dem X« für ursprünglich zu halten. Woher weiß man so genau, daß die kürzere Version die ursprünglichere ist? Woher weiß man, daß die Berichte über den Engel am leeren Grab apologetische Legenden sind, das heißt solche, die dem Glauben eine übermäßig drastische Faktengrundlage liefern? – Man muß nicht Neo-Fundamentalist sein, um so zu fragen – im Gegenteil: Besondere Vorsicht bei der Hypothesenbildung und ein allerdings grundsätzliches Mißtrauen gegenüber der Voreingenommenheit aufklärerischer Exegese kann zu größerer Schonung der Texte führen; »Schonung« heißt: Analyse ohne Zerstörung oder Reduzierung. Mit der schlichten Erklärung, alle Osterberichte ließen sich auf die Erscheinungen des Auferstandenen vor Petrus und Paulus zurückführen, ist nichts gewonnen, weil die Willkür im Umgang mit den neutestamentlichen Texten in der Regel haarsträubend ist. Oft ist es auch schlicht religionsgeschichtliche Unkenntnis, zum Beispiel über die Möglichkeit von Kollektivvisionen, die Exegeten zu ihrer Etikettierung »legendarisch« geführt hat. Und daß psychologische Reduktionen fehl am Platz sind, ergibt sich aus der Abständigkeit und Fremdheit der Texte, die eine Vereinnahmung durch moderne Anthropologie aus meiner Sicht unmöglich macht.

Exegetisch wichtig ist für mich die folgende Beobachtung: Kein einziger Text sagt, die Jüngerinnen oder Jünger Jesu seien aufgrund der Osterereignisse zu einer maßgeblichen christologischen Erkenntnis gelangt. Gewiß, die Auferstehung Jesu widerlegt seine Feinde (Petruspredigten der Apostelgeschichte), der Auferstandene wirft Paulus zu Boden (Damaskus-Erlebnis) und er vermittelt die Erkenntnis der Schrift aus Mose und den Propheten über sein Leiden und seine Auferstehung (Emmaus-Jünger). Aber die Kernthese der liberalen Exegese, der Glaube *an* Jesus sei zu Ostern entstanden, ist eigenartigerweise aus dem Neuen Testament nicht zu belegen.

Hinter der liberalen Theoriebildung standen denn auch wohl ganz andere Zwänge philosophischer Art. Man sollte auch davon endlich einmal kritisch Rechenschaft ablegen. Es dürfte generell an der Zeit sein, die historisch-kritische Methode auf ihre nie kritisch befragten, nur scheinbar aufgeklärten Voraussetzungen hin zu befragen und bei Einordnung in weltweite Wahrnehmungsweisen kritisch zu relativieren. Der erbitterte Widerstand der Zunft der Neutestamentler an diesem Punkt zeigt nur, welch große Anstrengung nötig ist, um Aufklärung selber aufzuklären, das Instrument der Kritik stets neu auch selbst kritisch zu befragen.

Wichtig ist mir: Ostern fügt sich sehr wohl in die Verkündigung Jesu ein; die Auferstehungsbotschaft ist »aus demselben Holz geschnitzt« wie Jesu Leben, Wirken und Reden. Es ist elementar wichtig, die Osterbotschaft in diesem Sinne nicht vom Auftreten Jesu zu isolieren. Niemand kann einen Weg zu den Osterereignissen finden, wenn man sie völlig losgelöst betrachtet. Wenn Jesus offenbar eine unbegreifliche Freiheit von der Sorge um Nahrung, um Kleidung und um sein Leben demonstriert und vorlebt, dann paßt die Ostererfahrung wie die genau entsprechende Antwort Gottes auf diesen »Glauben« Jesu. Damit schließt sich der Kreis beim neutestamentlichen Gottesbild: Jesus wirft die sehr konkrete Sorge um die Leiblichkeit einfach auf Gott. Er weiß, daß dieser Gott kein ferner Weltenlenker ist, sondern von seinen Kindern gebraucht werden will. Es ist wie in jeder Liebesgeschichte. Ihr Glück beruht darauf, daß man einander wirklich braucht.

Leiblichkeit

Die Bibel kennt keine »geistige« Seele

Das biblische Denken kennt keine Zweiteilung von Materie und Geist, von Leib und Seele, und es kann daher auch die unsichtbare Welt nicht als immateriell oder geistig bezeichnen. Für unsere Frage bedeutet das: Es gibt, soweit wir uns im Bereich biblischen Denkens bewegen, keine unsterblich-geistige Seelensubstanz, es gibt immer nur verschiedene Formen von Leiblichkeit. Eine rein geistige »Fortexistenz« nur der Seele im platonischen Sinn ist daher nicht anzunehmen. Der Heilige Geist Gottes ist eben grundsätzlich etwas anderes als philosophische »Geistigkeit«.

Gerade der Pharisäismus, dem Jesus und Paulus nahestanden oder sogar zuzurechnen sind, betont die Bedeutung der konkreten Leiblichkeit für die Frage nach der Wirklichkeit Gottes und seiner Gebote. Für den pharisäischen Standpunkt bedeutet die Heiligung des alltäglichen Lebens, daß fast alle körperlichen Handlungen einen priesterlichen Charakter bekommen, daß in ihnen und durch sie der Leib geheiligt wird und daß entsprechend deshalb dem Leib die Verheißung der Auferstehung gilt. Reinheitsdenken, Leiblichkeit, priesterliche Regeln für Laien und Erwartung der Auferstehung hängen daher aufs engste zusammen. Die Auferstandenen werden sogar oft als kollektive Priesterschaft im Himmel gedacht, wie Offenbarung 20,6 und viele alte Liturgien zeigen. – Bei Jesus und bei Paulus wird diese Bedeutung der Leiblichkeit eher noch gesteigert. Denn bei Jesus kommt hinzu, daß in ihm und mit ihm selbst Gott leibhaftig »präsent« ist, und daß diese Gegenwart Gottes im Geschehen von Wundern andere Menschen rein und gesund macht, die bösen Geister vertreibt oder gar Tote auferwecken kann. Die Reinheit und Heiligkeit der Jünger Jesu ist »offensiv«, und das heißt: Sie muß nicht verteidigend geschützt werden, sondern ergreift »erobernd« bisher feindliches Terrain.

Bei Paulus äußert sich die pharisäische Hoffnung auf Auferstehung beispielhaft in 1. Korinther 6,12–20: Bei dem, was der Mensch mit seinem Leib tut, soll er daran denken, daß dieser Leib als Tempel des Heiligen Geistes zur Auferstehung berufen ist. Die Kategorie der Unreinheit ist hier aufgehoben in der Kategorie der Ungerechtigkeit. Die Dirne ist nicht »unrein«, sondern der Verkehr mit ihr ist Unrecht, weil Ausbeutung. Als Unrecht paßt aber dieses leibliche Tun nicht zur Vorstellung vom Eigentum Gottes. Priester und Heiliges sind Eigentum Gottes.

Wir halten fest: Für das Neue Testament gibt es eine Fortexistenz der puren »Seele« nicht. Leben in oder mit dem Herrn ist immer irgendwie materiell vorgestellt.

Auferstehung als Verwandlung des Leibes

Paulus erwartet nicht für alle Christen eine »Auferstehung«; sie gilt nur denen, die zuvor tot waren. Wohl aber kennt er eine *Verwandlung* für alle. Darauf liegt also der Ton bei ihm.

Paulus sagt auch, in welche Richtung diese Verwandlung läuft: Sie ist Befreiung von der Sklaverei der Vergänglichkeit. Er kann nur »negativ«, also im Sinne der Befreiung von etwas jetzt Erfahrenem, davon sprechen. Eine positive Füllung wagt er nicht zu geben. Er kann jedoch den Status der Erlösten benennen: Sie sind »Kinder Gottes«, das heißt: Sie werden Gott ganz nahe sein. Das ist alles. Beides, Freiheit vom Tod und Gotteskindschaft, ist im übrigen genauso wenig konkret vorstellbar wie Gott selbst. Denn beides ist wie eine Ausweitung Gottes selbst.

Wir halten fest: Auferstehung ist nach Paulus als Teil der Verwandlung der Kreatur zu Gottes Kindern zu begreifen. Das wiederum ist nicht irgendein Zusatz zur christlichen Lehre, sondern gehört ganz wesentlich zum Gottesbild. Der Gott Jesu Christi will die Kreatur »vergotten«, will nicht für sich bleiben, sondern alles in allen Kreaturen werden.

Leib und Seele in der Zwischenzeit

Für die Frage der Existenz nach dem Tode gibt es einige Unklarheiten in den Texten und in den Auffassungen der Kirchen. Nach Paulus ist jedenfalls der Gläubige direkt nach dem Tod mit seinem Herrn verbunden, und zwar hat sein »innerer Mensch« einen himmlischen Leib, ein himmlisches Haus erhalten. Es kann wohl kein Zweifel sein, daß schon dieses Haus »pneumatisch« (vom Heiligen Geist gewirkt) im Sinne von 1. Korinther 15,46 ist, denn es stammt von Gott.

Bei der allgemeinen Auferstehung kommt eine »Verwandlung« und Verherrlichung der Leiber hinzu, wie auch immer das zu verstehen ist. Das Schicksal der physikalischen Reste (Knochen etc.) des irdischen Leibes ist – wie auch bei der Auferweckung Jesu nach 1. Korinther 15,3 – nach manchen Auslegern für Paulus uninteressant, doch muß man beachten, daß es eben der »Leib« des Menschen ist, der verwandelt wird (Römer 8,23: *Erlösung des Leibes*); das gilt auch für 2. Korinther 5,10, wo davon die Rede ist, daß der Leib gerichtet wird. Hier ist jedoch noch einmal darauf hinzuweisen, daß »Leib« sich für Paulus mit einer rein biologischen Bestimmung als »Haut, Knochen und Innereien« nur teilweise deckt und im übrigen komplexer und differenzierter ist. – Jedenfalls wird in allen Stadien die Leiblichkeit betont. Die Gegensätzlichkeit liegt im übrigen schon bei Paulus selbst: Einerseits rechnet er mit dem neuen himmlischen Haus direkt nach dem Tod (2. Korinther 5,1 *ein ewiges Haus von Gott*), andererseits mit einer Verwandlung aller am Ende (1. Korinther 15,51 *alle werden wir verwandelt werden*). Das neue himmlische Haus nach 2. Korinther 5 muß nicht mehr verwandelt werden.

Die orientalischen Liturgien und die katholische Tradition gehen demgegenüber davon aus, daß nach dem Tod der irdische Leib in der Erde liegt, nach einigen Liturgien »begleitet vom Heiligen Geist«, während die Seele des Menschen im Himmel ist (oder an anderen, speziellen Orten, zum Beispiel dem Fegefeuer). Bei der Auferstehung werden Leib und Seele wieder miteinander »versöhnt«, das heißt, sie werden wieder zusammengeführt. Diese Texte haben ihren Vorzug darin, daß viel klarer als bei Paulus die Zukunft des irdisch-materiellen Leibes bedacht wird: Er wird dann auferweckt und verwandelt werden.

Der Gegensatz zwischen beiden Positionen liegt darin, daß für die späteren Auffassungen eine zeitweilige Trennung von Leib und Seele angenommen wird, die Paulus nicht kennt.

Wäre dieser Gegensatz (im Himmel ist nach dem Tode nur die geistige Seele – oder: der ganze neue Mensch mit neuer Leiblichkeit) nicht aufhebbar, so müßte man den Positionen, die mit einer Trennung von Leib und Seele rechnen, Platonismus vorhalten. Das wäre wegen der Auswirkungen auf das Menschenbild nicht gerade begrüßenswert. Denn jeder Platonismus in der Zukunftserwartung hat Rückwirkungen auf das Selbstverständnis des Menschen während seiner Erdenzeit. Platonisierende Leibfeindlichkeit hat für das Christentum nie Gutes bedeutet.

Versuch eines Ausgleichs

Hier kann uns vor allem der anfangs entwickelte Gesichtspunkt der *Perspektivität* helfen. In der Sichtweise des späten Paulus (2. Korinther 5,1; Philipper 1,23) wird für den einzelnen das bereits nach seinem Tode Wirklichkeit, was für eine andere Perspektive erst mit dem Weltende eintritt. – Für Paulus selbst könnte man annehmen, daß auch nach seiner späten Position das Ende der Welt wenigstens dieses Neue bringt: Sichtbarkeit und Offenlegung für alle, weltweites Aufhören der Regel vom Fressen und Gefressenwerden, universale Anerkennung Gottes, Ausdehnung des Himmels auf die Erde. Ferner:

Einerseits kann man sagen, daß die orientalische und die katholische Position auch für die Zwischenzeit nicht mit einer rein geistigen Existenz der Seele rechnen müssen. Wo sie »Seele« sagen, kann durchaus so etwas wie der neue, himmlische Mensch von 2. Korinther 5,1–9 im Blick stehen. Auch hier ist die Zwischenzeit nicht (oder nicht notwendig) rein immateriell im platonischen Sinne gedacht.

Andererseits besteht eine besonders enge Beziehung zwischen dem Weltende und der irdischen Leiblichkeit. Für alles, was materiell ist, bedeutet das Weltende eine tiefe Zäsur. Denn folgt man Paulus, dann soll ganz konsequent die alte *psychische*, das heißt: sterbliche, sichtbare und schwache Welt *gänzlich* umgewandelt werden in eine *pneumatische*, das heißt: vitale, für unsere jetzigen Augen nicht faßbare, nicht dem Tod unterworfene Welt der Versöhnung.

Was Paulus *pneumatisch* nennt, ist in jedem Fall eine *weltweite* neue Qualität aller Dinge. Ganz deutlich ist dabei, daß es sich nicht um eine erneute Zusammenfügung der jetzt greifbaren Materie handelt, sondern um eine neue Qualität. Insofern ist das Bild der orientalischen Liturgien, die von einer Versöhnung von Leib und Seele sprechen, sinnvoll, weil es sich um eine im ganzen neue Qualität handelt.

Die koptische Liturgie bittet: »Versöhne die Seele mit dem Körper nach einem Leben in der Welt, in der der Tote sich abgemüht hat, gelitten hat und seine Sünden getilgt sind«, die ostsyrische Liturgie (Chaldäer) bittet Gott darum, Leib und Seele wieder zusammenzuführen.

Das bedeutet: In jedem Fall bringt das »Weltende« auch nach katholischer und orientalischer Ansicht etwas Neues. Und man kann mit diesen Quellen von der Auferstehung des Fleisches sprechen, wenn man betont, daß es sich beim Auferstandenen um eine neue Qualität handelt. Sonst könnte man leicht der fundamentalistischen Gefahr erliegen. Denn dann erhebt sich sogleich die Frage, wie Gott die oftmals ja reichlich zerstückelten Leiber wieder zusammenfügen könne.

Wir halten fest: Christliche Hoffnung erwartet für die Zeit nach dem Tode jedenfalls eine verwandelte Leiblichkeit. Dabei impliziert die Erwartung eines »Endes der Welt«, daß die Schöpfung im ganzen verwandelt wird.

Die drei Kronen

Von einer Krone spricht man in unterschiedlichen Bereichen. Es gibt die Krone des Königs, es gibt die Krone des Siegers im Wettkampf, und in diesem Sinne spricht man von der Krone des Märtyrers, und es gibt schließlich die »Krone des ewigen Lebens«, die der erhält, der seinen Kampf treu bestanden hat. Diese drei Kronen, die Messiaskrone, die Krone des Märtyrers und die Krone des ewigen Lebens, sind im Neuen Testament eine einzige geworden. Denn der Messias erlangt seine Krone erst als Krone des Martyriums nach seinem Leiden, und diese Krone ist keine andere als Auferstehung und ewiges Leben.

Für die verstorbenen, aber nicht toten Christen bedeutet

das: Sie haben lebendig Anteil an der königlichen Würde ihres Messias. Mit Jesus Christus teilen sie die Würde des königlichen Ranges. Die Krone des Lebens, die sie erhalten, ist zugleich ein Stück erfüllte messianische Verheißung des Alten Bundes. Ihr Sterben ist kein isoliertes Geschehen, sondern steht im Zusammenhang mit Treue, Bewährung, Geduld und unbeirrbarem Vertrauen. Wenn das so ist, dann sind die verstorbenen Christen lebendige Träger und Teilhaber der Messianität Jesu.

Sowohl für die Messianität Jesu als auch für die Deutung des Todes der Christen ist dieser Gesichtspunkt neu in der Auslegung. Jesus gewinnt seine Messianität nach seinem Leiden in der Erhöhung, und ebenso ergeht es denen, die an dieser »kollektiven« Messianität teilhaben.

Im folgenden wollen wir auf die drei verschiedenen Kronen im einzelnen näher eingehen.

Die Messiaskrone

Leiden und Herrlichkeit des Messiaskönigs

Nach jüdischer Erwartung ist der Messias oftmals als König vorgestellt. In einer alten jüdischen Auslegung zu Psalm 2 heißt es: »Der Herr gibt seinen Kranz dem König Messias, denn es heißt: Du setzest ihm auf das Haupt den Kranz von feinem Gold.«

Jesus Christus ist durch Leiden und Tod in seine Herrlichkeit eingegangen. Er regiert als König und Messias seit seiner Auferstehung, seit der Erhöhung in sein himmlisches Reich.

Die Grundkonzeption orientiert sich daran, daß Jesus seine Messiasherrschaft jedenfalls als Regentschaft erst nach seinem Leben und Leiden auf Erden angetreten hat. »Regentschaft« und »Königtum« bedeuten hier: Herrlichkeit, Thron (zum Beispiel neben Gott, zu seiner Rechten), Freiheit vom Tod, Empfang lobpreisender Zustimmung seitens seines »Volkes«, der Gemeinde. Die entsprechenden Texte kann

146

man daran erkennen, daß sie vom *Leiden*, von der *Herrlichkeit* und vom *Christus* sprechen (Römer 8,17; 2. Korinther 1,5–7; Philipper 3,10; Lukas 24,26.46; Apostelgeschichte 3,18; 17,3; 26,23; 1. Petrus 1,11; 4,13; 5,1.10).

Auf die Christen angewandt, heißt es, daß sie *mitleiden* oder *mitverherrlicht* werden. In der Tat ließ sich in Jesu irdischem Auftreten wenig Herrliches feststellen, eine Ausnahme bildeten wohl nur die Austreibungen von Dämonen (Exorzismen). Durch sie qualifizierte sich Jesus als neuer Sohn Davids, weil einst Davids Sohn Salomo über die Fähigkeit verfügt haben soll, Dämonen auszutreiben. Für den erhöhten Christus unterwirft Gott, der Vater, weiterhin die Feinde, die anderen unsichtbaren Mächte, bis hin zum letzten Feind, dem Tod.

Die Jünger als Teilhaber der Macht

Jesus regiert als Messias nicht allein. Das ist ein merkwürdiger und recht einschneidender Unterschied zu Erwartungen des Judentums. Daher ist es nicht zufällig, daß Jesus Jünger in seine Nachfolge und Begleitung beruft. Sofern man ihn als Messias denkt, muß man daher die Mit-Regentschaft mitbedenken. Als Messias teilt Jesus sein Königtum, teilt er seine Herrlichkeit anderen mit. Und wenn Jesus als Messias seine Herrlichkeit im wesentlichen erst nach seinem Leiden und Sterben erhält, dann gilt dies auch für seine Jünger. Sie sind seine Mitkönige, nachdem sie mit ihm den Weg des Leidens und Sterbens auf Erden geteilt haben (so besonders Lukas 22,28f: *Ihr habt mit mir ausgeharrt in meinen Versuchungen..., ich vermache euch das Reich*).

Ganz elementar kommt diese Geschicksgemeinschaft mit Jesus in 2. Timotheus 2,11f zum Ausdruck: *Wenn wir in Gemeinschaft mit ihm gestorben sind, werden wir auch mit ihm leben. Wenn wir geduldig ausharren, werden wir auch mitregieren.* Dieses Wort meint in seinem zweiten Teil, daß die Königsherrschaft wirklich gemeinsam ausgeübt wird. Wichtig ist das Wörtchen *mit*. Ganz ähnlich geht es auch bei der Vorstellung des tausendjährigen Reiches nach Offenbarung 20,6 darum, daß die Blutzeugen dann *gemeinsam* mit Christus als Könige herrschen. Hier geht es zwar nicht direkt um die Existenz nach dem Tode, aber jedenfalls um eine Zeit vor der neuen Schöpfung.

In dem Dialog zwischen Jesus und dem gerechten Schächer am Kreuz wird diese Auffassung bereits auf »gerechte« Anhänger Jesu bezogen. Der Schächer bittet: *Jesus, denke an mich, wenn du in dein Königreich kommst.* – Jesu Antwort: *Heute wirst du mit mir im Paradies sein* (Lukas 23,42f). Das Reich des Messias Jesus ist demnach *im Paradies*. Der Ausdruck ist wohl absichtlich dunkel gehalten, so daß man nicht entscheiden kann, ob es sich um den »Himmel« oder einen besonderen Ort in der Schöpfung handelt.

Es ist gut möglich, daß schon Lukas beim Stichwort Paradies an Adam gedacht hat, nennt er doch im Stammbaum Jesu Adam indirekt Gottes Sohn wie auch Jesus (nach Lukas 3,22 nennt Gott Jesus *meinen Sohn*; nach 3,38 stammt Adam *von Gott*). Jedenfalls verbinden die späteren Totenliturgien Adam und Paradies in solchen Zusammenhängen, so etwa bei den Ostsyrern: »Das Königreich in der Höhe regte sich und stieg herab mitten unter die Menschen, um sie zu besuchen, um Adam wieder ins Paradies einzusetzen.« Immer wieder sprechen die Texte vom Paradies. So bittet die römische Totenliturgie für den Toten, »Engel mögen ihm entgegeneilen und ihn zum Vaterland des Paradieses geleiten«. Das Paradies muß – als Ort der Seligen zwischen den Zeiten – nicht mit dem »Himmel« identisch sein. Auch in Offenbarung 20 ist der Ort, an dem Jesus mit den auferstandenen Märtyrern regiert, noch nicht der Himmel, sondern Jerusalem.

Auch in Philipper 1,23 spricht der Apostel Paulus davon, er wolle *mit Christus* sein, und bezieht sich damit auf die Zeit direkt nach dem Tod. Auf die bisher genannten Zusammenhänge weist sowohl das *mit*, das die Gemeinschaft signalisiert, als auch der Titel *Christus*, der Messiastitel, hin.

Daher darf man fragen: Ist nicht auch schon das Essen und Trinken *in meinem Reich*, von dem Jesus in Lukas 22,30 spricht, auf die Zeit nach dem Tod der Jünger bezogen? Nach Vers 28 wird ja den Jüngern gesagt, sie hätten *mit* Jesus in Versuchungen ausgeharrt. Für sie gilt also dieselbe Abfolge von Leiden (Versuchung, Bewährung) und Herrlichkeit wie für Jesus.

Wir halten fest: Das Reich des Messias Jesus wird nach den älteren Zeugnissen des Neuen Testaments von seiner Erhöhung/Auferstehung an gerechnet. Es ist begrenzt und wird durch das Offenbarwerden des Reiches Gottes oder das »Weltende« abgelöst. Daher ist wohl auch das Mitregieren der Christen auf die Zeit nach ihrem geduldigen Leiden und Sterben in der Nachfolge Christi zu beziehen. In diesem Sinne erhofft sich Paulus ein Sein *mit Christus* nach dem Ende seines irdischen Weges.

Die Märtyrerkrone

Den Märtyrer denken das Judentum und das frühe Christentum als einen Athleten, einen Kämpfer, der in den Versuchungen siegreich bleibt, weil er nicht um billiger Vorteile willen seine Überzeugung preisgibt. In diesem Sinne sprechen die Briefe der Offenbarung des Johannes jeweils vom *Sieger*, wenn ein Christ seine Treue bewahrt. – Schon von jüdischen Märtyrern heißt es in dieser Zeit: »Siegerin blieb die wahre Anbetung Gottes, die ihren Kämpfern den Kranz reichte.«

Die Märtyrerkrone verschmilzt mit der Messiaskrone, wenn von Jesu Martyrium und von seiner Messianität gleichzeitig gesprochen wird. Das ist besonders in Offenbarung 5 der Fall. Hier wird Jesus das siegreiche Lamm genannt, zugleich der Messias und Löwe aus dem Stamm Juda. – Der Kirchenvater Cyrill von Jerusalem sagt über Jesus: »Auch ein Gewand aus Purpur legten sie ihm an. Zwar handelten sie so aus Spott, aber es war eine prophetische Tat. Denn er war wirklich König. Wenn sie auch zumeist zum Spott so handelten, sie taten es immerhin, und das wurde zum Symbol seiner kaiserlichen Würde. Zwar war der Kranz aus Dornen, aber er war doch ein Kranz, und von Soldaten war er geflochten, denn die Kaiser werden von Soldaten ausgerufen.«

Die Lebenskrone

Leben in der Zielgeraden

Die Menschen im Umfeld des Neuen Testaments betrachten das Leben auch außerhalb der speziellen Situation des Martyriums als Kampf um die eigene Seele, modern gesprochen: um die Identität. Später werden Christen sagen: »Der Herr ist mein Kranz« und deshalb jeden nicht-religiösen Gebrauch des Kranztragens ablehnen.

Paulus sagt in 1. Korinther 9,25: *Jeder Kämpfer übt Askese..., wir, damit wir einen unvergänglichen Kranz erlangen.* Und in 2. Timotheus 4,7f: *Ich habe den Kampf gekämpft..., für mich liegt bereit die Krone der Gerechtigkeit.*

In Offenbarung 2,10 sagt Jesus zu den in Treue Bewährten: *Und ich werde dir die Krone des Lebens geben.* Der Treue bis in den Tod entspricht in anderen Texten die Bewährung und Geduld. Jakobus 1,12: *Selig, wer sich in Geduld bewährt, denn wenn er erprobt ist, wird er die Krone des Lebens erlangen. Gott hat sie denen verheißen, die ihn lieben.*

Gewiß besteht eine enge Verwandtschaft zwischen der Märtyrer- und der Lebenskrone. »Gekrönt werden« ist in der Alten Kirche fast dasselbe wie das Martyrium erleiden. Beide Kronen sind ein Zeichen dafür, daß sich der Träger nach dem Eintritt ins Christentum bei den Versuchungen bewährt hat. Aber die hier aufgeführten Texte lassen erkennen, daß diese Bewährung nicht in jedem Fall ein Martyrium einschloß.

Die westsyrische Liturgie (Antiochien) spricht beim »Ruf, der von oben kommt« (bei der Wiederkunft Christi, vgl. 1. Korinther 15,52) von der »Krone des Sieges«, die den Gerechten verliehen wird, indem sie auferstehen. Schon zum Sterbenden sagen die Maroniten: »Dein Schiff ist im Hafen der Freuden gelandet. Du hast den Feind besiegt und deine Krone empfangen.« Die westsyrische Liturgie (Antiochien) vergleicht die Gerechten mit den getreuen Knechten: Der Vater wird seinen Arbeitern am Tisch ihren Platz zuweisen, der Sohn wird sie bedienen, und der Heilige Geist »wird ihre Kronen flechten und ihre Häupter krönen«.

Die Bedeutung dieser Überlegungen ist unübersehbar: Für die Jünger Jesu ist nach dem Neuen Testament der leibliche Tod nicht das große Fragezeichen, noch weniger steht er im Verdacht, das Ende aller Dinge zu sein. Es ist auch nicht einfach an ein Verlöschen des Lebens gedacht. Vielmehr: Wo Nachfolge Jesu eine Art Hauptberuf der Christen ist, besteht sie in Leiden, Geduld und gegebenenfalls auch Martyrium. Paulus weiß das für sein eigenes Leben als Apostel ganz genau, und er scheut sich nicht, dieses Leiden und Mitsterben sehr wörtlich zu nehmen. Christsein ist aufreibend – wie für den Messias Jesus selbst. Die Verbindung und Geschicksgemeinschaft mit diesem Messias ist so eng, daß sie nicht nur den Tod überdauert. Vielmehr haben die Christen auch an Jesu Erhöhung direkten Anteil, indem sie teilnehmen an seiner königlichen Freiheit.

Christlicher Messianismus angesichts des Todes

So entsteht das besondere christliche Messiasbild: Der Messias ist der König der Dornen, der Märtyrer ist fortan der einzige, dessen Macht unzweifelhaft ist. Seit diesem König ist keine andere Macht (zum Beispiel im Abendland) mehr glaubwürdig, jede andere hat Risse. Und gerade so ergeht es auch der Kirche dieses Messias: Nur dort, wo sie Kirche der

Blutzeugen ist, scheint ihre Macht schier unüberwindbar. Sowie die Kirche aus dem Zeichen des Martyriums heraustritt, hat sie Anteil an der Korruption üblicher weltlicher Macht.

Nur noch die Krone, die Gott dem Märtyrer verleiht, zählt wirklich.

Nicht jeder christliche Tote ist ein Märtyrer. Dennoch sprechen wir – nicht ohne Grund – oft von dem Weg zum Tod als von einem Martyrium. Das ist der Fall, wenn der Weg in den Tod begriffen wird als ein fortgesetztes Zeugnis für den Glauben in Auseinandersetzung mit dem Leid. Wenn der Leidende und Sterbende der Versuchung zum Nihilismus widersteht und seine Sorge buchstäblich »auf den Herrn« wirft. Wenn in wahnsinnigen Schmerzen und rapidem Verfall der Mensch auf dem Weg seinen Glauben an Gottes heiliges Geheimnis sichtbar bezeugt.

Konkretion

Jesus ist der Messias, der Heilskönig, nur mit anderen, mit den Christen zusammen.

Er ist es unter der Bedingung des Leidens, des Kreuzes, des Todes und der Auferstehung.

Erst nach Versuchung, Schmerz und Tod wird er Messias vor Gott und bei Gott.

Er ist kein isolierter Held, sondern er mit uns zusammen, wir gemeinsam sind Helden der Niederlage.

Die Frage ist nicht: Wer war Jesus? Sondern: Was ist nach Kreuz und Tod seine und unsere Würde?

Höchste, königliche Würde gilt ihm, der tot war und lebendig wurde, und allen Christen, die mit ihm zu derselben äußersten Randgruppe der Toten gehören.

Jesus als Messias: Das ist nicht ein Mensch und seine Macht, sondern das ist seine Würde im unsichtbaren Reich, in der zwölftorigen goldenen Stadt des Himmels.

Für viele Menschen ist Jesus als Messias nicht ausgewiesen.

Was wir hier sehen konnten und können, sind nur Treue, Versuchung, Bewährung, Leiden und Sterben des Märtyrers.

So erkennen wir am Messias selbst: Das Sterben ist nicht zu isolieren. Es gehört in eine Kette von Anfragen und Schmerzen, die uns treffen. Er ist die Anfrage, ob wir es wirklich mit Gott halten, wirklich allein auf Gott setzen. Sterben ist ein Abschnitt auf dem Weg unseres Glaubens.

Für das Altertum sind Könige die einzigen freien Menschen. Diese Freiheit von Geburt können die Christen nicht erwarten. Auch wenn sie neu geboren sind in der Taufe, steht doch die Gabe der Freiheit noch teilweise aus.

So wird die Freiheit des Messiaskönigs erst im unsichtbaren Reich, in das der Getreue und Bewährte erhöht wird, volle Wirklichkeit. Aber dafür ist sie die Freiheit vom Tod. Diese ist die einzige wahre und dauerhafte Freiheit, die einzige, über die zu reden sich lohnt.

Viele Menschen sind so einsam, daß sie auch laut fragen, ob sie sich diese Freiheit überhaupt wünschen sollen. Aus Resignation und in tiefer Ermüdung meinen sie oft, ihr Leben sei doch lang genug gewesen.

Anders verhält es sich immer, wenn man geliebt und gebraucht wird. Wo immer innige Liebe ist oder wo man jemanden sehr nötig braucht, fällt der Abschied sehr schwer. Der Gott der Bibel liebt die Menschen sehr und braucht sie nötig. Von daher kann man ahnen, daß er sie an seiner Freiheit teilhaben lassen will. Er wird Trennung nicht zulassen, weil er liebt.

Daher wird Messianität, das Königtum des Christus nicht in Jesus Christus allein verwirklicht, sondern in allen, die zu ihm gehören, mit ihm. Die Brüder und Schwestern Jesu sind der Weg, auf dem dieser Gott kinderreich werden wollte. – Aus diesem Grund kann Jesus anhand von Kindern einen Mittelpunkt seiner Botschaft verdeutlichen.

In der Vierung des Speyrer Domes hängt eine große goldene Krone. Die Krone an diesem Ort bildet genau das ab, um das es in diesem Abschnitt geht. Die Krone im Speyrer Dom hängt über dem Altar, ist ein christliches Symbol; so ist sie zuallererst Krone des Messias. So wie die romanischen Kruzifixe Jesus gekrönt zeigen. Zugleich schwebt diese Krone über den Grüften der deutschen Kaiser, die hier bestattet liegen; deren Kronen sind vergänglich, verblaßt und wurden zu Staub angesichts der einen Krone, die zählt. Die Krone in der Mitte des Domes gilt allen, ist ein Zeichen für alle, denn jeder einzelne Christ steht in der Verheißung der Messianität: Zeichen des verheißenen Lebens, Zeichen des Königtums des Messias, Zeichen der Hinfälligkeit aller irdischen Macht.

Im Reich des Christus

Vor allem die Alte Kirche bestätigt unsere Auslegung des Neuen Testaments. Um so mehr ist zu bedauern, daß diese »königliche Freiheit« im Reich des Messias im 2. Jahrtausend christlicher Verkündigung insbesondere in der Sterbepredigt keine bedeutende, teilweise nicht einmal mehr eine erkennbare Rolle gespielt hat.

Die georgische Totenliturgie bittet Gott für den Verstorbenen, er möge »im Königreich seines Christus leben«. Jesus wird angeredet als der, der durch sein Leiden »die Toten aus Gräbern erweckt und ihnen das Paradies geöffnet« hat. In der griechisch-orthodoxen Totenliturgie wird die Verbindung zu Lukas 23,43 deutlich: »Christus schenke dir Ruhe im Land der Lebenden, er öffne dir die Pforten des Paradieses und erweise dich als Bürger seines Reiches.«

Ähnlich wie in Lukas 22,30 ist das Reich in der Totenliturgie der Westsyrer (Antiochien) mit Tafelfreuden verbunden; vom Toten heißt es: »Sie übergeben ihm den Schlüssel des Reiches, wenn er es will, um sich an den Gütern seines unendlichen Tisches zu erfreuen.« Auch die römische Liturgie bittet darum, der Verstorbene möge »im himmlischen Reiche« in die »Gemeinschaft der Heiligen« aufgenommen werden. Die lateinische Liturgie sagt im Blick auf die Märtyrer zu allen Christen: »Seid tapfer im Kampf und streitet mit dem alten Drachen, dann werdet ihr das ewige Reich empfangen.« Zu den Märtyrern sagt Christus: »Jetzt ist die Zeit, kommt zu mir, alle Heiligen, daß ihr mit mir weilt in Ewigkeit.« Immer wieder heißt es von Märtyrern, sie hätten ewige Kronen oder Triumphkronen empfangen. »O wie herrlich ist das Reich, in dem sich mit Christus freuen alle Heiligen.«

Auferstehung als Teilhabe am Reich

Die äthiopische Totenliturgie bittet, der Verstorbene möge »Anteil am Königreich der Himmel« erhalten, »ewiges Leben im Königreich der Himmel, wo weder Motte noch Schabe« sind. Die Ostsyrer (Chaldäer) bitten in der Totenliturgie: »Erwecke unsere Verstorbenen in deinem Erbarmen, setze sie zu deiner Rechten und kleide sie in deinem Königreich mit hellem Glanz.« Eindrücklich wird der Vorgang der Auferstehung geschildert: Auf den Schall der Hörner und Trompeten hin stehen die Toten auf, sie lobpreisen. »Das Königreich in der Höhe regte sich und stieg herab mitten unter die Menschen, um sie zu besuchen, um Adam wieder ins Paradies einzusetzen«, denn »Christus besuchte Adam unter den Toten und verhieß ihm ein Königreich.«

Vollendung der Schöpfung

Der zweite Adam und die Folgen

Nach Paulus ist – wie wir gesehen haben – die Schöpfung noch nicht vollendet, sondern der zweite, entscheidende Schritt wurde erst mit Jesus Christus getan, und die Konsequenzen stehen noch aus. Paulus weiß schon – mit dem hellenistischen Judentum –, daß es zwei Schöpfungserzählungen am Anfang der Bibel gibt, eine in 1. Mose 1,1–2,4a und eine in 1. Mose 2,4bff. Wie das Judentum seiner Zeit legt er den ersten Schöpfungsbericht auf den vollkommenen Adam (und eine ebensolche Frau) aus, den zweiten Bericht auf den unvollkommenen, irdischen Adam. Anders als das Judentum läßt er aber diese Reihenfolge nicht einfach stehen. Das Judentum hatte 1. Mose 1 auf die »ältere« und vorangehende ideale Schöpfung bezogen, 1. Mose 2 dann auf die weniger gute, materielle Schöpfung. Das legte sich durch die Abfolge nahe. Paulus dagegen kehrt diese Reihenfolge in seiner Auslegung um. Nein, sagt er, der vollkommene Adam war nicht schon zu Anfang da, sondern der Adam von 1. Mose 1 kommt erst in Gestalt Jesu Christi (1. Korinther 15,46). Auf diese Weise hat Paulus die Eigenart und Schwäche der bisherigen Menschheit aus 1. Mose 2 begründet. Der ideale, himmlische, vollkommene Adam von 1. Mose 1 dagegen ist erst mit Jesus gekommen. Er hat eine ganz andere Qualität als der erste Adam nach 1. Mose 2, denn er ist vom Geist Gottes erfüllt.

Daraus folgt: Auferstehung ist für Paulus nichts nur Hinzugefügtes, kein beliebiger, verzichtbarer oder gar willkürlicher Zusatz zu einer intakten und perfekten Schöpfung. Auferstehung ist vielmehr im Sinne des Ganzen der notwendige Abschluß des eigentlichen Schöpfungswerkes. Erst mit Christus, dem zweiten Adam, ist der Mensch wirklich so, wie er nach Gottes Willen sein soll. Erst hier ist der schöpfungswidrige Tod besiegt.

Nach Paulus erweckt Gott uns durch den Geist, der in uns wohnt, den er in uns hineingelegt hat (Römer 8,11). Man kann fragen: Warum wird das so umständlich gesagt? Warum erweckt uns Gott nicht direkt, bildlich gesprochen: mit seiner Hand? Warum *durch seinen Geist, der in uns wohnt?* – Antwort: Gott erkennt in der Stunde des »reinen Gegenüberstehens« die Spuren seines Handelns an den Menschen. Weil der Heilige Geist Gott selbst ist, erkennt Gott sich in den Menschen wieder. Er freut sich, daß er auf sich selber trifft, und weckt die Menschen auf. – Ähnlich ist das in den Evangelien, wenn Jesus bei Wundern sagt: *Dein Glaube hat dir geholfen.* Glaube ist ein Stück von Gottes Kraft im Menschen. Wenn Jesus diesem Glauben heilende Kraft zuspricht, dann heißt das: Nicht er, Jesus, hilft, sondern etwas im Menschen, etwas, das Gott durch Jesus in den Menschen hineingelegt hat, dieses Stück Einssein mit ihm.

Der Heilige Geist macht auch die Toten wieder schön; in der Liturgie der Westsyrer wird er angerufen: »Komm herab, lebenspendender Geist … und erneuere seine (sc. des Toten) entschwundene Schönheit.« Mehr wird nicht gesagt – aber Schönheit ist die »humane« Entsprechung der Herrlichkeit Gottes.

Erhebung aus dem Staub

Die östlichen Liturgien orientieren sich eng an der Auffassung des Paulus nach 1. Korinther 15. So beten die Ostsyrer (Chaldäer) beim Begräbnis eines Kindes: »Möge dich die Macht, die dich aus dem Staub gebildet hat, wieder aufrichten und dich erheben, jetzt, immer und von Ewigkeit zu Ewigkeit.« Bei Erwachsenen betet man: »In Güte hast du mich aus Staub gebildet und nennst mich das Bild deiner Majestät. Entzieh mich nicht dem Leben, du guter Herr, der du zum Tod und zum Leben führst«, und der Schlußsatz heißt: »…vereinige in deiner Gnade unser Leben mit dem Leben ohne Ende.« Oder man betet: »Aus Staub hast du mich gebildet und in den Staub hast du mich geschleudert, erwecke mich in deiner Gnade.« Der Adam »aus Staub« ist eben der »erste Adam« nach 1. Korinther 15,47.

Die Äthiopier bitten: »O Herr, der du mit eigener Hand dem ersten Menschen das Leben verliehen hast, schenke angesichts des bitteren Todes dieser elenden Seele das ewige Leben.«

Drastisch bringt die ostsyrische Liturgie (Chaldäer) den Zusammenhang von Adam, Christus und Auferstehung zum

Ausdruck: »Als unser Erlöser noch am Baum auf Golgotha schrie, erwachte Adam und schüttelte Tod und Sünde von sich ab.« Hier zeigt sich ein Stück der schönen alten Tradition, die auch in der Kunst ihren Niederschlag gefunden hat, daß nämlich Adam auf Golgotha begraben worden war. Daher wird oft ein Totenschädel mit Gebeinen unter dem Kreuz abgebildet: alter Adam – neuer Adam.

Ich nenne diese an einem Ort (auf Golgotha) gewissermaßen verdichtete Typologie »alt und schön«, weil sie ein Musterbeispiel für das theologische Denken des 1. Jahrtausends ist. Niemand käme auf die Idee, hier etwas historisch-kritisch für wahr zu halten. Dennoch gibt es eine unabweisbare, tiefe Wahrheit dieser Typologie, die auch all das umfaßt, was man modern »Anthropologie« im Verhältnis zur »Christologie« nennt. Und der Ausgang des Wettstreits zwischen dieser Art des Denkens und dem bürokratischen Denkstil moderner Systematik ist durchaus noch offen.

Auferstehung und Frühling

Anders ist der Schöpfungsbezug in dem Gebet der Ostsyrer (Chaldäer); hier ist er ausgerichtet auf die Entsprechung zwischen Frühling und Auferstehung (1. Korinther 15,42–44): »Der Regen läßt auf der Erde keine Wurzel aus, die er nicht zum Wachsen bringt, noch läßt Christus ein Glied im Scheol aus, das er nicht zum Auferstehen bringt.« Auch die Westsyrer (Antiochien) sagen: »Siehe, die Toten werden wie Samen in die Erde gesät. Komm herab, lebenspendender Geist...« Das entspricht ganz 1. Korinther 15,44, denn der neue Leib ist eben »aus Heiligem Geist«. Auch in der koptischen Totenliturgie nimmt man Bezug auf die Entsprechung zwischen Auferstehung und Frühling: »Durch dein allmächtiges Wort werden alle Wurzeln, vom Regen befeuchtet und vom Schnee begraben, bewahrt. Und die Samen, in der Erde begraben, sind tot, bis sie zu der Zeit, wo der Donner rollt, nämlich bei der Auferstehung des

Frühlings, auferblüht leuchten... Du erweckst sie wieder aus dem Staub und erneuerst sie zum Bilde deiner Herrlichkeit. Deswegen hast du dich erniedrigt, um uns ebenbildlich zu werden. Du Brot der Unsterblichkeit, Korn des Lebens, hast den Tod auf dich genommen, um viele Frucht zu bringen.« Die Rede vom »Bild der Herrlichkeit« nimmt 1. Korinther 15,49 auf. Die »viele Frucht« entstammt dem ebenfalls auf Saat und Ernte bezogenen Bild für die Auferstehung in Johannes 12,24.

Nach der äthiopischen Liturgie bittet man: »Du hast uns erschaffen... Laß die Worte deiner Verheißung nicht ungültig werden, denn wir haben deine Schöpfung zerstört.« Von der Zerstörung der Schöpfung spricht in diesem Zusammenhang nur dieser Text.

Wir halten fest: Auch nach den alten Liturgien liegt Auferstehung der Toten in der Logik der Schöpfung.

Was kann man heute mit diesen Gedanken anfangen? Es wird deutlich, daß Auferstehung nicht eine beliebige frühjüdische Sondermeinung ist, sondern genau auf der Ziellinie der Auffassung von Gott als Schöpfer, als Ursprung des Lebens liegt.

Ich bin die Auferstehung

Johannes 11,25: *Jesus sagte zu Martha: »Ich bin die Auferstehung und das Leben. Wer an mich glaubt, wird leben, auch wenn er gestorben ist, und jeder, der lebendig ist und an mich glaubt, wird nicht sterben in Ewigkeit.«*

Wenn Jesus sagt: *Ich bin die Auferstehung,* dann heißt das: Die Auferstehung, das unvergängliche, nicht vom Tod bedrohte Leben, ist nur zugänglich über mich. Wenn das zutrifft, muß man, so intensiv es geht, an Jesus teilhaben, um an der Auferstehung teilzuhaben. Auferstehung, ewiges Leben, das ist Gottes eigenste Wirklichkeit. Jesus ist der einzige Mittler zwischen Gott und Welt. Das wurde schon im Prolog des Johannes-Evangeliums gesagt. Alles, was auch immer von Gott her anderen zuteil wird, die nicht Gott sind, geschieht über den Sohn. Der Sohn war für den ersten Schritt Gottes der Mittler, nämlich für das Werden aller Dinge, der Welt. Und auch für den zweiten Schritt Gottes ist der Sohn allein zuständig, nämlich für Gottes Absicht, der Welt an seinem Leben Anteil zu geben.

Jesus sagt also zunächst: Alles, was ihr in der Welt von Gott her haben wollt, das findet ihr bei mir und nur bei mir. Jesus birgt in sich Gottes ewiges Leben, man kann es bei ihm »abholen«.

Das heißt: Nicht sein Wort und Wirken, sondern er selbst ist die Gegenwart dieser Güter in Person. Das »ewige Leben« ist nicht von der Person Jesu ablösbar.

Aber die entscheidende Frage ist: Wie gewinnt man Anteil an dem unvergleichlichen Schatz, den Jesus in seiner Person darstellt?

Die Antwort ist verblüffend: Diesen lebenswichtigen Anteil erhält man, indem man »glaubt«, indem man sagt, wie es an der zitierten Stelle im folgenden Satz Martha dann tun wird: *Du bist Christus, der Sohn Gottes, der in die Welt kommt.* Das nennt man – auch im Umkreis des Johannes-Evangeliums – Bekenntnis. So geht es im 1. Johannesbrief eben darum, zu bekennen, daß Jesus der Messias ist.

Wir fragen: Warum hängt davon so viel ab, daß man sagt: Du bist es? Wieso hat man dann göttliches Leben? Ist das nicht allzu einfach?

Gerade an Johannes 11,25 wird deutlich: Das Bekenntnis *Du bist...* ist die Antwort auf die Selbstvorstellung Jesu mit *Ich bin...* Das *Ich bin die Auferstehung* in 11,25 findet seine Antwort in dem *Du bist der Christus* in 11,27. Beides paßt aufeinander.

Aber in beiden Fällen geht es »nur« um ein Wort. Nun ist das Wort Jesu nach dem Johannes-Evangelium freilich im strengen Sinne Wort Gottes im Sinne des Schöpferwortes, durch das die Welt geworden ist. Denn, wie oben gesagt,

auch der zweite Schritt Gottes nach der Schöpfung, nämlich die Gabe des ewigen Lebens an die Welt, geschah wiederum durch »das Wort«. Jesus ist als Mensch der Träger
dieses Wortes. Mit seiner Selbstkennzeichnung als »Auferstehung« hat er betont, daß er diese lebendige Gabe, dieses
Schöpfungs-Wort Gottes gewissermaßen in seiner zweiten
Auflage (weil jetzt unter Menschen leibhaft gegenwärtig)
selbst darstellt.

Anders als bei der ersten Schöpfung wirkt nun freilich dieses
Wort nicht schon dadurch, daß es gesprochen, sondern erst
dadurch, daß es angenommen wird. Von daher erklärt sich
jetzt die enorme Bedeutung des Glaubensbekenntnisses *Du
bist...* als Antwort auf das *Ich bin...* Denn indem Martha dieses stellvertretend für alle Christen sagt, kommt auf das
Wort die Antwort, und das ist das Zeichen der Zeit der
Gnade (Johannes 1,17).

So kann man sagen: Indem Martha bekennt, »hat« sie das
ewige Leben, denn hier kommt in ihrer Antwort das Schöpfungswort Gottes zu seinem Ziel.

Wie das Schöpfungswort mehr ist als ein Wort, weil es Wirklichkeit erstellt, so ist hier auch das Wort des Bekenntnisses
mehr als nur Beschreibung, sondern wie Teil eines Bundes-
schlusses, wie Einschwenken auf die Zielgerade ewigen Lebens. Auch das Bekenntniswort hat daher, wenn man es so
ausdrücken will, magische Bedeutung, das heißt: Es ist nicht
Theorie-Wort, sondern Wort als Tat.

Man kann das Gemeinte noch durch eine andere Überlegung zu klären versuchen. Derjenige, der bekennt, sagt die
Wahrheit über Verborgenes. Noch ist es verborgen, demnächst aber wird es ganz offenbar werden.

Bekenntnis ist immer Erkenntnisvorsprung. Das ist der we-
sentlichste Aspekt frühchristlicher Zukunftserwartung (Es-
chatologie). Denn jetzt schon gibt es die kleine Schar derer,
die diesen Vorsprung haben. Sie werden durch die künftige
Enthüllung nicht überrascht. Sie wußten »es« schon immer.

Ihr Bekenntnis ist Ausdruck dieses Vorab-Wissens. Es betrifft die wahren Machtverhältnisse. So konnte die Gemeinde »auf das richtige Pferd setzen«. Bei jeder Macht ist immer entscheidend, *wann* man sich ihr unterwirft. In jedem Fall gilt: Je später, desto ungünstiger für den, der sich unterwirft und ihr Tribut zollt. Die Christen verbünden sich rechtzeitig mit dem Richtigen. – So gilt: Das Bekenntnis schafft Zugang zu den Bedingungen des Endes. Unter diesem Aspekt ist es gar nicht fromm, sondern nur klug. Wer sich daher zu Jesus als dem Sohn Gottes bekennt, der hat auf den wahrhaften kommenden Herrscher gesetzt. In dem Gericht, das sich jetzt vollzieht, kann man sich noch freiwillig für die richtige Seite entscheiden. Das ist bei dem Gericht, das kommt, nicht der Fall. Dort werden nur die Konsequenzen aus den jetzt schon bestehenden wahren Machtverhältnissen sichtbar. Nur wer sich beizeiten dem wahren Herrn unterworfen hat, kann dem Gericht entgehen.

Auferstehung und Liebe

Für Paulus ist Auferstehung eine Konsequenz aus der Zuwendung Gottes, die er und andere Christen in Jesus Christus erfahren haben. Weil Christen von dieser Liebe auch nicht durch den Tod getrennt werden können, bedeutet das: Gott wird sie nicht aus dieser Beziehung und Bindung entlassen. Die Tragweite dieses Ansatzes ist ganz erheblich: Auferstehung wird nicht im Sinne der Wiederbelebung einer irgendwie erhalten gebliebenen Substanz verstanden. Demnach lautet die entscheidende Frage auch nicht: Hier sind wir, was wird also aus uns werden? Oder: Was wird aus diesen Knochen? Das Neue Testament denkt hier nicht vom vorfindlichen Menschen aus, für dessen Leben oder Sein nach irgendeiner Verlängerung oder Ewigkeit geforscht würde. Vielmehr denken Paulus und andere von Gott und von seiner Liebe her. Gott hat die Glaubenden bei ihrem Namen gerufen, und sie behalten diesen Namen. Der Name bleibt bestehen. Er bezeichnet zumindest (und von außen gesehen) einen Knotenpunkt in einem Netz von Beziehungen. Von innen gesehen aber ergibt sich dieses Bild: Der bei seinem Namen Gerufene kann und darf reagieren, auf diesen Ruf antworten.

Und umgekehrt ist schon im Alten Testament der »Tod« des Gottlosen ein sozialer Tod. Er steht außerhalb des Verbindungsnetzes, das Leben bedeutet. In Lukas 16,8f fordert Jesus sogar entsprechend auf, sich mit dem Geld, das man hat, Freunde zu schaffen, damit sie einen dann, wenn »es zu Ende geht«, aufnehmen können in die himmlischen Wohnungen. Hier ist das Netz so gedacht, daß es das Sterben einschließt und bis in den Himmel hineinreicht.

Wir siegen

Wenn Paulus schreibt: *Wir siegen durch die Kraft dessen, der uns liebt* (Römer 8,37), dann kommt er nicht nur mit den Sieger-Sprüchen der Offenbarung des Johannes überein, sondern auch mit der Auffassung des Johannes-Evangeliums über die Kreuzigung Jesu. Denn nach Johannes 12,31 wird *der Herrscher dieser Welt hinausgeworfen*, das heißt, er wird besiegt, indem Jesus sein Martyrium standhaft auf sich nimmt.

Der gemeinsame Grundgedanke ist: Für den, der abgelehnt, verfolgt und ins Martyrium getrieben wird, liegt es nahe, aufzugeben und alles für sinnlos zu erklären. Doch der Effekt ist anders als erwartbar: Die Liebe Gottes hat den, der jeweils Gottes Bote ist, so ergriffen und bestimmt ihn in seinem Innersten so weit, daß sie alles Entgegengesetzte besiegt. Die unsichtbare Wirklichkeit, die zerstört werden sollte, hatte man unterschätzt. Sie erwies sich als das Stärkere. Und daher ist an dieser Stelle schon der Anfang der Auferstehung.

Wenn Liebe die zureichende Bedingung für Auferstehung ist und eben nicht eine Seelensubstanz, dann darf man auch hoffen, daß ein Tier, das einem Menschen besonders verbunden war, einen Namen hat und aus der Sklaverei der Vergänglichkeit erlöst wird.

Eine kühne kosmologische Überlegung sei hier angeschlossen: Vielleicht ist das, was wir – gewissermaßen anthropomorph – Liebe nennen, ja nicht auf die Menschheit beschränkt, sondern hat etwas mit dem Kosmos selbst zu tun. Vielleicht ist Liebe nur die personale Gestalt und Ausformung einer unsichtbaren Kraft, die die Dinge zusammenhält. Wir hören vom Auseinanderdriften des Weltalls. Daß das, was auseinanderdriftet, dennoch eines ist – eine Welt, zusammengehalten durch eine unsichtbare Kraft, dem ähnlich, was wir Liebe nennen –, könnte es nicht so sein? Ich kann mir vorstellen, mein Lehrer Nicolaus Cusanus (1401–1464) könnte es, lebte er heute, etwa so denken: Das, was auseinanderstrebt, ist die Vielfalt der Schöpfung. Das, worin sie dennoch unfaßbar eines ist, könnte man als den Ort Gottes bezeichnen. Die Einheit des Auseinanderstrebenden ist aber nicht statisch zu denken, sondern auch wiederum dynamisch als »Liebe« – unterschiedlich je nach Stufen: anorganisch, organisch und geistbelebt. Gedacht ist dabei an die Kraft der Einheit, der Zusammengehörigkeit, der Gemeinsamkeit trotz aller Verschiedenheit. Ist das nicht gemeint mit der *Versöhnung des Kosmos* und damit, daß Gott *alles in allem* sein wird? Offen bleiben muß, wieweit dabei an eine wirkliche Konvergenz zu denken ist. Jedenfalls gilt: Nicht der Mensch ist dann an und für sich die Krone der Schöpfung, sondern personhafte Liebe.

Auferstehung und Versöhnung

Nach dem 1. Korintherbrief liegt die Auferstehung in der Fluchtlinie der paulinischen Auffassung von der Schöpfung. Im Römerbrief dagegen ändert sich diese Einordnung. Auferstehung ist hier das jede andere Folge der Versöhnung überbietende abschließende Geschehen. Das gilt für Römer 5 wie für Römer 11.

Römer 5,10: *Wir waren Feinde, doch Gott hat sich mit uns versöhnt durch den Tod seines Sohnes. Um wieviel leichter werden wir, da wir nun versöhnt sind, gerettet werden durch das Leben seines Sohnes.* Gemeint ist: Schon der Tod des Sohnes hat etwas so Großes wie die Aussöhnung zwischen Feinden zustande gebracht, nämlich die Versöhnung zwischen Gott und Mensch. Um wieviel leichter wird uns da das Lebendigsein, das Auferstandensein des Sohnes endgültig retten können. Denn Lebendigsein, Auferstandensein ist sehr viel mehr und stärker als Tod. Und die endgültige Rettung ist der Abschluß des Geschehens der Versöhnung. Sie ist auch mehr als die Rechtfertigung (vgl. dazu Römer 5,9). – Die Auferstehung des Sohnes bedeutet unsere Rettung, indem wir daran teilhaben werden.

Ähnlich ist die Logik in Römer 11,15, wo Paulus über die Juden sagt: *Wenn ihre Verstoßung die Voraussetzung war für die Versöhnung der Welt, dann wird ihre Wiederannahme nichts anderes bedeuten, als daß die Toten lebendig werden.* Verstoßung und Wiederannahme, beides geschah Israel. Beides steht nicht für sich, sondern bedeutet etwas für die ganze Welt. Die Verstoßung äußerte sich nach Paulus in der zeitweiligen Verstockung Israels, nachdem es mehrheitlich den Glauben an den Messias Jesus verweigert hatte (Römer 9). Die Wiederannahme Israels geschieht am Ende der Zeiten, wenn Gott oder Jesus erneut auf dem Sion erscheinen wird, um den Bund mit seinem Volk zu erfüllen (Römer 11). – Die Verstoßung, die noch andauert, schuf Raum für die Annahme der Heidenvölker und insofern für die Versöhnung der Welt. »Welt« meint hier universal Juden und Heiden. Was es heißt, Raum zu schaffen, wird Paulus in Römer 11 am Bild des Ölbaums darstellen: Wo der ursprüngliche Zweig ausgebrochen wurde, wird ein neuer, dem Baum eigentlich fremder Zweig eingesetzt.

Die Wiederannahme Israels wird Auferstehung der Toten bedeuten. Denn dann, wenn Gott Israel wieder und ganz annimmt, hat sich seine Geschichte mit den Menschen vollendet. Dann hat Gott erreicht, was er eigentlich will, nämlich voll Erbarmen allen Menschen sein eigenes göttliches Leben mitzuteilen. Sowohl das gegenwärtige Heil der Heiden als auch das zukünftige Heil aller vollzieht sich unter Mitwirkung Israels. Und die Totenerweckung ist eine größere Sache als die Versöhnung der Welt jetzt, denn *die Segnungen der Gnade sind immer größer zu denken als die Wirkungen der Schuld*, heißt es schon in Römer 5,12–21. Daher folgt hier auf die Aussöhnung die Erhebung der Toten zum ewigen Leben.

Man könnte auch sagen: Wenn schon die Juden durch ihren Widerstand Segen hervorbrachten, um wieviel mehr wird Gott dann durch ihre Annahme das Heil schlechthin bewirken. Vorausgesetzt ist hier aus der Tradition wohl die Abfolge von Israels Umkehr und dem Anbruch der neuen, messianischen Zeit am Ende. So folgt nach dem äthiopischen Henochbuch 50,1–3, einer jüdischen zwischen den Testamenten entstandenen apokalyptischen Schrift, auf die Zeit der Buße und der erbarmungsvollen Rettung Israels nach 51,1, daß die Erde zurückgibt, was ihr anvertraut war – ein Bild für die Auferstehung.

Schon die Versöhnung des Kosmos war für Paulus eine große, wunderbare Sache – das Erlebnis seines Lebens. Gott wird wirklich, wie von Jesaja geweissagt, der Gott der Völker. Die Auferstehung der Toten muß – wie die Versöhnung der Welt – universal sein. So wird deutlich: Immer ist Gottes Handeln an Israel Sprungbrett für sein Handeln an der Welt. Wie in Römer 1,16 und 2,9 gilt daher auch hier das *zuerst den*

Juden, dann den Völkern. Diese Regel ist Form und Gestalt von Gottes Treue. Gottes Handeln hat eine innere »Struktur«, die dadurch vorgegeben ist, daß Gott sich in der Geschichte selbst festgelegt hat. Paulus unternimmt damit den riskanten Versuch, Gottes Handeln so etwas wie eine Regelhaftigkeit, eine Struktur abzugucken. Der geheimnisvolle Gott verfolgt gleichwohl bestimmte Regeln. Paulus sieht offenbar die Aufgabe des Theologen darin, gerade diese herauszufinden. Darin ist seine Argumentation mit Versöhnung und Auferstehung ein Vorspiel zu dem eindrucksvollen Schlußsatz in Römer 11,32, daß Gott alle in Ungehorsam zusammengeschlossen habe, um sich am Ende aller zu erbarmen.

Wir halten fest: Beide Male, in der Gegenwart der christlichen Missionsgeschichte wie in der Zukunft am Ende, die sich in Jerusalem abspielen wird, bedeutet ein an sich begrenztes Geschehen (an einem Teil Israels) etwas für die Völker im ganzen. Alle Geschichte Israels bleibt so ursächlich mit der allgemeinen Geschichte des Heils verbunden. Wenn schon das Negative (Verweigerung, Verstockung) etwas Positives (Weltmission an Heiden) bedeutet, um wieviel mehr wird dann das Positive (Annahme Israels) das Wunder über alle Wunder bedeuten, nämlich Leben aus Toten, Auferstehung.

Sowohl in Römer 5 als auch in Römer 11 ist die Auferstehung der Menschen der absolute, unüberbietbare Zielpunkt göttlichen Handelns.

Konkretion

Angesichts des verhüllten Reichstages wurde ich ganz neidisch. Denn wo gibt es das noch, daß ein Symbol Menschen so in den Bann ziehen kann, so zu einen vermag? Daß es etwas leistet, was Worte in Jahrzehnten nicht vermögen: Menschen ein Stück ihrer Geschichte als Gemeinsamkeit vermitteln, so daß sie zu Millionen hinreisen, und zwar genau jene

Altersgruppen, die wir mit unserem Choral nicht erreichen. Der verhüllte Reichstag als ein faszinierendes Zeichen, das Menschen in den Bann zog und gleichzeitig ein wesentliches Stück inneren Zusammenwachsens schuf.

Christen haben sich die Symbole abkaufen lassen, schwach auf der Brust, wie sie sind. »Come together«, ein wesentliches Element christlicher Botschaft, wird zur Zigarettenreklame. Mit hinreißenden Fotos auf großen Flächen bildet diese Reklame die Sehnsucht nach Frieden unter den Rassen, Geschlechtern, Völkern und Religionen ab. »Come together«, das ist ein Stück Versöhnungslehre, ein Zentrum paulinischen Glaubens. Wie schäbig, daß man einer Zigarette zutraut, was doch das Stück Brot beim Abendmahl in Wahrheit bringen könnte.

Auch das Bild der paulinischen Versöhnungstexte ist großartig: Versöhnung, come together, laßt euch versöhnen mit Gott. Versöhnung, wo Krieg war und Feindschaft, Haß und Entfremdung, Angst und Nicht-Verstehen, Angst vor der Macht des anderen, Angst auch vor Gott. Das Bild ist aus der hohen Politik genommen. Versöhnung ist immer ein dramatisches Geschehen, schroff in der Feindschaft, herzbewegend, wenn die Waffen sich senken.

Ob es das noch gibt, Feindschaft gegen Gott? Mit unverändert großer Leidenschaft: dort zum Beispiel, wo man noch immer Jugendweihe statt Konfirmation liebt, was Buchklub und Bausparkasse durch drei Tage Spanienreise und fest installiert geschenktes Bausparkonto honorieren. Wo »der Staat« Weltanschauung statt christlicher Religion lehren will. Wo der Deutsche Sportbund mit seinen vielen adretten Zweigvereinen aus der Sicht seiner Mitglieder alle Fragen des Lebens soviel sympathischer und toleranter zu lösen scheint als die Kirchen.

Laßt euch versöhnen mit Gott – das ist heute besonders aktuell.

Hier gibt es einen Mittler der Versöhnung, einen, der wie zwischen den Fronten steht. Versöhnung geschieht üblicherweise auf der Basis von Gräbern, in unserem Jahrhundert wird Versöhnung gepredigt auf der Grundlage von Soldatenfriedhöfen, deren Einwohner man nur noch nach Millionen zählen kann. Versöhnung setzt normalerweise voraus, daß erst Zahltag war, Niederlage, Zerstörung, sinnlose Opfer. Versöhnung wird nicht einfach so eingefädelt, sondern in aller Regel erst dann, wenn zumindest einer der Beteiligten, der Schwächere, gemerkt hat, was ihn der Unfriede kostet. Versöhnung auf dem Weg über Opfer. Das ist das Thema der Geschichte Europas im 20. Jahrhundert.

Die Feindschaft gegen Gott fordert Opfer: zerstörte Menschen, Menschen ohne Halt und Sinn. Eine Jugend ohne Orientierung, Untaten aus Fremdenfeindlichkeit. Menschen, die keine Antwort haben vor dem Tod. Tote Menschen und tote Seelen gibt es genug. Wann geben wir auf?

Wann reagieren wir endlich auf das Friedensangebot? Denn es gibt einen, der diese Zerstörung schon an sich hat geschehen lassen, der die Feindschaft der Welt gegen Gott bis zum Ende schon ertragen hat, der alle weiteren sinnlosen Opfer nun doppelt überflüssig gemacht hat. Er hat ja schon alle Zerstörung auf sich genommen, hat die Feindschaft auf sich gezogen, hier Sünde genannt.

Wir haben keinen Anlaß, nun noch weiter Krieg zu spielen, in der Gottesferne im Zweifelsfall uns gegenseitig umzubringen. Wir sind wie versprengte Reste von Truppen eines großen Krieges, die noch immer nichts vom Friedensschluß wissen. In den Jahren nach dem Ende des Zweiten Weltkrieges fand man immer wieder Kompanien in entlegenen Gegenden, auf Inseln oder im Gebirge, die meinten, es sei noch Krieg, die noch weiter auf den übermächtigen Feind losgehen wollten, obwohl schon längst Frieden war. Anachronistisch war das Verhalten dieser Menschen, anachronistisch ist unsere Feindschaft gegen Gott. Denn Gott hat schon Frieden geschlossen, die Zerstörung, auf deren Basis Versöhnung sein kann, geschah schon vor zweitausend Jahren am Kreuz. Stellvertretung heißt das Geheimnis. Und das ist:

Weitere flächendeckende Zerstörung ist unnötig. Haltet jetzt inne. Macht jetzt Schluß mit Krieg gegen Gott und Menschen.

In die Dramatik unseres sinnlos fortgesetzten Kampfes spricht das Evangelium wie aus einer fremden Welt die Worte: Gott hat sich doch schon versöhnt mit euch. Was gebt ihr euren sinnlosen Kampf nicht endlich auf? Damit, daß Jesus zerstört wurde, war es doch wirklich genug. Er war gerecht. Gott hat all eure Sünde um seinetwegen verziehen. Habt ihr es noch nicht gehört? Gott *hat* euch verziehen! Das Kreuz ist das sichtbare Zeichen.

Stichwort Verhüllungskunst: In der Passionszeit war und ist es üblich, die Kreuze zu verhüllen, um sie wieder wahrzunehmen. Die Liturgie war der erste Verhüllungskünstler. Erst am Karfreitag wird das Kreuz enthüllt, Stück um Stück, und man sagte dazu: »Seht das Holz des Kreuzes, an dem das Heil der Welt gehangen – kommt, laßt uns anbeten.«

Welch ein Symbol, das Kreuz. Hier und sonst nirgends gilt dringlich dieses: Come together!

Und dann noch ein Schritt weiter: Auferstehung. Das Wunder über alle Wunder. Das strikt Unvorstellbare, was dann geschieht. Ich blicke wieder auf die Postkarte mit dem verhüllten Reichstag auf meinem Tisch, ein Bild aus einem wolkenlos klaren Berliner Morgen. Und mir wird deutlich: Verhüllung ist die angemessene Weise, über Unvorstellbares zu reden. Plötzlich, im Zeitalter der Enthüllungen, die Sehnsucht nach Verhülltem. Die Sehnsucht danach, der Faszination des Geheimnisses einen Ort, einen Raum zu lassen.

Bilder der Auferstehung

Verschlungen werden

In 1. Korinther 15,54 zitiert Paulus eine griechische Übersetzung des Propheten Jesaja: *Verschlungen wurde der Tod zum*

Sieg (im Hebräischen hieß es: »Vernichten wird er für immer den Tod«). Das heißt: Der Tod wurde restlos vernichtet. Die jüdische Totenliturgie sagt demgemäß über Gott: »Er verschlingt den Tod auf ewig... Er wird die Tränen von jedem wischen.« Auch in 2. Korinther 5,4 geht es um denselben Vorgang: Ziel der Verleihung eines neuen Leibes an den Menschen nach seinem Tod ist, daß *das Sterbliche vom Leben verschlungen wird.*

Im Brief an Rheginus zu Beginn des 2. Jahrhunderts wird das Bild des Verschlingens bei der Diskussion des Todes verstärkt aufgegriffen: »Der Erlöser verschlang den Tod... Er erstand auf, nachdem er das Sichtbare durch das Unsichtbare verschlungen hatte.« – »Die geistliche Auferstehung verschlingt die kreatürliche ebenso wie auch die materielle.« – »Das Unvergängliche kommt herab auf das Vergängliche, und das Licht fließt herab auf die Finsternis, wobei es sie verschlingt.«

In allen diesen Texten geht es um sehr starke Gegensätze. Extrem Negatives steht dem extrem Positiven gegenüber, so Leben und Tod. Verschlingen bedeutet restlos beseitigen, so daß keine Spuren bleiben. Bei einem Kampf bleibt der Unterlegene immer noch übrig. Nur beim Verschlungenwerden wird er total beseitigt. Insofern ist das Bild gut geeignet, um endzeitliches Geschehen in seiner Radikalität zu beschreiben.

Ähnliches gilt auch für die Kehrseite. Nach 1. Petrus 5,8 geht der Teufel umher wie ein brüllender Löwe und sucht, wen er verschlingen könnte – ein Bild für die Gefährdung der Christen in der Endzeit. Der sprichwörtliche Hunger des Löwen wird fortgesponnen in Thomas-Evangelium 7: »Selig ist der Löwe, den der Mensch verschlingt, und der Löwe wird Mensch, und abscheulich ist der Mensch, den der Löwe verschlingt, und der Mensch wird Löwe.« – Die Bilder sagen: Hier geht es um Kampf, einen Kampf zwischen Löwe (Trieb, Begierde) und Mensch (Vernunft). Einer nur kann siegen, es wird ein totaler Sieg. – Auch hier werden

mit dem Thema Verschlingen extreme Gegensätze aufge-
führt.

Wir halten fest: Das Bild des Verschlungenwerdens (des
Todes, des Sterblichen) ist von äußerster, geradezu »pha-
risäischer« Radikalität. Denn das Gott und dem Leben
Feindliche wird gänzlich und ohne Rest aufgehoben.

Verwandlung

In 1. Korinther 15 gebraucht Paulus, wie wir sahen, das Bild
der Verwandlung, um zu beschreiben, *wie* sich der Gesamt-
vorgang der Auferstehung vollzieht. Auferweckt werden nur
die Toten, aber Tote wie Lebende müssen dann verwandelt
werden.

Mit dem Bild der Verwandlung sagt Paulus eher zu wenig als
zu viel. Denn Verwandlung besagt ja nur, daß etwas anders
wird, anders, als wir es gewohnt sind. Das Bild der Verwandlung steht daher für Abbruch des Alten, für fehlende Vermittlung. Aus der römischen Totenliturgie ist der Satz geläufig: »Denen, die an dich glauben, Herr, wird das Leben
verwandelt, nicht genommen.«

Das Thema Verwandlung ist mythischer Sprache im Umfeld
des Neuen Testaments sehr geläufig, und zwar sowohl im
Judentum wie im griechischen Denken. Nach jüdischer Auffassung wird der Mensch durch die Gnade Gottes verwandelt, wenn er vor Gottes Thron tritt. Er wird dadurch »hof-
fähig«, indem sein Äußeres der himmlischen Umgebung
Gottes angepaßt wird, und das äußert sich in der Verwandlung seines Leibes. – In der griechischen (und römischen)
Mythologie ist Metamorphose, soweit sie den Menschen betrifft, vor allem die Verwandlung in »Natur«, etwa in Bäume
bei Philemon und Baucis oder bei der fliehenden Daphne, die
zu einem Lorbeerzweig wird. Die Metamorphosen des römischen Dichters Ovid sind diesem Thema gewidmet. – In jedem Fall ist Verwandlung ein wunderbarer Vorgang, der dem
Menschen Bereiche eröffnet, die zuvor verschlossen schienen.

Die römische Liturgie hat für den Augenblick des Sterbens folgendes Gebet: »Gott, bei dem alles lebt, das stirbt, für dich gehen durch das Sterben nicht zugrunde unsere Körper, sondern sie werden verwandelt zu besserem Dasein. Wir bitten dich, laß aufgenommen werden die Seele deines Knechtes (deiner Magd) durch die Hand deiner heiligen Engel, laß sie geführt werden in den Schoß deines Freundes, des Patriarchen Abraham, laß sie auferweckt werden am Jüngsten Tag des großen Gerichtes. Und wenn der (die) Verstorbene im Bereich des Sterblichen etwas gesagt hat, das dir zuwider ist, weil doch der Teufel ihn (sie) getäuscht hat, dann befreie ihn (sie) von der Schuld, indem du verzeihst, du treuer Gott.« Die ostsyrische Totenliturgie nimmt das Bild auf: »Bekleidet wird Sterbliches mit Unsterblichkeit, verwandelt wird Verderbliches in Unverderblichkeit.«

Herrlichkeit

Paulus formuliert in Römer 6,4 recht merkwürdig, wenn er sagt, Gott habe Jesus auferweckt *durch seine Herrlichkeit.* Sollte man nicht erwarten, daß Jesus durch Gottes Macht auferweckt wird? – Der Text erinnert an 1. Korinther 15,43, wo Paulus ähnlich von der Auferstehung der Christen spricht: *Gesät wird in Ehrlosigkeit, auferweckt in Herrlichkeit.* Hier ist freilich die Herrlichkeit nicht das Instrument der Auferweckung, sondern der neue Zustand. Aber auch hier ist auffällig formuliert: Denn als Gegensatz zu Herrlichkeit erwartet man eigentlich nicht »Ehrlosigkeit«, sondern vielleicht »mangelnder« oder »vergänglicher Glanz«.
Die Verknüpfung von Auferstehung mit Herrlichkeit ist also offensichtlich nicht so einfach gedacht, als seien die Auferweckten einfach »herrlich« und darin schon gottähnlich. Es liegt keine »naive« Ästhetik zugrunde. Vielmehr spielt hier deutlich ein sozialer und sozialpsychologischer Aspekt eine große Rolle.
Denn die Toten sind die an den äußersten Rand Geschobe-

nen, die bald Vergessenen, die sich nicht wehren können, Opfer jeder Manipulation und jeder Nachrede. Der Tod bringt die Menschen in Schande. Paulus hat das sehr genau gewußt, als er in demselben Absatz des Römerbriefes sagt, mit Jesus Christus (in der Taufe) mitzusterben bedeute gleichzeitig, gemeinsam mit ihm das Kreuz zu erleiden. Das Kreuz aber ist die schändlichste Todesart. Mit der Taufe hatte das deshalb etwas zu tun, weil Christwerden damals den Ausschluß aus dem familiären und sozialen Verband bedeutete.

Wenn das Kreuz Inbegriff der Schande ist, dann ist Auferstehung Inbegriff der Ehre. Denn wenn Gott mit seiner Herrlichkeit auferweckt, gibt er auch an diesem »Instrument« Anteil. So heißt es in einem jüdischen Text über diese Rehabilitierung des Gerechten: »Dieser war′s, den wir einst zum Gespött machten und verhöhnten, wir Narren! Sein Leben hielten wir für Wahnsinn und sein Ende für ehrlos. Wieso wurde er unter die Söhne Gottes gerechnet...?« »Söhne Gottes« – das heißt: Gott steht zu den Seinen und gibt ihnen Anteil an seinem Glanz. – Für Paulus ist das nicht reine Zukunftsmusik, sondern in der Gemeinde dort schon Realität, wo Christen Gott loben, als Kinder Gottes zu Gott beten und so Anteil an seiner Herrlichkeit haben. Wo der Tod herrscht, herrscht Gott nicht. Aber dort, wo Gott schon herrscht, nämlich im befreiten Territorium seiner Gemeinde, ist auch seine Herrlichkeit. So kann Paulus in Römer 8,30 sagen, daß Gott die Christen bereits *verherrlicht* hat. Und nach 2. Korinther 3,18 werden wir *immer weiter verherrlicht.* – Herrlichkeit heißt daher dazugehören, und zwar hier: zur Familie Gottes, die zur Ehre Gottes bei ihm ist und die deshalb an dieser Ehre beteiligt ist. So war zwar die Vereinsamung durch Taufe und Christwerden ein sozialer Tod unter Menschen, aber nicht ein bleibender Tod vor Gott, denn auf das Untertauchen folgt die Anteilhabe am neuen Leben.

Wir halten fest: Wenn Paulus von Herrlichkeit spricht,

meint er nicht goldenen Schein, sondern daß der betreffende Träger der Herrlichkeit seiner Würde gemäß angenommen wird von den anderen. Paulus weiß, welche unersetzliche Bedeutung das Lob und das Ansehen vor einander für Menschen haben. Wenn das Ziel der Offenbarung darin besteht, daß Gott und Mensch zusammenleben, dann ist die »Kehrseite« dieser Wirklichkeit, daß Gott die gebührende Herrlichkeit zuteil wird und die Menschen daran teilhaben. Insofern ist Dank und Lob gegenüber Gott nicht nur die hervorragendste Weise, Gottes Wirklichkeit wahrzunehmen, sondern auch die Weise, wie der Mensch gerettet wird. Herrlichkeit ist daher ein gemeinschaftlicher Begriff. Man kann von Herrlichkeit sprechen, wo der Mensch ehren darf und geehrt wird. Denn man hat, wann immer man jemanden lobt, Anteil an diesem Lob. Dargebrachtes Lob ist geteiltes Lob.

Herrlichkeit als Instrument der Erlösung

Die Maroniten bitten für den Toten: »Dein Glanz steige hinab in die Tiefen der Unterwelt und erleuchte ihm die Finsternis.«

In der ostsyrischen Liturgie (Chaldäer) wird gebetet: »Strahlend ist deine Auferstehung, auf die sich die vergangenen und noch lebenden Generationen freuen« und: »Über die Schönheit der Wolken wird der Königssohn geleitet, wenn er kommt, die Auferstehung der Toten zu veranlassen. Jene, die schlummern..., werden gekleidet in ein Kleid von Herrlichkeit und gehen hinaus, ihm entgegen.« Oder: »Mit Schönheit und Pracht werden die Gerechten in der Auferstehung gekleidet.«

Nach der armenischen Liturgie erweckt Gott die Menschen »wieder aus dem Staub und erneuert sie zum Bilde seiner Herrlichkeit«.

Auferstehung wird vom kultischen Lobpreis Gottes her gedeutet. Sie besteht darin, daß Gott die Schöpfung nicht daraus entlassen wird, ihn zu loben. Denn schon nach dem frühjüdischen Jubiläenbuch und nach den Hymnen von Qumran besteht die einzige Chance des Menschen auf Erlösung darin, daß er teilnehmen darf an der Huldigung der Engel vor Gott. Das Lied in seinem Mund erhebt ihn aus dem Staub.

Die biblische Auffassung vom Lobpreis Gottes am Morgen wird auf den Morgen des Gottestages übertragen: »Am Morgen, an dem der Glanz des Königssohnes aufleuchtet, werden die Berge sich senken und die Täler werden aufgefüllt. Geburtswehen lassen die Erde hart erbeben, und die Kinder Adams werden sich erheben und ein Loblied darbringen« (Ostsyrer/Chaldäer). Oder: »Siehe, für die Toten hast du Wunder gewirkt, und Helden werden wieder auferstehen und dir danksagen. Jene im Grab werden von deiner Güte verkünden und jene am Ort der Zerstörung von deiner Treue. In der Finsternis wird deine Herrlichkeit bekannt gemacht werden und deine Gerechtigkeit im Lande des Vergessens.« Oder: »Gelobt der Klang, der im Sheol widertönt, und die Toten stehen auf. Und jeder wird vom Staub erweckt, um den Lobpreis zu singen.«

Saat und Ernte

Im Neuen Testament werden die Bilder von Saat und Ernte für die Auferstehung verwendet in 1. Korinther 15,36–44 und in Johannes 12,24 (Das Samenkorn, das stirbt, bringt viel Frucht). In beiden Fällen könnte der Vergleich schon durch die zyklisch am Frühjahrsgeschehen orientierte außerbiblische Vegetationsmystik inspiriert sein. Das Bild wird in der koptischen Totenliturgie aufgenommen: »Du hast uns bezeichnet als Saat der letzten Auferstehung.«

Zum Sterbenden sagt man in der Totenliturgie der Ostsyrer (Chaldäer): »Mose zeigte durch den brennenden Dornbusch die Auferstehung an, die dir bereitet wurde.« – Die Logik ist: Der brennende Dornbusch wird durch die Gegenwart Gottes nicht vernichtet, sondern verherrlicht. So ist es mit dem Christen, der aufersteht. Die Gegenwart Gottes, die ihn normalerweise vernichten müßte, wird ihn doch gnädigerweise verherrlichen.

Weitere Typologien aus derselben Liturgie: »Die Auferstehung der Toten wurde im voraus angedeutet durch den Aufschrei des Blutes Abels, die Auffahrt des Henoch und den Aufstieg Elias, bis Christus, die Sonne der Gerechtigkeit, offenbar wurde.«

Gedenken

Längst ist aus den Diskussionen über das Abendmahl bekannt, daß Gedenken und Gedächtnis im Sprachgebrauch der Bibel nicht etwas nur Theoretisches oder nur Gedankliches meint. Wenn Jesus sagt: *Tut dies zu meinem Gedenken*, dann bedeutet das vielmehr: Feiert dieses Mahl weiter, setzt es fort, wie ich es begonnen habe. Gedenken ist daher ein Handeln, das die Wirklichkeit dessen, dem das Gedenken gilt, unsichtbar gegenwärtig setzt, und zwar durch die Nennung seines Namens. Diese Gegenwart ist kein »als ob«, sondern in der Zeit des Gedenkens lebt, handelt und denkt man in der unsichtbaren Gegenwart des mit Namen Genannten. So setzt beim Abendmahl die Gemeinde Jesu Mahlfeier fort, wie er sie gefeiert hat. Sie läßt seinen Platz frei, weil er dort unsichtbar präsent ist.

Wenn Gott daher der Toten gedenkt, dann ist das ein Handeln, das ihre unsichtbare Gegenwart direkt betrifft. So heißt es in jüdischen Aussagen über die Totenerweckung durch Gott: »Der Herr gedachte seiner Toten aus Israel, die entschlafen waren im Staub der Erde, er stieg herab zu ihnen, um ihnen sein Heil zu verkündigen« (Zitat angeblich aus Jeremia). Wenn in liturgischen Texten darum gebetet wird, der Herr möge der Toten gedenken, dann heißt das: Er soll an ihnen wie an Lebenden handeln, ihnen als unsichtbar Gegenwärtigen sein Erbarmen zuwenden.

Die jüdische Totenliturgie bittet Gott: »Gerecht bist du, Ewiger, der du sterben läßt und lebendig machst... Fern sei dir, die Erinnerung an uns zu löschen.« Die maronitische Totenliturgie betet: »Bewahre, Herr, in beiden Welten ein seliges Angedenken deinem Diener.«

Bei den Armeniern bittet die Gemeinde für den Verstorbenen: »Wie der Räuber rufe ich zu dir: Gedenke auch meiner, Herr, in deinem Königreich.« In der georgischen Liturgie heißt es über verstorbene Frauen: »Christus, der du den heiligen Frauen Gnade verliehen hast, die, als sie zum Grabe kamen, den heiligen Aposteln zu Verkünderinnen der frohen Botschaft von deiner Auferstehung wurden, durch sie, Herr, behalte das Eingedenken der Verstorbenen...«

Bekleiden

Für die Welt des Neuen Testaments ist das Bildfeld »Kleid, ausziehen, anziehen« von sehr großer Bedeutung. Denn das Kleid ist keineswegs etwas dem Menschen nur Äußerliches. Da man Kleider wechseln kann, wird der Vorgang des Kleiderwechsels zum Bild der erwünschten oder auch notwendigen Veränderung des Menschen. So sagt Paulus in 1. Korinther 15,53 über das Geschehen am Ende: *Das, was jetzt vergänglich ist, muß Unvergänglichkeit anziehen, und das, was hier sterblich ist, muß Unsterblichkeit anziehen.* In 2. Korinther 5 spricht er davon, daß der Christ nach dem Tod ein *Haus vom Himmel her* anziehen möchte. In 5,4 stellt er sicher: Ihm ist nicht nach Ablegen des alten Leibes zumute, sondern nach Anziehen des neuen.

Die ostsyrische (Chaldäer) Totenliturgie kündet an: »Mit

Schönheit und Pracht werden die Gerechten in der Auferstehung gekleidet... Gewähre mir, mit deinen Heiligen hinauszugehen und dich unter Hosianna-Rufen zu begrüßen, wenn du kommst.« Die Westsyrer (Antiochien) beten in der Totenliturgie: »Wie die Lilien auf dem Feld ein nicht von Menschenhand gewobenes Gewand anlegen, so werden die Rechtschaffenen ein Gewand anlegen, das der Heilige Geist für Adams Kinder gewoben hat.« Die äthiopische Liturgie bittet: »Nimm deinen Knecht mit Freuden auf und bekleide ihn mit dem Gewand des Lichts.«

Beim Namen rufen

Die Westsyrer (Antiochien) sprechen zu dem Toten: »Die Stimme des Sohnes, die den Lazarus rief und ihn aus dem Grab erhob, rufe dich aus dem Grabe und sende dich ins Paradies.« – Von der Auferstehung wird erwartet, daß sie den Leibern »die Vollständigkeit ihrer Züge« gibt (ostsyrische Totenliturgie, Chaldäer).

Die ostsyrische Liturgie bekennt: »Ein einziges Wort genügte, und Lazarus stieg aus dem Grab. Ein weiteres Wort wird genügen, und alle Toten werden auferstehen.« Oder: »Möge die Stimme, die Lazarus herausrief, deine Dienerin rufen.« – Ähnlich bei den Westsyrern: »Die Stimme des Sohnes, die den Lazarus rief und ihn aus dem Grabe erhob, rufe dich aus dem Grabe und sende dich ins Paradies.« Aber auch (wieder bei den Ostsyrern): »Die Stimme des Sohnes schlägt den Tod mit Entsetzen und fordert von ihm die Nachkommen Adams.« Adam sagt: »Ich verehre die Stimme, die mich in den Bäumen rief: Adam, Adam. Sie wird mich und meine Nachkommen zur Auferstehung rufen und mich zur Rechten seiner Gottheit erheben.« Oft wird im Frühjudentum und in den alten Liturgien Auferstehung dramatisch damit begründet, daß Gott die Toten »zurückfordert«, entweder als anvertrautes Gut von der Erde oder hier aus der Macht des Todes.

Wir sahen bereits früher, daß die Alte Kirche den Vorgang des Sterbens wie das Exodus-Geschehen als Auszug, Wanderung und Befreiung wertet. Dahin gehören auch diese Texte.

In der westsyrischen Totenliturgie (Antiochien) bittet der Sterbende: »Der Böse hat mit Schlingen mich verwebt. Reiße sie auf, Herr, befreie mich...« Nach derselben Liturgie hat der Widersacher den Beter »verstrickt wie ein Huhn in weltliche Dinge« (gedacht ist an den Vogelfang durch Netze). Oder: »In deiner Zärtlichkeit entreiße mich den Zähnen des Unterdrückers, damit ich mit dem Gesang des Hosianna am Tage deines Kommens zu der Begegnung mit dir eilen kann... Laß mich in das Paradies gelangen und mit den Lämmern zu deiner Rechten weiden.« Die griechisch-orthodoxe Liturgie bittet: »Du befreist die Gefesselten. Laß diesen Toten wohnen in der Freude des Paradieses.«

Hochzeit

Vor allem aus den Knechtsgleichnissen der ersten drei Evangelien, aus den Gleichnissen von den klugen und törichten Jungfrauen und vom Hochzeitsmahl und aus der Offenbarung des Johannes ist das Bild der Hochzeit für die Wiederkunft Christi geläufig. Entsprechend groß ist die Bedeutung in der Bilderwelt der Totenliturgien.

Die äthiopische Totenliturgie bittet, »daß wir die Hochzeit des Bräutigams nicht verlassen müssen«. Mit der Auslegung von 1. Thessalonicher 4,17 verbindet die Totenliturgie der Ostsyrer (Chaldäer) die Auffassung vom Brautgemach: »Mit den himmlischen Heerscharen erheben sich die Gerechten in die Höhe, unseren Herrn zu treffen, wenn er wiederkommt. Mit ihm treten sie ein ins Brautgemach, um in Empfang zu nehmen, was ihnen verheißen.«

Dieselbe ostsyrische Liturgie bittet für eine verstorbene

Frau: »... mit den klugen Jungfrauen rufe sie in dein Brautgemach... Gelobt sei Christus, der Bräutigam in den Höhen
und das Licht der Gerechten, bei dessen Ankunft die klugen
Jungfrauen jubeln und frohlocken.« Ebenfalls für eine Frau:
»Unser Herr erfreue dich im Brautgemach seines Königreiches.« Adam bittet: »Erneuere mich in deinem Brautgemach.« Nach der Totenliturgie der Westsyrer (Antiochener)
bedeutet Auferstehung »in dein Gemach eintreten«. »Alle
Verstorbenen werden sich mit brennenden Lampen erheben,
um mit dem Bräutigam in das Brautgemach eintreten zu
können.« In der armenischen Totenliturgie wird Gott angeredet: »Der du gerufen hast, die weit weg waren, zur Hochzeit mit deinem Eingeborenen, zu trinken den Kelch der Unsterblichkeit.« Die äthiopische Totenliturgie bittet für die
Seele des Toten: »Laß sie verweilen ... auf deiner himmlischen Hochzeit«, führe sie »in das himmlische Königreich
und zur Hochzeit des Lichts.« Weiter geht die Liturgie auf
das Gleichnis ein: »Von denen, die zu deiner Hochzeit geladen, wirf unseren Bruder nicht hinaus. Er soll nicht wie der
törichte Mensch sein, der sich das Hochzeitsgewand nicht
anzog, und nicht in der Finsternis sitzen wie die fünf törichten Jungfrauen.« Die koptische Liturgie spricht vom Himmel als einem Ort, »wo alle Heiligen versammelt deine große
Hochzeit erwarten«. Nach der ostsyrischen Liturgie
(Chaldäer) wird Christus nachts kommen, um seine Verlobte
(Braut) zu empfangen.

Andere Gleichnisbilder

Immer wieder werden im 1. Jahrtausend auch die anderen
Gleichnisse Jesu auf die Endereignisse bezogen ausgelegt.
Am Bildfeld »Hochzeit« wurde das schon erkennbar. Es gilt
aber auch von anderen Gleichnistexten, insbesondere den
Knechtsgleichnissen.
Das wird besonders an der westsyrischen Liturgie (Antio-
chien) deutlich: »Selig sind jene getreuen Knechte, die der

Meister bei seiner Ankunft wachend findet bei der Arbeit in seinem Weinberg. Er wird der Arbeit ein Ende machen, um die zu bedienen, die durch sie vom Morgen bis zum Abend ermüdet sind. Der Vater wird seinen Arbeitern am Tisch ihren Platz zuweisen, der Sohn wird sie bedienen, und der Heilige Geist wird ihre Kronen flechten und ihre Häupter krönen.«

Oft heißt es von Jesus in den Totenliturgien, er habe in der Höhe des Himmels 99 Engelvölker zurückgelassen, um sich der Menschen anzunehmen – eine Auslegung des Gleichnisses vom verlorenen Schaf aus Matthäus 18,12–14 und Lukas 15,4–7.

Regelmäßig wird darum gebetet, Gott möge dem Toten Anteil geben an seinem Königreich im Himmel.

Immer wieder sind die törichten und die klugen Jungfrauen ein Bild für die Menschen angesichts des Gerichtes. Der Schlaf, dem alle zehn Jungfrauen anheimfielen, wird dabei auf den Tod des Leibes gedeutet. In der ostsyrisch-chaldäischen Liturgie heißt es über die Stunde der Ankunft des Bräutigams nach diesem Gleichnis: »In dieser Stunde kann nicht einmal ein Engel ihn umstimmen, wenn das Tor verschlossen und der Vorhang im Heiligtum zugezogen ist...«

Für den Toten betet die äthiopische Liturgie: »Er hat mit den zehn Silbermünzen, die du ihm gegeben, Gewinn gemacht und sie verdoppelt.«

Das Gleichnis vom verlorenen Sohn wird in einem Gebet ausführlich nacherzählt, auch die Szene, in welcher der Vater dem Sohn entgegenläuft und dann dafür sorgt, daß das Gewand geholt wird. So heißt es dann in dem Gebet: »Nimm deinen Knecht mit Freuden auf und bekleide ihn mit dem Gewand des Lichts.«

In der westsyrischen Kirche (Antiochien) betet der Verstorbene: »Ein schlechter Arbeiter bin ich in deinem Weinberg gewesen. Zähl mich zu den Arbeitern der elften Stunde und erbarme dich meiner.«

Auferstehung als neue Geburt

Biblische Aussagen

In einer jüdischen Apokalypse des 1. Jahrhunderts heißt es:
»Geh und frag die Schwangere, ob ihr Mutterschoß, wenn
sie ihre neun Monate erfüllt hat, noch das Kind in sich
zurückhalten kann... Die Unterwelt und ihre Kammern gleichen einem Mutterschoß. Denn wie die Gebärende eilt, der
Drangsal der Geburt zu entfliehen, so eilen auch diese, das
zurückzugeben, was ihnen anvertraut ist seit Anbeginn.« –
Am Anfang steht hier die Frage nach dem Wann. Aber nach
jüdischem Denken gehören zu einem Vergleich immer zwei
Punkte. So liegt der Vergleich mit dem Mutterschoß auch
deshalb nahe, weil bei der Auferstehung etwas aus der Erde
herauskommt, was zuvor in sie hineingelegt wurde. Sicher
spielen auch griechische Vorstellungen der Mutter Erde hinein; denn sie ist beim Gebären die Aktive (vgl. auch Offenbarung 12,16: Die Erde hilft der Frau).

Erstgeborener aus den Toten wird Jesus in einigen Briefen des
Neuen Testaments genannt (zum Beispiel Kolosser 1,18).
Die Erde hat ihn als ersten wieder hergegeben, hat wie bei einer Geburt sich geöffnet. So genießt Jesus die Erstgeburts-
rechte. Aber er ist doch nur der erste unter vielen Brüdern
und Schwestern. Gottes Ziel war und ist, daß alle ihm gleich
werden. Der Ton liegt darauf, daß mit Jesus Grund zur Hoffnung besteht, denn wenn einer geboren ist, können Geschwi-
ster folgen.

Die alten Liturgien

Immer wieder kleidet die Alte Kirche ihre Hoffnung in die
Bilder von Wehen und Geburt, so etwa in der Totenliturgie
der Ostsyrer (Chaldäer): »Geburtswehen erschüttern die
Erde, und sie bringt Leiber statt Samen hervor. Der Befehl
erzwingt, daß kein toter Leib in ihrem Schoß bleibt«, und

»heftige Geburtswehen erschüttern wie eine gebärende Frau
die Erde, die Zeit erwartend, in der sie die Leiber der Menschen aus ihrem Schoß hervorbringen kann.« Oder so: »Am
Morgen, an dem der Glanz des Königssohnes aufleuchtet,
werden die Berge sich senken und die Täler werden aufgefüllt. Geburtswehen lassen die Erde hart erbeben, und die
Kinder Adams werden sich erheben und ein Loblied darbringen.« – »Gelobt ist dein Tag..., der kommen wird und
den Schoß der Scheol aufbrechen wird. Strahlend ist deine
Auferstehung, auf die sich die vergangenen und noch lebenden Generationen freuen.« In der armenischen Totenliturgie
heißt es: »Herr, nimm deinen Diener in den Schoß der Erde,
aus dem er wiedergeboren werden wird zu einem unsterblichen Leben.«
Anders in der äthiopischen Totenliturgie: »Von Anfang an
ist die Erde ihre Mutter gewesen, und so ist sie jetzt auch die
Decke für ihren Leichnam, ganz wie nun auch der Schatten
des Todes ihre Leiber bedeckt.«

Das rabbinische Judentum

Ein rabbinischer Spruch lautet: »Wenn schon der Mutterschoß mit Freuden empfängt und mit Schmerzen gebiert,
um wieviel mehr wird da nicht die Erde, die mit Schmerzen
empfängt, mit Freuden gebären.« Es geht zweimal um Empfangen und Gebären. Diese Abfolge bleibt, und sie ist unum-
kehrbar. Ebenso geht es zweimal um Freude und Schmerz.
Diese Abfolge ist *umkehrbar*. Freude – Schmerz, das ist die
Abfolge bei jeder menschlichen Frau; Schmerz – Freude, das
folgt bei der Erde aufeinander. Bei der Erde ist also die Reihenfolge umgekehrt. Und da die Erde sehr viel größer ist als
ein Mutterschoß, wird bei dem Hervorkommen aus der Erde
die Freude ungleich größer sein als beim Zeugen eines Kindes.
Der rabbinische Spruch ist gewagt: Die Freude beim Entstehen eines Kindes wird mit dem heiligsten und größten Ge-

schehen verbunden, das es gibt: mit Gottes Handeln in der Auferweckung.

Aber es wird daran auch deutlich, wie ähnlich immer alle Heilsgeschichte verläuft, ja, daß sie als fast am Reißbrett entworfene Überbietung der Schöpfung erscheint. Daß der Schöpfer auch die Erlösung ähnlich eingerichtet hat wie sein erstes Werk, das ist ein sicheres Bollwerk gegen den im Herzen aufsteigenden Zweifel, Schöpfung könnte Zufall, Erlösung Wunschdenken und Einbildung sein.

Auferstehung und Gerechtigkeit

Gottes Vorliebe für Lazarus

Der bekannten Erzählung über den Reichen und den armen Lazarus und ihr unterschiedliches Ergehen in Lukas 16,19–31 liegt das Schema einer radikalen Umverteilung nach dem Lebensende zugrunde. Den Kern bildet hier die Aussage in Lukas 16,25: Wer im Leben Schönes empfangen hat, erhält nach dem Tode Schlechtes und umgekehrt. Dieser Ausgleich gilt ähnlich für die Seligpreisungen nach Lukas (Lukas 6,20–22). Da genügt es, arm zu sein oder zu hungern oder zu weinen. Allen Leidenden gilt die Verheißung einer konsequenten Umkehrung ihres Ergehens in der unsichtbaren Welt.

Nun ist die Situation, in der Jesus so spricht, jeweils nicht ein Todesfall, sondern die Mahnrede, und zwar geht es, wie es zunächst scheint, um provozierende Mahnrede, nicht um nüchtern kalkulierende und zu Ende rechnende Logik. Denn was ist angesichts solcher Umkehrung der Verhältnisse, könnte man fragen, mit denen, die nicht sehr arm oder nicht sehr reich sind? Hat derjenige, der dem Mittelmaß folgt, nicht von beiden Welten etwas? Nein, so darf man hier nicht fragen. Man kann aber sehr wohl fragen: Geht es hier wirklich in erster Linie um eine Mahnrede? In dieser Hinsicht endet der Text in Resignation (16,30f). Oder sagt Jesus nicht vor allem etwas über Gott und dessen Vorlieben? Geht es um die harmlose Mitteilung, daß man Almosen geben soll, oder werden hier nicht – für uns – erschreckende Züge Gottes offengelegt?

Diese Aussagen sind nicht umfassend theologisch abgesichert, sondern sie sind schon für sich genommen wie ein Aufschreien aus Hunger und Durst nach Gerechtigkeit. Diese Texte sagen: Hier in dieser Welt gibt es keine Gerechtigkeit, aber bei Gott wohl, endlich und wenigstens dort. Die Aussagen sind daher dualistisch und parteilich. Gott ist wie ein anderes Wort für diese Hoffnung auf Gerechtigkeit. Auch an Jesus wird diese Abfolge von Unrecht und Gerechtigkeit sichtbar.

Vielleicht liegt es gar nicht in erster Linie in der Konsequenz dieser Texte, daß hier und jetzt ein Ausgleich geschaffen werden soll, dazu scheint es zu spät. Sondern: In dieser Welt, die, wie sie ist, eine Welt des Unrechts bleiben wird, gibt es schon Träger einer ganz anderen Zukunft.

Konkretion

Das Elend des Lazarus gibt es. Lazarus heißt heute Ruanda, Zaire, Burundi. Niemand kann alle die beerdigen, die jeden Tag dort sterben. Die Bilder zeigen immer Massen von Leichen, ungezählt, unzählbar. Sind es Menschen, die sinnlos gelebt haben und sinnlos gestorben sind?

Jesus sagt: Gott wird sie alle lieben. Das ist ganz speziell sein Charakter und seine Art. Das ist die Größe des Geheimnisses Gott. Er liebt sie alle, die elend und arm, die ihr Leben lang auf der Flucht sind. Ihr Leben scheint sinnlos zu verlöschen. Doch wer so weggeworfen wird, gehört erst recht zu diesem Menschen liebenden Gott. Wo keiner Freund sein will, meldet Gott seinen Wunsch an.

Das ist eine neue, erschreckende und erstaunliche Aussage über diesen Gott: daß der, der sein Leben hier nicht leben kann, um so mehr und erst recht von diesem Gott geliebt wird. Wie sollte uns Wohlhabenden und Gebildeten diese Logik nicht fremd und sehr merkwürdig vorkommen?

Noch einmal: Die fast ohne Namen sind, die Geschundenen und Verlöschenden, die Abgetriebenen, die verstümmelten Kleinkinder – Gott ist für die, die kaum leben durften. Er ist mit ihnen, er ist ihr Leben. Heiß und innig.

Warum ist das so?

Anteil an Jesu Rechtfertigung

Der Tod, so sagt es die Bibel auf jeder Seite, ist eine Folge der Sünde. Denn was die Menschen in dieser Welt anrichten, ist in der Regel und in letzter Konsequenz tödlich, für andere und für sie selbst. Das Gericht ist nur der endgültige Zusammenbruch als Folge all unserer Schwäche.

Jesus hatte nicht gesündigt, er war der Gerechte schlechthin. Da er dennoch sterben mußte, konnte Gott ihn nicht im Tod lassen. So verstehen schon frühe christliche Texte die Auferstehung Jesu als seine Rechtfertigung. Indem Gott Jesus von den Toten auferweckt, erklärt er: Dieser ist frei von Sünde, er hat den Tod nicht verdient. Das beweist die Auferstehung für das Forum der Welt.

Wenn die Menschen aber teilhaben an Jesu Stellvertretung in seinem Tod, wenn er die Schuld stellvertretend tilgen kann und sie so beseitigt wird, dann können sie auch teilhaben an seiner Rechtfertigung. So wie er in der Auferweckung gerechtgesprochen wird, sind auch die, welche an Jesus glauben, jetzt frei, denn er hat ja stellvertretend Schuld getragen.

Damit sind die Christen frei von Schuld und dürfen auferstehen wie er. Der leibliche Tod, so könnte man sagen, ist anachronistisch, hinkt nach. In Wirklichkeit sind die Christen mit Jesus und wegen Jesus gerechtfertigt und dürfen auferstehen.

In diesem Sinne fasse ich den bekannten und schwierigen

Satz Römer 4,25 auf: *Er wurde ausgeliefert wegen unserer Vergehen und auferweckt, damit wir gerechtgesprochen werden könnten seinetwegen.*

Die Zukunft der Opfer

Auferstehung hat auch etwas mit Rehabilitierung der Opfer zu tun. Dies ist nun allerdings ein wenig moderner Gedanke. Es hat allerdings schon einiges für sich, daß im Christentum der Ausgleich für die Opfer, das, was Luther mit »Rache« übersetzt, allein in die Hand Gottes gelegt ist. Das war für eine Märtyrerkirche – und so präsentiert sich das Christentum in den ersten drei Jahrhunderten – ein größeres Problem als für Christen in einer toleranten Wohlstandsgesellschaft. Doch auch für die Opfer gilt, daß Gott ihre Namen nicht vergessen hat.

Mit unserer veränderten Situation hängt auch folgendes zusammen: Für Menschen unserer Gesellschaft sind Begriffe wie »Ordnung« oder »Gerechtigkeit«, vor allem aber »Ausgleich für die Opfer« und besonders »Gesetz« eher Schreckgespenster. Für die Menschen des Neuen Testaments sind es Segensgaben und sehnlichst erhoffte Güter, an denen der Sinn der Welt, der rechte Sinn des Ganzen, hing. Ich kann daher Jürgen Moltmann zustimmen, der in einem Vortrag am 16. Dezember 1996 in Stuttgart ausführte: »Ich denke mir also, daß das ewige Leben den Zerbrochenen, Behinderten und Zerstörten zunächst Raum und Zeit und Kraft gibt, um das Leben zu leben, das ihnen bestimmt war und zu dem sie geboren wurden. Ich denke mir dies … um der Gerechtigkeit willen, von der ich glaube, daß sie Gottes Sache ist und seine erste Option.«

Zu Offenbarung 3,7–12 vgl. meine Auslegung in dem Buch »Wie kann Gott Leid und Katastrophen zulassen?«, Stuttgart 1996, 174–178.

Gibt es ein Wiedersehen?

Viele Menschen bewegt die Frage, ob sie den Menschen, mit denen sie auf Erden zusammen waren oder denen sie in Liebe verbunden waren, als Auferstandene wiederbegegnen werden. – Jesus selbst sagt dazu etwas nach Lukas 16,9. Er fordert dazu auf, das Geld zu teilen: *Schafft euch Freunde mit dem Geld, das aus Unrecht kommt, damit diese Freunde euch, wenn es zu Ende geht, aufnehmen in die ewigen Wohnungen.* Auch nach jüdischen Texten aus dieser Zeit werden einen im Himmel Abraham, Isaak und Jakob, der »Chor der Väter«, in Empfang nehmen; in Lukas 16,22ff wird ausdrücklich Abraham genannt. Die christlichen Totenliturgien sprechen alle davon. Wenn einen nach traditioneller Anschauung die gerechten Väter aufnehmen, dann eben nach dem Wort Jesu nicht nur sie, sondern auch alle Freunde, alle die, denen man durch Liebe verbunden war.

Ulrich Wilckens (»Hoffnung gegen den Tod«, 1996, 94) sagt dazu: »Die Gemeinschaft mit ihm (sc. Jesus) und durch ihn, die die Lebenden zutiefst miteinander verbindet, ist ja doch das einzige Band zwischen ihnen, das der Tod nicht zerschneiden kann. So konkret diese Gemeinschaft zu Lebzeiten ist, so konkret bleibt sie zwischen Lebenden und Toten – so wahr und wirklich Christus auferstanden ist und als solcher ebenso Lebende ... wie auch Tote so mit sich verbindet und verbunden hält.«

Wenn Auferstehung zuallererst eine Frage der Liebe ist, dann ist die Bewahrung des Netzes entscheidend, das die »Namen« miteinander verbindet, so wenig vorstellbar auch die Körperlichkeit sein mag. – Aber auch mit der Auffassung, die Herrlichkeit der Auferstehung bestehe darin, die Schande des Todes zu beseitigen, trägt das frühe Christentum zu der Hoffnung bei, Auferstehung bedeute etwas für die Stellung der Menschen zueinander. Denn die Toten sind die Vergessenen. Auferstehung ist ihre Rehabilitierung: Sie werden sichtbar wieder eingefügt in das Netz der Liebe.

Daß dort, wo kirchlicher Christenglaube verschwunden ist, dann gar nichts mehr sei, ist eine Illusion. Es ist wie mit einem Vorgarten, den man sich selbst überläßt: Da gibt es schnell Wildwuchs. Gerade bei der Frage, was nach dem Tod sein wird, kommen die wenigsten ohne eine Antwort aus, und sei sie noch so merkwürdig. Oft scheint es zu genügen, wenn die Antwort nur nicht christlich oder kirchlich ist, um sie zu akzeptieren.

Reinkarnation?

Die Annahme, es gebe so etwas wie Reinkarnation, ist weit verbreitet und zunehmend beliebt. Man meint damit im allgemeinen, der Personkern, die Seele, sei »schon einmal« oder auch öfter »dagewesen«, und daher könne man sich auch an ein früheres Leben erinnern. Der Hinweis darauf, diese Vorstellung sei im ganzen mit dem Christentum nicht vereinbar, macht sie erst recht attraktiv, da man dahinter dogmatistische Abgrenzung seitens der Christen vermutet. Der Funktion nach bietet sich hier in der Tat eine Alternative zur Vorstellung von der Auferstehung, und daher müssen wir im Zusammenhang unseres Themas auf den Reinkarnationsgedanken zumindest in seiner westlichen Ausprägung eingehen. Er ist hierzulande Grundbestandteil einer individualistischen bürgerlichen Privatreligion und hat seine notwendige Entsprechung in der Auffassung der Allversöhnung, von der weiter unten noch die Rede sein wird.

Überwältigend viele Anzeichen deuten darauf, daß der ver-
breitete Glaube an die Reinkarnation ein echtes Kind der
Aufklärung ist, ein dann freilich wieder unkritisch als
Dogma verherrlichtes, wie es so oft geschehen ist. Man kann
daher die Reinkarnation einen Mythos unkritisch aufge-
nommener Aufklärung nennen. Da gerade diese Art Aufklärung im Augenblick sehr populär ist, darf man sich über
das Aufleben dieses Mythos nicht wundern. Die Berührung
mit östlichen Vorstellungen von Reinkarnation ist erwiese-
nermaßen gering. Jedenfalls liegt in der westlichen Form des
Reinkarnationsgedankens gerade mit der positiven Wertung
wiederholter Existenzen ein echtes »Eigenprodukt« vor.

Die Reinkarnation ist im Westen deshalb wesentlich ein Pro-
dukt der Aufklärung, weil sie auf rationale Weise die Frage
nach dem Woher und nach dem Wohin und zudem die nach
der je individuellen Gestalt der Einzelseele erklärt. Rational
ist daran, daß ein schlichter Zusammenhang von Tun und
Ergehen vorausgesetzt wird: Je nachdem, wie man im früheren Leben gehandelt hat, gestalten sich die Bedingungen für
das spätere Leben, oder: Die weiteren Leben sind notwendig, um die Unvollkommenheiten aus früheren Leben loszuwerden. Auch die Idee der notwendigen Vollkommenheit ist
dabei typisch aufklärerisch.

Aufklärerisch ist ferner der Fortschrittsglaube, der dazu be-
fähigt, einen positiven Gesamtsinn wiederholter Existenzen
anzunehmen. Unverkennbar ist der aufklärerische Optimis-
mus, demzufolge es mit dem Menschen in jedem neuen Leben bergauf geht. Der Mensch wird immer vollkommener.
Am Ende steht eine Allversöhnung, denn irgendwann wird
es auch die unvollkommenste Existenz zur Vollkommenheit
gebracht haben.

Aufklärerisch ist auch, daß hier ein eigenständiger Ansatz zu
einer Antwort auf die Theodizee-Frage (Woher kommt das
Böse?) erkennbar wird, und zwar einer, der letztlich ohne

einen persönlichen Gott auskommt, zu dem bestenfalls ein aufklärerischer Deismus (Gott ist eine Art Weltvernunft, nicht mehr) nötig ist, streng genommen jedoch auch der nicht. Jedenfalls ist ein Gott, sollte es ihn geben, weder eigensinnig noch willkürlich. Die Welt verläuft ganz vernünftig ohne ihn.

Die Frage nach dem Bösen muß so im Entwurf des Reinkarnationsglaubens nicht irgendwie mit der Frage nach Gott zusammengedacht werden. Alle Mißlichkeiten, die sich daraus ergeben, wie ein guter Gott Böses zulassen kann, werden hier umgangen. Der Mensch ist ganz und gar autonom, selbstverantwortlich und der gesetzlichen Struktur des Universums ausgeliefert. Das bedeutet: Der Mensch setzt sich dem Prinzip des »trial and error« aus.

Die gesetzliche Struktur wirkt sich für den Menschen so aus, daß er stets ein Lernender ist. Dieser Lernprozeß setzt sich bis zur Vollkommenheit fort. Was könnte den Idealen aufgeklärter Lehrerpersönlichkeiten besser entsprechen als ein über viele Leben ausgedehnter Lernprozeß, der dann jeden, aber auch wirklich jeden zum Klassenziel bringt! Im Bild: Das Dasein ist eine Schule, auf der jeder das Abitur erreicht, nur die Dauer ist unterschiedlich. Aufgrund des möglichen Lernprozesses kann man Freiheit und Verantwortlichkeit des einzelnen gut mit der Gesetzmäßigkeit der Welt verbinden.

Aufgeklärt ist auch die Fixierung auf das Individuum und seine Vollendung. In der Mitte steht die Frage des isolierten einzelnen: Wer bin ich?

Aufklärerisch ist schließlich die »Gleichbehandlung« der Subjekte: Ein jedes Subjekt verdankt sich nicht dem Ratschluß eines verborgenen Gottes, sondern hat – mit der Chance wiederholter Lebensläufe – grundsätzlich die gleiche Möglichkeit, vollkommen zu werden.

Die Vorzüge dieser Auffassung von Reinkarnation liegen auf der Hand. Sie liegen alle im Bereich des Theodizee-Problems. Die Frage nach dem Warum wird erklärt aus der

Übernahme von Eigenschaften aus früheren Existenzen. Der einzelne hat Anteil am Fortschritt der Welt. Trotz der geltenden Gesetzmäßigkeit in der Welt ist er frei und für alles Weitere selbst verantwortlich.

Kritik am Reinkarnations-Mythos

Die moderne westliche Rede von Reinkarnation ist, wie wir gesehen haben, ein unkritisch zum Mythos gewordenes Stück Aufklärung. Alle Einzelzüge dieses Glaubens weisen auf dieses eine Zentrum: Der isolierte einzelne steht im Mittelpunkt. Andere Menschen braucht er nicht auf seinem Weg zur Vollkommenheit. Gott braucht er eigentlich auch nicht; bestenfalls ist Gott ein tatenloses deistisches Wesen oder eine Art Weltvernunft. Vollends überflüssig ist es, von Gott als Person zu reden. Denn einen erkennbaren Eigenwillen hat dieser Gott jedenfalls nicht.

Von daher ist die Annahme von Reinkarnation wirklich ein Gegenstück zur Erwartung von Auferstehung. Diese verstehen wir mit Paulus wesentlich aus Gottes in Jesus Christus erfahrbarer Liebe. Auferstehung besteht wesentlich darin, daß keiner aus dem Netz der Beziehung, in dem er geborgen ist, herausfällt. Die Auferstehung jedes einzelnen besteht darin, daß Gott seines unverlierbaren Namens gedenkt.

Reinkarnation als Weg jedes einzelnen zur Vollkommenheit hat dagegen mit der Liebe Gottes nichts zu tun.

Der Haupteinwand gegen die Annahme von Reinkarnation besteht also darin: Hier wird der personhafte andere überflüssig, daher auch zumindest ein personhafter Gott. Bei der Reinkarnation geht es um eine Lerntechnik auf dem Weg des einzelnen zur Vollkommenheit. Auf diesem Weg braucht er kein Gegenüber. Nach dem Verständnis der Bibel dagegen steht der einzelne grundsätzlich nicht allein, sondern ist vernetzt mit den anderen und mit Gott. – Die Auffassung der Reinkarnation spiegelt damit auf erschreckende Weise die Einsamkeit des modernen Single.

Andere öfter vorgebrachte Kritikpunkte treffen dagegen die Auffassungen über Reinkarnation weniger. Dazu gehört der Vorwurf zyklischen Denkens. Es geht der Reinkarnation nicht um die Wiederkehr des Gleichen, sondern um lineare Verbesserung. Damit geht es auch um eine gewisse Einmaligkeit jedes Lebensablaufs. Bibelstellen, die bloß das »Heute!« betonen, sind daher zur »Widerlegung« ungeeignet. – Ferner kann man nicht generell sagen, das Böse werde verharmlost; dies gilt jedoch insoweit, als »Sünde« nach dem Neuen Testament ein überindividueller Zusammenhang ist und nicht in den Unvollkommenheiten des einzelnen aufgeht. Schließlich gibt es eben einfach keine biblisch zwingend begründbare Auffassung über die Entstehung des einzelnen Menschen. Wird jeder einzelne irgendwie durch Gott geschaffen? Gibt es eine Präexistenz der Seelen? Eine solche Präexistenz würde keineswegs ihr Erschaffensein ausschließen und auch Reinkarnationen nicht notwendig zur Folge haben.

Richtig ist dagegen, daß nach den verschiedenen Ansätzen der Bibel Ich und Leib viel enger zusammenhängen, als es nach den Theorien der Reinkarnation möglich wäre. Nach der Bibel ist der Zusammenhang zwischen dem Selbst und dem Leib so eng, daß ein leibloser Zustand mit Verdammnis gleichzusetzen ist. Das heißt: Für die biblischen Anschauungen gibt es keine von konkreter Leiblichkeit gelöste Seelensubstanz.

Reinkarnation und Christentum

In dem Buch von Rüdiger Sachau (»Westliche Inkarnationsvorstellungen«, 1996) wird der Eindruck erweckt, die Frage des Verhältnisses von Reinkarnation und Christentum sei im wesentlichen offen, und es sei vor allem eine Frage der Gesprächsbereitschaft seitens der Christen, Reinkarnation als Alternativmodell zur Auferstehung anzuerkennen. Zu dieser wohlwollend-offenen Haltung gelangt Sachau vor allem deshalb, weil er keinerlei Kriterien für eine Urteilsfindung nennen kann. Das ist indes nicht nur symptomatisch, sondern auch bedenklich. – Die oben dargestellten Einwände versuchen, solche Kriterien anzugeben.

Eine positivistisch verstandene Dogmatik kann ebensowenig ein Kriterium ersetzen wie der Umstand, daß noch kein Konzil die Reinkarnationsvorstellung verurteilt hat. Man wird eine Lehre nur dann überzeugend abweisen können, wenn sie Grundeinsichten des biblischen Gottes- und Menschenbildes verneint.

Offene Flanken in der kirchlichen Lehre

Die dargestellte Auffassung von der Reinkarnation trifft zum einen auf einige klassische Lehr-Defizite der christlichen Verkündigung, zum anderen antwortet sie auf Fragen, die die Bibel weder stellt noch beantwortet, die aber Menschen unserer Zeit wohl beantwortet haben wollen:

Die Kirche der Aufklärung schweigt über das Jenseits

Zu den Defiziten in der Verkündigung gehört mittlerweile großenteils die Mut, überhaupt eine Antwort auf die Frage nach dem Wohin zu geben. Auch jüngere Theologen sind weithin immer noch der Meinung, »die Kirche« könne dazu nichts sagen und müsse sich nur um die Sozialgestalt der Welt kümmern. Hier ist etwas zum Entweder-Oder geworden, was eine Einheit bilden müßte, weil man moderne Kirche mit der Kirche der Vernunft gleichgesetzt hat.

Mangel an inszenierter Vergebung

Die Großkirchen können heute – insbesondere nach dem Verfall der persönlichen Beichte – nicht mehr glaubwürdig über Versöhnung reden. Sowohl die Sündenvergebung in der Taufe als auch die aufgrund der Buße (sei sie nun sakramental begriffen oder nicht) bleiben abstrakt und unanschaulich, sind zu unverstandenen liturgischen Kurzformeln erstarrt.

Wo aber Sündenvergebung unanschaulich ist, kann sie als rein innerlicher Vorgang auch kaum noch »geglaubt« werden. Und wo Sündenmacht und Schuld bleiben, drücken sie auf die Dauer so sehr, daß die Menschen einen neuen Ausweg suchen. Reinkarnation ist ein Angebot, die Last der Unvollkommenheit – auf lange Zeit verteilt – loszuwerden.

Unbeantwortete Fragen

Was die Bibel in der Tat nicht beantwortet, sind Fragen danach, warum der einzelne gerade so oder so beschaffen ist. Diese Verlegenheit gilt freilich für alle Warum-Fragen, denn hier antwortet die Bibel nicht, weil die Frage gar nicht zur Debatte stand. Die umfassende Ursachenforschung im Sinne der Letztbegründung ist nicht Sache der Bibel. Nach den letzten Ursachen zu fragen, das haben wir eher von den Vorsokratikern und von Aristoteles gelernt. So fragt die Bibel auch bei den Anlagen und der Gestalt des einzelnen nicht danach, warum sie so seien. Sie fragt aber mit Intensität und Leidenschaft, was aus ihm werden kann, wenn er nun schon einmal so ist, wie er ist. Ist es nicht ratsam, für viele Fälle aufgrund vorhersehbarer Dunkelheit auf die Klärung des Warum zu verzichten? (Vgl. mein Buch »Wie kann Gott Leid und Katastrophen zulassen?«, 1996.)

»Reinkarnation« im Neuen Testament

Zumindest ein Grundphänomen der Reinkarnation ist dem Frühjudentum und insbesondere dem Neuen Testament durchaus vertraut: daß das »Wesen«, die »Substanz«, der »Personkern« eines Menschen zu verschiedenen Zeiten wiederholt auftritt. Allerdings sind der Kontext und die Funktion der Reinkarnation im Frühjudentum ganz erheblich verschieden von modernen oder asiatischen Vorstellungen.

Nicht nur Gestalten, die gar nicht gestorben, sondern entrückt sind, wie Henoch und Elia, können als sie selbst oder in anderer Gestalt wiederkommen, sondern auch andere, die gestorben sind, dann aber im Himmel waren, so etwa Jeremia und andere Propheten, Johannes der Täufer nach seiner Enthauptung. Sie kommen »in anderer Gestalt« wieder, und das gilt nach dem Glauben einiger auch für Jesus. Auch er kommt – das glauben einige Christen nach Markus 13,6.21 – wieder, wobei hier nicht an eine Wiederkunft als Parusie vom Himmel her gedacht wird; vielmehr ist Jesus dann »einfach wieder da«.

Auch bei Elia und Johannes dem Täufer ist das ganz klar: Man kennt die Eltern des Johannes, und trotzdem kann man fragen, ob er Elia ist, und nach Matthäus 11,14 sagt Jesus es ausdrücklich: Johannes der Täufer ist Elia. Lukas formuliert vorsichtiger: Johannes der Täufer sei aufgetreten *in Geist und Kraft des Elia* (Lukas 1,17).

Auch wenn Unterschiede zwischen den Texten bestehen, so ist doch eines deutlich: Es gibt so etwas wie eine umgrenzte Vollmacht, ein Bündel von Geist und Kraft, eine Art Kernsubstanz, die den Namen ihres ersten Trägers hat und die wiederholt auf die Erde gesandt werden kann. Der Grundgedanke einer Reinkarnation ist der Bibel also nicht fremd. Das sollte man nicht verharmlosen oder mit Hinweis auf die besondere Funktion wegdeuten. Es bestätigt sich einfach die Beobachtung, daß die Vorstellung der Reinkarnation in verschiedenen religionsgeschichtlichen Kontexten immer wieder auftauchen kann, ohne daß besondere historische Querverbindungen bestehen.

Doch die Funktion dieser Vorstellung ist in der Bibel eine völlig andere als im östlichen oder im modernen westlichen Reinkarnationsglauben. Sie gilt nämlich nicht für jeden Menschen, sondern nur für besondere Propheten. Alle genannten Personen sind prophetische Gestalten. Und Reinkarnation hat nichts mit dem persönlichen Heil derer zu tun, die wieder auftreten, sondern ist eine Sendung zugunsten des Heils anderer. Es geht damit hier sehr wohl um Gottes Aktivität. Schließlich will die Vorstellung der Reinkarnation im Neuen Testament erklären, wie es kommen konnte, daß Worte und Taten späterer Propheten denen früherer sehr ähnlich waren. Man denke an die Ausrichtung von Wundern Jesu an vergleichbaren Taten des Elia oder des Elisa. Doch es geht dabei nicht um das, was wir den individuellen Personkern nennen würden. Nicht die individuelle Person tritt neu auf, sondern ein anderer, der »so ist wie« jener Frühere. Insofern geht es um Ähnliches, wie wenn 1. Petrus 1,10 sagt, die Propheten hätten *im Geist Jesu* geweissagt. So wird mit einem mythischen Bild erklärt, wie historisch weit Entferntes doch auf einander bezogen sein kann und »zusammengehört«. Man könnte sogar sagen: Hier wird auf archaische Weise religionsgeschichtlich gedacht und »gearbeitet«. Theologisch gesehen geht es um das Problem der Einheit der Offenbarung in den verschiedenen Zeiten und Gestalten der Geschichte.

Man könnte weiter fragen: Ist nicht der *innere Mensch,* der nach Paulus durch den Heiligen Geist im Christen grundgelegt wird, den Tod des sichtbaren Leibes überlebt und einen neuen Leib bekommt, mit dem »Bündel« prophetischer Vollmacht vergleichbar, das je neue Leiblichkeit bekommt? Hat Paulus sich gewissermaßen an dieses prophetische Modell angehängt?

Antwort: Die Auffassungen vom »wiederkehrenden Propheten« sind *nicht* interessiert an der Bewahrung des Individuums. Sie sind vielmehr ausgerichtet an der wiederholt auftretenden gleichartigen Funktion des Gesandten; deshalb sind die Wundertaten so frappierend ähnlich. Daß es bei Paulus wirklich um das Individuum geht, ist daran erkennbar, daß er hier von *Liebe* spricht (Römer 8,35.39); aus Liebe gibt Gott den Heiligen Geist in des Menschen Herz (Römer 5,5). Wenn die Vollmacht eines Propheten wiederkehrt, so keineswegs aus Liebe Gottes zu Elia oder anderen. Vielmehr ist es das Anliegen der Lehre vom »wiederkehrenden Propheten«, die »Identität der Sendung« hervorzuheben. Die nächste Analogie besteht in der Auffassung des Kirchenlehrers Justin (2. Jahrhundert), daß in den verschiedenen Offenbarungen Gottes durch Engel, Propheten und Jesus immer wieder der eine und identische Logos Gottes sichtbar geworden sei. Dieser Logos ist nicht ein Individuum mit bestimmten Zügen, sondern Gottes der Welt zugekehrte Macht.

Allversöhnung

Allversöhnung als Zielvorstellung

Mit dem Wort Allversöhnung benennt man folgende Erwartung: Gott werde am Ende alle Schuld der Menschen aufheben und alle, auch die größten Sünder, in seiner Liebe bergen. Denn keine menschliche Schuld könne an den universalen Heilswillen Gottes so heranreichen, daß sie ihn zu ändern vermöge. Man beruft sich dafür gerne auf Stellen wie 1. Korinther 15,29, daß Gott am Ende *alles in allen Dingen* sein werde.

Die Bedeutung dieser Überlegung für die gegenwärtige Mentalität jedenfalls in Westeuropa kann gar nicht hoch genug eingeschätzt werden. Sie ist eng mit einem entsprechenden Kirchenverständnis verknüpft. Denn wer mit der Allversöhnung rechnet, vertritt in der Regel folgende Standpunkte:

– Das irdische Handeln der Menschen wird angesichts der Größe Gottes als belanglos und geringfügig angesehen, so daß davon auch nicht das ewige Heil des Menschen abhängen kann. Die eigene Position deutet man als demütige Bescheidenheit.

– Menschen das ewige Heil absprechen zu wollen gilt als Merkmal eines engen Klerikalismus, ja von Rechthaberei und Dogmatismus. Strenge Maßstäbe und enge Gesinnung werden ineins gesetzt und mit klerikalem Machtstreben gleichgesetzt. Denn Kritik erträgt man nicht.

– Allversöhnung gilt, wie so oft Aussagen über Gott, eigentlich dem Verhalten und den Maßstäben des einzelnen Christen. Daß sich diese Anschauung so weit durchsetzen konnte, spiegelt den Befund, daß »Toleranz« auf allen Ebenen zum Inbegriff von (christlicher) Religion geworden ist. Man möchte alles gelten lassen, nicht zuletzt deshalb, weil man selbst grundsätzlich und in allen denkbaren Lebensäußerungen akzeptiert sein möchte. Niemand darf kritisieren. Letzteres scheint einer der Hauptgründe für die Ablehnung der Amtskirche zu sein. Denn es ist lästig, wenn jemand einem Vorschriften machen will oder gar dazu auffordert, das Verhalten zu ändern.

– Menschen möchten in ihrer Privatsphäre in Ruhe gelassen werden. Aus der Religion suchen sich viele diejenigen Seiten heraus, durch die sie sich bestätigt sehen können.

– Wer sich nach Allversöhnung sehnt, betrachtet sich selbst in der Regel als unversöhnt, und zwar mit sich selbst, mit den Mitmenschen und mit Gott. Diesen Menschen ist nicht deutlich geworden, daß das Christentum *Versöhnung anbietet*, aber eben befristet und nicht als Automatismus. Das Christentum predigt keinen grausamen Gott, sondern einen, der Versöhnung und Barmherzigkeit ohne Vorbedingung anbietet. Wer davon allerdings nichts wissen will und noch nicht einmal bereit ist, »das Geschenk auszupacken«, das für ihn gedacht ist, macht sich einer gleichgültigen Mißachtung schuldig. Das kann nicht gutgehen. Von daher ist verständlich, daß das Versöhnungsangebot biblisch gesehen zeitlich auf das Leben des Menschen befristet, ja eigentlich auf die strikte Gegenwart des Hörenden bezogen ist *(Heute!)*. Gäbe es diese Grenze nicht, würde das Versöhnungsangebot wertlos und lächerlich in sich selbst.

Es sollte nur aufgezeigt werden, daß die große Verbreitung des Glaubens an die Allversöhnung ein typisches Merkmal der vorherrschenden volkskirchlichen Situation ist.

Leibfeindlichkeit

Der erste Vertreter der Lehre von der Allversöhnung ist der Kirchenlehrer Origenes (3. Jahrhundert). Er war ein deutlicher Vertreter des Neuplatonismus, das heißt jener philosophischen Richtung, für die eine Abwertung alles Leiblichen, Irdischen und Diesseitigen kennzeichnend ist. Auf der Grundlage dieses Ansatzes lautet dann die Konsequenz: Nichts Leibliches, Irdisches und Diesseitiges kann für Gott und seinen Bereich überhaupt Bedeutung haben. Wenn allein das Ewige und Unsichtbare zählt, dann kann eine irdische Tat des Menschen keinerlei Bedeutung haben.

Dieser Ansatz ist gewiß nicht biblisch zu nennen. Denn alles Leibliche und Irdische ist für Gott und den Himmel von höchster Bedeutung. Daher wird auch Gottes Sohn als Mensch zu den Menschen gesandt. Die Vertreter der Lehre von der Allversöhnung müssen sich deshalb vorwerfen lassen, mit Origenes einem Platonismus zu folgen, der auch sonst in der Kirche mehr Schaden als Nutzen gewirkt hat. Denn zumindest die Denkstruktur ist die gleiche: Alles Irdische, Konkrete und Leibliche soll plötzlich nichts zählen, wo es um die Verantwortlichkeit des Menschen geht.

Toleranz und Bestätigung als oberste Werte?

Ferner ist Toleranz nicht der höchste Wert in jüdisch-christlicher Religion. Nach der Auffassung der Bibel gleicht die Situation des Menschen eher der eines Patienten auf einer Notfallstation. Weder ist die Freiheit seiner Entscheidung das oberste Kriterium, noch ist der Mensch vor allem zu bestätigen. Vielmehr ist seine Lage so bedenklich, daß er zunächst und vor allem aus Lebensgefahr errettet werden muß. Alles andere ist zweitrangig.

Hoffen auf Gottes Barmherzigkeit

Vor allem aber gilt: Niemand weiß, wie barmherzig Gott am

Ende sein wird. Alle Aussagen, die vorgeben, darüber Kenntnisse zu haben, sind verdächtig. Noch nicht einmal durch die Sonne ist jemals jemand hindurchgeflogen. Wie kann dann jemand genau wissen wollen, was Gott tun wird? Es ist wahr: Wir hoffen, daß wir uns darüber werden wundern können, wie barmherzig Gott ist. Aber wir können nicht davon ausgehen, daß wir es wüßten. Das hieße Gott zum Prinzip machen, Versöhnung zum Automatismus und die Verantwortung des Menschen zur Farce.

Auch die Fürbitte hat hier ihren Ort. Denn nach der Verheißung des Neuen Testaments ist Gott nicht unzugänglich, sondern die Aufforderung heißt geradezu: »Stürmt diese Mauer des Schweigens!«

Biblische Aussagen zielen auf die Gegenwart

Ausgehen müssen wir von etwas ganz anderem: Die biblischen Aussagen zielen nie auf die »reine« Zukunft, sondern stets auf die Gegenwart. Dieses unersetzliche, einmalige Jetzt ist allein unser »Geschäft«. Die Bibel kennt keinen Aufschub. So weit reicht der Tod in das Leben hinein, so leicht tritt er hervor, daß alles daran liegt, daß der Mensch jetzt auf die Zeit der Gnade eingeht und das Angebot wie auch die Verheißung um des Himmels willen annimmt.

Der Horizont unseres Sehens ist begrenzt. Die Ruderer, die ständig nach dem Zielpunkt schielen, kommen nicht vorwärts. Im Gegenteil, wenn es gut ist, rudern sie mit dem Rücken zum Ziel. Denn das Ziel wird jetzt gewonnen oder gar nicht.

Das Interesse und die Sorge der Bibel gelten nicht nur dem Ziel. Sonst könnte man vielleicht sagen, man solle rudern, als gäbe es keine Barmherzigkeit, und hoffen, als könnten wir mit dem Rudern nichts bewirken. Beides wäre auf je eigene Weise grausam. Grausam ist auch die Lehre von der Allversöhnung, weil das Tun des Menschen zur Bedeutungslosigkeit degradiert wird. Gott als Gegenüber wird eine Art Abfüllmaschine, die unterschiedslos jedem seine »Gnade« zuteilt.

Wir sollen tun, was vor unserer Tür liegt, und dürfen angesichts der Mangelhaftigkeit dieses Tuns um Erbarmen bitten. Mehr zu sagen hieße, Gott auf verbotene Weise in die Karten geguckt haben zu wollen. Wir können seine Entscheidung nicht durch eine Theorie vorwegnehmen, die unsere konkreten Schritte und damit unsere ganze je individuelle Geschichte, alles, was im Gegenüber zu diesem Gott geschieht und gesagt wird, für bedeutungslos erklärt.

Bleibt aber die Angst?

Man könnte einwenden, daß bei dieser »Lösung« doch noch eine Menge Angst bleibt. Denn wenn die »Allversöhnung« nicht sicher ist, bleibt ja immer ein Stück Ungewißheit. Und angesichts des Heils, um das es geht, sollte man diese Ungewißheit nicht seligpreisen.

Aber andererseits: Es ist allzu verständlich, daß Menschen des ausgehenden 20. Jahrhunderts in allen Bereichen des Lebens nach hundertprozentiger Absicherung streben. Das Risiko ist gleich Null geworden, und wir hätten gerne einen Dienstleistungsbetrieb namens »Kirche«, in dem das genauso ist. Das Lebensgefühl, welches die modernen Versicherungen vermitteln, hat für die seelsorgerliche Situation eine nicht zu unterschätzende Bedeutung.

Gibt es einen Mittelweg zwischen Angst einerseits und einem unwürdigen Heilsautomatismus andererseits? Beide Extreme würden ignorieren, daß Gott sich uns zugewandt hat. Da kann nicht weiterhin Angst vor einem unberechenbaren Gott bestehen. Denn es gibt einen Bund. – Da darf man aber auch nicht die Wirklichkeit des Bundes zu einer automatischen Lebensversicherung herabreden. Ein Miteinander, und das ist der »Bund« zwischen so ungleichen Partnern, erfordert, um lebendig zu sein, immer wieder, daß beide anerkennen, wer und was sie sind. Und da sagt die Bibel: Gott gebührt die Ehre und der Lobpreis, die anbetende Anerkennung und die Klage, die wir vor ihn bringen. Dann geht es um eine lebendige Beziehung und nicht um das Regiment des Schreckens oder eine Automatik, die eher an der Welt der Elektronik orientiert ist als an Gemeinschaft unter lebenden, personalen Wesen.

Wir halten fest: Weder das moderne Versicherungswesen noch neuzeitliche Automatik kann deutlich machen, was das von Gott zugesagte Heil des Neuen Bundes mit den Menschen bedeutet. Dieser Bund bleibt lebendig, seine Verheißungen bleiben bestehen, wenn wir als menschliche Partner immer wieder anerkennend seine Grundkonstellation mit unseren Worten wiederholen: wer es ist, der sich da auf uns eingelassen hat. Denn jede Beziehung lebt von der eindeutigen Kommunikation. Das heißt: Der Weg, den Abstand zwischen Gott und Mensch und damit die verbleibende Angst zu überwinden, besteht darin, diesen Abstand im Lobpreis zu benennen und um Erbarmen zu bitten. Im Vaterunser sagen die Beter auch, was sie selber getan haben: »... wie auch wir vergeben haben unseren Schuldnern.«

Die Ewigkeit der Hölle

Das Modell Gericht

Das Neue Testament spricht immer wieder von der Ewigkeit der Hölle, und auch unter den überlieferten Aussprüchen Jesu finden sich Worte, die das bekräftigen. So spricht Jesus von der Hölle, *wo der Wurm nicht stirbt und das Feuer nicht erlischt* (Markus 9,48) oder von der *Finsternis draußen, wo Heulen und Zähneknirschen ist* (Matthäus 25,30). Es ist meines Erachtens wissenschaftlich gesehen überaus fragwürdig, ja aussichtslos, diese Stellen exegetisch zu beseitigen und für unecht zu erklären, nur weil Menschen heute dadurch abgeschreckt würden. Denn Abschreckung ist ja gerade das Ziel dieser Aussagen.

Andererseits ist es auch nicht damit getan, diese Sätze nur im Sinne von Belegstellen zu wiederholen, ohne ihre Funktion zu verstehen. Denn sie werden doch deshalb weithin abgelehnt, weil ihre Funktion nicht begreiflich gemacht werden kann. Hier besteht in der Tat ein Mangel an Plausibilität.

Die Ewigkeit der Hölle ist die logische Entsprechung dazu, daß unsere Zeit begrenzt und daß jede Situation im Leben des Menschen einmalig ist. Denn eben weil jede Stunde unwiderruflich vergeht und der Mensch sich in der Dimension der Einmaligkeit bewegt, deshalb sind auch die Folgen unwiderruflich. Könnte man eine Situation je wiederholen, dann könnte man auch ihre Folgen aufheben. Beides zusammen ist nach unserem Verständnis von Zeit und vom Verhältnis zwischen Ursache und Wirkung nicht möglich. Man nennt diesen Zusammenhang den von »Tun und Ergehen«. Sätze wie Matthäus 12,36 *Über jedes nutzlose Wort, das Menschen sprechen, werden sie Rechenschaft ablegen am Tage des Gerichts* werden erst von dieser eisernen Regel her verständlich. Das Tun des Menschen hat Folgen, für die er einstehen muß.

Die Gegenrechnung präsentiert die moderne westliche Auffassung von der Reinkarnation. Denn sie rechnet mit einem nahezu endlosen Prozeß, in dem jedenfalls die Angst vor dem Gericht beseitigt wird. Die Folgen allen bösen Tuns werden sicher beseitigt, eine unwiderrufliche Konsequenz gibt es nicht. Daher gibt es auch keine Hölle.

Eine Alternative zu dem »Modell Gericht« und dem »Modell Reinkarnation« ist nicht in Sicht. Beide Ansätze haben zudem eine Menge gemeinsam: Das eine Modell garantiert wie das andere eine Art Automatismus. Beider Mechanik ist, wenn man so will, starr. Man kann sogar noch weiter gehen und sagen: Beide Modelle kommen eigentlich ohne Gott aus. – Im Blick auf den Zusammenhang von »Tun und Ergehen« hat man bekanntlich öfter nach der Rolle Gottes gefragt und mußte sich immer damit begnügen zu sagen: Gott garantiert, daß diese Regel gilt und funktioniert. Es stehen sich in beiden Modellen daher auch zwei Starrheiten gegenüber.

Und es muß gesagt werden: Diese jeweilige Starrheit ist für die Vertreter des einen wie des anderen Modells das Faszinierende. Denn hier ist die Welt in Ordnung, und Ordnung und Sinn hängen eng zusammen.

Als Ausweg aus diesem Dilemma könnte man zunächst erwägen, an einen frei und ohne jede Ordnung Vergebung zusprechenden Gott zu denken. Das Problem bei dieser Lösung besteht in der Frage, wie diese Vergebung dann erfahrbar sein soll. Nach der Auffassung der Evangelien konnte Jesus in diesem Sinne Vergebung der Sünden zusprechen (Markus 2,12), und er erregte mit Recht Anstoß, denn einfach Vergebung zuzusprechen, das ist Gottes eigenstes Privileg. Und welcher Mensch nach Jesus dürfte das guten Gewissens nachmachen? Nein, diese »freischwebende« Vergebung durch Jesus hat auch in der Geschichte der Kirche keine Nachahmung gefunden, denn die Willkür wäre nur allzu durchsichtig und eine Gewißheit nicht gegeben. So mußte dieser Weg, so verlockend er bei Jesus und für seine Person war, ausscheiden. Er vertrug sich auch nicht mit der Logik des Modells Gericht, an dem ja doch wesentlich der einsehbare Sinn des Geschehens hängt. Denn wenn menschliches Handeln einfach folgenlos sein sollte, könnte man die Welt nicht (mehr) verstehen.

Eine neue christliche Antwort, die die Modelle Gericht und Reinkarnation (wenn man sie so anachronistisch nebeneinanderstellen darf) überwindet, wurde vielmehr im Umkreis des Apostels Paulus gefunden, und zwar wieder mit einem Mechanismus, der – und das empfahl ihn besonders – das Modell Gericht nicht in Frage stellte, aber dennoch die Zwangsläufigkeit der Verurteilung des Menschen aufbrach.

Wir stellten fest: Beim »Modell Gericht« wie beim »Modell Reinkarnation« geht es geregelt zu. Und alle Lösungsversuche die – abgesehen von der Vollmacht Jesu selbst – glaubwürdig sein wollen, können nur durch die Geltung strenger Regeln plausibel gemacht werden, denn an strengen Regeln hängt die Sinnfrage.

Paulus sagt: Jawohl, die Sünde des Menschen brachte ihm den Tod ein, und zwar nicht nur den biologischen, sondern den Tod überhaupt, das Ende. Diese Abfolge von Tun und Ergehen ist gültig und so nicht zu ändern. Und den biologischen Tod muß der Mensch auch weiterhin infolge seiner Sünde sterben. Aber dem endgültigen (dem »zweiten«) Tod kann man schon vor dem Lebensende (und nur dann) entkommen, indem man in einen ganz neuen Zusammenhang von Tun und Ergehen eintritt. Dieser neue Zusammenhang unterliegt gleichfalls strenger Regel. Sie heißt: Auf Leben in Gerechtigkeit folgt ewiges Leben oder Auferstehung.

Wie gelangt man nun in diesen neuen, heilvollen Zusammenhang hinein? Das ist natürlich die entscheidende Frage. Die Antwort des Paulus lautet: Durch die Taufe. Das Untertauchen bei der Taufe deutet er als Begrabenwerden mit Christus. Die christliche Taufe ist aber nicht nur symbolisch, sondern auch der Substanz nach wesentlich Sterben und Tod. Tod nämlich aller alten Verflechtungen und Verfilzungen, Abschied von dem, was Paulus sehr differenziert *Leib der Sünde* nennt, eben die Summe der Beziehungen und Abhängigkeiten des alten Adam. Gottes Gnade – und darin ist Gott unersetzlich – bestand darin, Jesus Christus gesandt zu haben. So konnten wir mit seinem Tod mitsterben. Er hat uns hineingenommen in dieses Geschehen, das der alten Welt den Abschied gab und immer wieder gibt, wo es in seinem Namen vollzogen wird.

Als Sohn Gottes ist Jesus ohne eigene Schuld und lädt dazu ein, mit ihm mitzusterben. Es ist also ein besonderer Tod, in den Jesus hineinzieht, wenn man sein Jünger, seine Jüngerin wird.

Wenn der Mensch so mit Jesus mitgestorben ist, ist an ihm die Strafe für die alten Sünden vollstreckt, der Tod. Dadurch aber ist der Mensch frei für den neuen Kreislauf von Tun und Ergehen, für die Folge von Gerechtigkeit und Leben.

Wir halten fest: Paulus löst das Problem des drohenden Gerichtes, indem er auf die Möglichkeit hinweist, daß man sich taufen läßt. Denn das heißt nichts anderes, als in der Mitte des Weges aufzuhören, auf der bisherigen Unheils-schiene zu laufen, und umgesetzt zu werden auf eine andere Schiene, die zu einem ganz anderen Ziel führt als zur zwangsläufigen Verurteilung. Das Mitsterben mit Christus in der Taufe ist zu vergleichen mit einem großen Kran, der einen Eisenbahnwaggon von einem Schienenstrang auf den anderen umsetzt.

Auch hier verläuft alles nach Regel. Die Verbindung von Sünde, Tod und Gericht bleibt bestehen. Die sinnvolle Ab-folge von Tun und Ergehen wird nicht gestört. Denn die Taufe ist Eintritt in einen neuen Regelkreis. Aber Gott ist hier unentbehrlich, nämlich als der, der Jesus Christus ge-sandt und so die Umsetzung in den anderen Regelkreis ange-boten hat.

Man kann darauf hinweisen, daß es auch bei Jesu Verkündi-gung des Reiches Gottes darum geht, in einen neuen Zusam-menhang von Tun und Ergehen einzutreten. Denn das Reich Gottes anzunehmen bedeutet: einen neuen Herrn über sich anzuerkennen, überzutreten in einen neuen Ackerbetrieb, in dem auch Saat und Ernte gelten, aber unter neuen Vorzei-chen erfolgen.

Wenn die Taufe bei Paulus – oder daß man nach Jesu Willen das Joch des Reiches Gottes annimmt und sein Jünger wird – so wichtig ist, daß sie als drittes neben die beiden »verhee-renden« Modelle gestellt wird, dann ist die Frage unabweis-bar, wie das heute plausibel sein oder gemacht werden kann.

Hier beginnen dann die Klagen: Eintritt in die Gemeinde oder Taufe sind Muster ohne Wert oder gänzlich unan-schaulich. Schon die Kirche des 1. Jahrtausends hat dieses bemerkt und die Profeß der Ordensleute als »zweite Taufe« oder die Buße/Beichte als Tauferneuerung betrachtet. Das eine wollen und können nur wenige, das andere ist völlig in Verfall geraten. Von daher nimmt es nicht wunder, daß auch das paulinische Modell im ganzen verblaßt ist und nur das »Modell Gericht« oder das »Modell Reinkarnation« sich nennenswerter Beliebtheit erfreuen.

Ein Vorschlag, der gewiß nur in kleineren Gruppen zu praktizieren sein dürfte: Um das paulinische Modell nicht ganz zu vergessen, könnte man die liturgisch vorgesehene Erinnerung an die Taufe in der Osternacht ausgestalten. Taufe muß einmalig bleiben. Aber die Vergewisserung des Getauftseins kann liturgisch vollzogen werden, und zwar durch radikale Gesten, die der Dimension »Sterben«, um die es bei der Taufe geht, angemessen sind. Ich denke, nur um Beispiele zu nennen, an wirkliches Schweigen, von dem es im 4. Esrabuch so schön heißt, daß es zwischen alter und neuer Schöpfung vermittle: »Die Welt wird in das einstige Schweigen sieben Tage lang zurückkehren, wie es im Uranfang war, so daß niemand übrigbleibt. Nach sieben Tagen aber wird die Welt, die noch nicht wach ist, erweckt werden, und das Vergängliche wird sterben« (7,30). Oder ich denke an das Niedergestrecktsein auf dem Boden, das ein Gestus für Tod ist, und an das sich das Aufstehen als Teilhabe am Auferstandenen anschließen könnte. Solche Art von Erinnerung mag gewagt sein, aber ich finde sie immer noch sinnvoller, als Römer 6 zur rein akademischen Angelegenheit werden zu lassen.

Wir halten fest: Das »Modell Gericht« gilt nach dem Neuen Testament nur für den, der es ablehnt, sich das angebotene Heil schenken zu lassen. Dieses Heil wird in der Tat als Wert vorgestellt, so daß man nicht ohne Schaden darauf verzichten kann.

Einwände

Der Haupteinwand gegen das Vorgetragene richtet sich gegen die drei Modelle (Gericht, Reinkarnation, Paulus) gemeinsam: Warum sollte Gott nicht so frei vergeben, wie er es durch Jesus zu dessen Lebzeiten getan hat? Warum sind die

Ordnung und das Regelsystem von Tun und Ergehen unabdingbar? – Gerade an dieser Stelle liegt die moderne »bürgerliche« Option für den »historischen Jesus«. Ist nicht seitdem klar, daß Gott so frei ist in seiner Gnade wie der Vater des verlorenen Sohnes? Wir nennen diesen Vorschlag in der Folge die »Option freie Gnade«.

Nun ist der verlorene Sohn immerhin zu einem Sündenbekenntnis in der Lage, das sowohl Mensch wie Gott nennt, denen gegenüber er sich versündigt hat. Insofern geht es auch hier um eine (im übrigen alttestamentliche) Regel, die lautet: Umkehr – Sündenbekenntnis – Vergebung. Aber abgesehen davon sind die drei Modelle, die sich am Zusammenhang von Tun und Ergehen orientieren, aus recht schwerwiegenden Gründen in gewissem Maße plausibel. Dabei beziehen wir uns jetzt auf das Modell »Gericht« und das Modell »Paulus«:

Für beide Modelle ist es schlicht selbstverständlich, daß der *Schöpfer auch der Erlöser* ist. Daher wird die Regelhaftigkeit (das »Gesetz«) der Natur gerade nicht verselbständigt gegenüber einem gütigen Gott. Das aber ist genau der Fall bei der »Option freie Gnade«. Vertreter dieser Option setzen den gütigen Gott, der die reine Liebe sei, konsequent ab von dem »gesetzlichen Regelwerk« der restlichen Welt. Die Welt hat so mit dem gütigen Gott nichts mehr zu tun. Diese Position hat schon der Theologe Markion zu Beginn des 2. Jahrhunderts vertreten, und hier genau liegt auch die Versuchung für den modernen Protestantismus.

Anders dagegen bei Paulus und beim Modell Gericht. Erlösung und Schöpfung werden zusammengehalten durch die umfassende Kategorie der Gerechtigkeit im biblischen Sinn. Die biblische Gerechtigkeit ist weder »Berechenbarkeit« (negativ verstanden) noch stets einfach »Barmherzigkeit«, sie ist vielmehr wohl am besten als »Konvivenz« zu deuten: Gott will und ermöglicht das Zusammenwirken und -leben der Kreatur und der Welt mit Gott. Daß Menschen miteinander und mit Gott zusammenleben können, ist, soweit wir sehen können, das Ziel, nicht aber die Realisierung des Prinzips Güte an sich. Die Bibel denkt hier, mit Verlaub, nicht idealistisch, sondern politisch.

Um Zusammenleben zu ermöglichen, bedarf es nicht immer nur reiner Güte und Barmherzigkeit, sondern dazu gehört auch wirksamer Schutz vor Amokläufern, Gerechtigkeit für die Opfer der Gewalt und Abwehr derer, die den anderen eine mehr oder weniger ideologisch kaschierte Gewaltherrschaft aufzwingen wollen.

Wer Gott mit dem Prinzip Güte identifiziert, verzichtet nicht nur auf dessen Personalität, sondern leiht der Religion Züge, die immer wieder nur dem Stärkeren und Brutaleren in dieser Welt nützen, dem ein rein gütiger Gott äußerst gelegen kommt, um ungehindert angstfrei wirken zu können.

Von daher könnte verständlich werden, weshalb Paulus so engagiert von Gerechtigkeit spricht. Sie ist die umfassende Kategorie. Im Fall der Sendung Jesu äußerte sich Gottes Gerechtigkeit als seine Barmherzigkeit. Doch je nach Situation hat diese Gerechtigkeit eine neue Gestalt, und das gilt auch für die vom Menschen geforderte. Gerechtigkeit im biblischen Sinne ist nicht gesetzlich, sondern sensibel und situationsbezogen.

Wir halten fest: Der Gott der Bibel ist nicht nur unberechenbar, sondern auch – im positiven Sinne – berechenbar. Er ist unberechenbar, weil er erwählt, wen er will, und verstockt, wen er will. Aber man kann unmöglich nur auf diese Seiten schauen. Dieser Gott ist auch berechenbar als der treue und gerechte Gott, der Zusammenleben stiftet und garantiert.

Weil der Gott der Bibel beides ist, hat die »Option freie Gnade« nur einen begrenzten Raum; es ist unmöglich, daraus ein Prinzip zu machen.

Die Zukunftshoffnungen der Christen

Atmen – Einatmen und Ausatmen, das ist Leben. Ein Rhythmus wie Ebbe und Flut. Solange ich noch atme, lebe ich. »Nefäsch« heißt das auf Hebräisch: Ein einziges Wort für Kehle, Atmen, Seele, Leben. Nefäsch sitzt im Blut. Ganz elementar, ganz dinglich, ganz leibhaft.

Und so sagt der Prophet: *Am Tage, da du geboren, wurde deine Nabelschnur nicht abgeschnitten. Du wurdest nicht in Wasser gebadet, mit Salz wurdest du nicht eingerieben, niemand wickelte dich mit Windeln. Kein Auge blickte mitleidig auf dich, an dir eines von diesen guten Dingen zu tun. Sondern ausgesetzt wurdest du aufs freie Feld. Dein Leben verachtete man am Tage, da du geboren wurdest. Da ging ich an dir vorbei und sah dich in deinem Blut zappeln und sagte zu dir, wie du in deinem Blut dalagst: Du sollst am Leben bleiben. Ich wusch dich mit Wasser, spülte dein Blut von dir ab und salbte dich mit Öl.* (Hesekiel 16,4–6.9)

Du sollst am Leben bleiben: Gott hat dem Adam seinen Atem eingehaucht. Der Auferstandene bläst die Jünger an: Empfanget Gottes Atem, sagt er dazu. Heiliger Geist – das ist Gottes Atem vom Anfang. Die Hoffnung der Christen ist dreifaltig. Gottes Atem, durch Jesus uns zugehaucht, ist der Heilige Geist. Dieser Atem ist die Luft zum Leben, und eben deshalb unsere Hoffnung.

Wo ist Gott? Zuallererst im Atem. Denn durch ihn wurde Adam lebendig. Er hat sein Leben nicht für sich behalten, sondern uns mit seinem Leben angesteckt. Er wollte und will nicht für sich sein. Immer wieder, an jeder Station unseres Lebens, trifft er uns und sagt: *Du sollst am Leben bleiben.* Auch an dieser Stelle zum Beispiel, wenn in der Liturgie der Osternacht der Liturge dreimal in Kreuzform über das neue Taufwasser haucht und dazu sagt: Es komme herab auf all dieses Wasser die Kraft des Heiligen Geistes.

Und ist es nicht so, wenn wir singen? Wir lassen unseren Atem den Weg nehmen, den er einst genommen, in Richtung Gott. Zeigen an, woher wir unsere Luft haben. Und hat nicht der sterbende Jesus am Kreuz gesagt: Dir befehle ich mein Atmen an, ich lege es in deine Hände?

Wenn Gott in unserem Atmen ist, dann gilt auch dieses: Gott wird den längeren Atem haben. Er wird an allen Stationen, auch an der Zwischenstation des Todes, sagen: *Du sollst am Leben bleiben.* So redet denn auch der große Paulus von der Auferstehung durch Gottes Geist und meint etwas ganz Elementares damit: Gott wird uns auch in der Erbärmlichkeit des Todes nicht liegen lassen, sondern das wieder sagen: *Du sollst am Leben bleiben.*

Wenn dieser Gott Leben ist – wie kann er sich selbst vergessen? Das ist die entscheidende Frage: Ob Gott sich selbst vergessen kann, sich selbst aufgeben wird. Ob er kapitulieren wird vor dem Tod oder ob er den längeren Atem hat. Die alles entscheidende Frage lautet daher: Was ist Gott wert angesichts des Todes?

Über unseren eigenen Tod sagt Martin Luther, es sei wohl wie bei einer Geburt, wie eine enge Pforte sei das Sterben, ein schmaler Steig, sehr eng, aber nicht lang, dahinter ein großer Raum und Freude. Wenig Luft, dann Freiheit zum Atmen. Woher weiß Luther das? Immer wieder haben Menschen gewußt: Sterben ist wie Geborenwerden. Der auferstandene Jesus ist der Erstgeborene aus den Toten. Der Todestag der Heiligen heißt ihr Geburtstag. Todestag als Geburtstag – das ist eine Perspektive, über die sich reden läßt! Die alten Christen sagten: Wir gehören zu Christus, der die Sonne ist. Unser Sterben ist, wie wenn die Sonne beim Untergehen ihre Strahlen in sich hineinsammelt. Sterben ist, wie wenn wir ins Licht eingesammelt werden.

Und was ist mit der Hoffnung für die Welt? Sollte nicht im Namen dieses Gottes Versöhnung zwischen den Völkern mehr sein als ein Fototermin vor dem Fernsehen? Zum Beispiel das Verhältnis zwischen Deutschen und Tschechen.

Warum mußte die Versöhnung in den Schreibtischen der Politiker so lange vor sich hinfaulen? Warum gibt es kein großes Christentreffen zu diesem Thema, an dem Laien und Kirchenführer beider Seiten Wahrheit reden und dann vor Gott und in seinem Namen das Evangelium der Versöhnung verkünden? Es ist nicht einzusehen, warum wir Christen uns hier wieder eine Möglichkeit nehmen lassen, etwas zur Vergebung von Schuld anzumerken und anzumelden. Denn unbewältigte Schuld schnürt uns den Atem ab.

Im Namen unseres Gottes bieten wir als Modell des Friedens in der Welt die Einheit in der Mannigfaltigkeit an. Denn bei Gott und nur bei ihm sind alle Gegensätze eins. Nur wenn man den Nationen ihr Recht und ihre Tradition läßt, kann es Frieden geben. Christlich ist: darauf zu achten, daß nichts und niemand unter den Tisch fällt. Beispiel Arbeitslosigkeit: Menschen nicht in die ausweglose Lage bringen, daß sie meinen, nichts wert zu sein. Statt Besitzstandwahrung Arbeit verteilen.

Hoffnung für die Welt, das heißt auch an die Wiederkunft Christi zu denken. Judentum, Islam und Christentum, alle drei warten auf die Ankunft des Messias. Auch die Muslime erhoffen Jesus als den kommenden Messias, als den Mahdi. Überlassen wir dieses Thema nicht den Sekten! Das heißt nicht, wir müßten uns etwas vorstellen oder in Einzelheiten ausmalen. Die Wiederkunft Christi ist keine Sache der Phantasie oder der Rechthaberei, sondern der Sehnsucht. Aber es ist ein Prüfstein für unser wahres Verhältnis zu Jesus: Können wir uns wirklich die Ewigkeit ohne ihn vorstellen? Sehnen wir uns danach, daß er bei uns ist? Lassen wir nicht seit Paulus bei jedem Abendmahl seinen Platz für ihn frei, bis daß er kommt? Können wir mit den alten Christen beten: Herr, komm doch wieder!? Der Seher Johannes sagt, es sei wie bei Braut und Bräutigam. Die Braut sagt: »Komm!« Zärtlich, sehnsüchtig, herausfordernd sagt sie das. »Komm, wir waren lange genug getrennt von dir!« Es macht keinen Sinn, hier dogmatisch zu reden. Aber in der

Adventszeit haben wir keine Schwierigkeiten zu sagen: »Wolken, regnet ihn herab!« oder: *»Regem venturum...* Den kommenden König der Völker, den Herrn, kommt, laßt uns ihn anbeten.« Und auf den Glocken des Mittelalters stand, was auch wir noch beten können: »König der Herrlichkeit, Christus, komm mit Frieden!« Bilder und Lieder sind die Form unserer Sehnsucht, nicht professorale Rede.

So ist es auch mit der Auferstehung. Auf dem Dünenfriedhof der Insel, auf der ich jedes Jahr Kurpastor bin, steht ein Auferstehungskreuz. Nicht ein dunkles Kreuz für sich, sondern ein Kreuz, umrandet von weißem Beton wie von einer Schachtel ohne Decke und Boden. Der weiße Stein, der das Kreuz umfaßt und umgibt, steht für das Licht der Auferstehung. So wird das Kreuz richtig eingeordnet. Tritt man näher hinzu, so sieht man viele kleine Kreuze, die in den weißen Rahmen eingezeichnet sind, für jeden einzelnen Christen eines. Das ist die Hoffnungsvision, die wir hier anzubieten haben: Wir sind mit dem Auferstandenen ein Leib. Wir versinken nicht im Nichts der Einsamkeit und der Eiseskälte des Todes, sondern gehören als Strahlen zu dieser Sonne, die Christus ist.

Auferstehung ist Chefsache Gottes. Denn wie auch immer das sein wird: Hier kommt Gott zu seinem Ziel, das seit der ersten Zeile der Bibel angekündigt und das Schritt um Schritt ohne jeden Kompromiß umgesetzt wird. Gott drängt das lebensfeindliche Chaos Schritt um Schritt zurück, damit niemand mehr umkommt oder unter den Tisch fallen muß. Mit Jesus ist Gott den entscheidenden Schritt vorangekommen. Auferstehung ist nicht eine Sache der Knochen, sondern ein Fall von Liebe.

Gott wird erneut sagen: *Du sollst am Leben bleiben.* Wie auch immer das sein wird: Er will uns seinen heiligen Atem geben, weil er uns liebt und nicht vergißt.

Gibt es auch Hoffnung für die Kirche? Viele Christinnen und Christen sind bis an die Wurzel ihres Glaubens unsicher geworden. Sie können sich mit ihrer Kirche, die sie als Hierarchie oder Amtskirche verstehen, nicht mehr identifizieren. Die meisten verwechseln »Glauben« damit, irgendeine Meinung über »die Kirche« zu haben. Doch wenn wir hier nicht lernen, gegen den Strom zu schwimmen, wird unser Glaube bald vergessen sein. Denn Christentum ist nicht eine Meinung über irgendwelche Kirchenführer da oben, sondern ist eine Praxis des Dankens, des Betens und der Liebe. Die Liebe überlassen wir zumeist dem Diakonischen Werk oder der Caritas. Aber an Danken und Beten hängt die Zukunft unserer Religion. Das Gebetbuch der Kirche sind die Psalmen. Sie haben sich in zweitausendsechshundert Jahren gut gehalten.

Und wir lassen uns etwas über asiatische Spiritualität vorerzählen und finden das toll. Immer wieder höre ich, das Christentum habe so etwas gar nicht zu bieten. Doch, doch, man schaue nur nach in den Psalmen. Und wem sie zu hoch sind: Schlichte russisch-orthodoxe Christen kennen zuweilen nur das eine Gebet: Herr, erbarme dich meiner! Das kann man wohl auch mit löcherigem Gedächtnis behalten. Ich kann nicht finden, daß man dadurch ein unmoderner Mensch wird, daß man das ein- oder zweimal am Tag sagt. Unser Gebet könnte mit unserem Atem verschmelzen, ein wenig wie im Jesusgebet der Ostchristen. Beten heißt, daß unser Atmen zum Gebet wird.

Aber das hätte doch die gewaltige Konsequenz, daß wir Kirche nicht nur von außen sehen, als etwas, was wir zu beurteilen und zu dem wir dann gehörige Distanz einzunehmen hätten, sondern von innen, als ein Schiff, das zwar in Not ist, aber dessen Segel die Liebe und dessen Mast der Heilige Geist ist. Tun wir es nicht den Ratten nach, die das Schiff als erste verlassen. Seien wir nicht so schrecklich opportunistisch. Auch Ratten können irren. Engel, am leeren Grab zum Beispiel, jedoch nicht.

Wir fragen: Was ist allen diesen Themen gemeinsam, der Rede vom eigenen Tod, von der Zukunft der Völker, von der

Wiederkunft Christi und von der Zukunft der Kirche als der Gemeinschaft derer, die danken, beten und lieben?

Gemeinsam ist erstens dies: Wir brauchen viel Öl für unsere Lampen, wie die klugen Jungfrauen.. Öl, das heißt: Geduld, starke Nerven, nochmals Geduld. Das ist nicht nur bei der Kindererziehung so, wie Eltern, Tanten und Lehrer wissen, es gilt auch im Verhältnis zwischen den Völkern und zwischen Gott und Welt. Es gilt auch für das Gebet, denn hier ist das Wesen der Sache: Wiederholung, Wiederholung, Wiederholung.

Zweitens gilt immer und auf jeder Ebene das Bild Luthers vom dunklen Schlund wie bei der Geburt, in dem es eng ist und in dem wir nach Luft japsen. Wir müssen alle durch etwas hindurch, das uns niemand abnehmen kann.

Drittens aber gilt etwas ganz Schlichtes: Zukunft läuft nicht ins Endlose wie der wäßrige Horizont. Zukunft geschieht immer zwischen Gott und uns. Gott ist unser Gegenüber. Er blickt auf uns, weil er uns will, wir leben geistlich und leiblich von der Luft, die er uns in die Nase bläst. Wir blicken auf ihn, wenn wir auf den Gekreuzigten sehen und wenn wir singen, daß Jesus auferstanden sei. Es stimmt schon, wenn die Leute sagen, alles sei eine Sache der Optik. Ich sehe Zukunft durch die Brille des Glaubens. Aber deswegen wird mir noch lange nicht schwarz vor Augen.

Alles, was wir als Ziel in der Zukunft denken, bestimmt in Wahrheit nicht die Zukunft, sondern unser Handeln in der Gegenwart. Hoffnung ist keine Sache der Zukunft, sondern die Luft zum Atmen. Der Schöpfer, der als Heiliger Geist nicht für sich bleiben will, der als Atem zum Leben uns ganz erfüllen will – das meint Paulus mit dem Bild: Gott alles in allem. Alles wird reine Lebensfreude sein, Purzelbäume schlagend.

So wie es bei Jesus angefangen hat. Der Gott des Neuen Testaments hat die Einsamkeit endgültig satt, und so will er kurzerhand alle zu Gott machen, alle Menschen zu Kindern des einen und einzigen Gottes.

Hoffnung ist die Kraft, von der wir leben. Daher kommt, was wir oft an alten Leuten sehen: Wer keinen Lebenswillen mehr hat, der verfällt. Wer kein Ziel mehr sieht, den reizt nichts mehr.

Und da ist es schon sehr erheblich, ob man meint, daß alles zu Staub wird – oder zu Licht. Mit der Dichterin Marie Luise Kaschnitz kann ich sagen: Unsere Zukunft ist wie »ein Haus aus Licht«.

Wachsamkeit

Sucht man für menschliche Existenz in diesem zu Ende gehenden Jahrhundert nach einem zusammenfassenden Symbol, so liegt es nahe, an Menschen im Luftschutzkeller zu denken. Krieg und Vertreibung gab es auch vorher schon, die eigentliche Neuerung ist der Krieg aus der Luft gegen alles, im Zweiten Weltkrieg wegen der Flaks noch zumeist nachts geführt.

Eine meiner frühesten und bleibenden Kindheitserinnerungen ist die nächtliche Flucht in den Luftschutzkeller des Mietshauses, in dem wir wohnten, oben aus dem dritten Stock mit uns beiden kleinen Kindern. Und natürlich konnte man da unten im Keller dann nicht schlafen, wenn die Nachbarhäuser unter Bomben in Schutt und Asche sanken. Es waren die Bombennächte meiner Kindheit. Binnen vierundzwanzig Stunden verlor meine Heimatstadt Hildesheim damals achthundert Fachwerkhäuser, das ganze mittelalterliche Hildesheim gab es nicht mehr. Erst wenn es Tag wurde, konnte man aufatmen.

Jesus ist so unfein, so unhöflich, an diese Grundgemeinheit zu erinnern: Menschen müssen wachen, um ihres und anderer Lebens willen. Gemein ist das deshalb, weil das Recht auf Schlaf zu den ganz elementaren Grundrechten des Menschen gehört. Wie schön, eine Nacht lang wohlig zu schlafen und morgens gesund aufzuwachen, sich in Erwartung einer positiven Antwort zu fragen: Hast du gut geschlafen? Auch hier ist das Neue Testament äußerst skeptisch gegenüber den lebensnotwendigen elementaren Vorgängen. Skeptisch gegenüber Essen und Trinken, Heiraten und Geheiratet werden, Kaufen und Verkaufen. Skeptisch auch gegenüber dem Schlafen. Aber braucht man das nicht alles? Gewiß, ja, aber in diesem Rhythmus wird das Leben immer nur so weitergehen. Gut schlafen und gut aufwachen, gut essen und gut trinken, Kinder zeugen und gebären – so geht es seit Jahrhunderttausenden. Jede Herrschaft baut auf diese Grundvollzüge und daß sie sich durchsetzen werden. Aber es geht alles immer nur so weiter. Und wir wissen: Gefährlich waren und sind Leute, die nicht schliefen, die nicht aßen, nicht heirateten, sondern die um ihrer Ideale oder um des Himmelreiches willen wach bleiben konnten. Gefährlich, verdächtig, unheimlich.

Aber auch dies gilt: Um des Lebens willen muß man auf solche elementaren Bedürfnisse auch einmal verzichten können. Wer immer nur seine acht Stunden schlafen muß, wird nie die halbe Nacht mit Liebe zubringen, wird nie kleine Kinder versorgen wollen, wird nie Kranken beistehen wollen. Und große Sorgen oder wichtige Projekte rauben einem den Schlaf. Wer hätte das nicht schon erlebt? Von daher versteht man ganz gut, wenn in der Sprache der Bibel »Wachet« parallel steht zu der Aufforderung: »Hütet euch um eures Lebens willen.« Wo Leben bedroht ist, verzichten wir auf Leben und Rechte, anders ist Leben nicht zu erhalten.

Für das Daseinsgefühl Jesu und seiner Jünger war dieses offenbar ganz wichtig: Es kommt etwas auf uns zu, was unser Recht auf Schlaf dezimiert, es gibt etwas, was wir nicht verschlafen dürfen, und zwar ab jetzt und für immer. Das, was da auf uns zukommt, ist nicht nur angenehm, sondern zweideutig wie das meiste im Leben, riskant, kann so oder so ausgehen. Wacht um eures Lebens willen! Die Bilder, die immer wieder vorkommen: Sklaven, die auf ihren Herrn warten – nicht etwas, das für sich genommen erfreulich wäre.

Oder der Hausherr, der bereit sein muß, weil er nicht weiß, wann der Einbrecher kommt. Eine ebenfalls unangenehme Erfahrung. Aber bevor man den Einbrecher, der sicher kommt, alles ausräumen läßt, bleibt man schon um seiner Sachen willen auf. Wenn wir schon um derentwillen auf Schlaf verzichten, wie sehr erst, wenn unser Leben in Gefahr ist, nicht nur unser leibliches, sondern unser Leben überhaupt. Die äthiopische Kirche bittet in der Totenliturgie: »Schenke uns die Weisheit, die Tag und Nacht an den Tod mahnt.«

Jesus weiß sich mit seinen Jüngern zusammen wie in der Nacht, lange vor Tagesanbruch umgeben vom Dunkel und seinen tausend Möglichkeiten. Er ist gewiß: Angesichts dieser Möglichkeiten, Ungewißheiten und Gefährdungen kommt es jetzt darauf an, nüchtern und konzentriert Kurs zu halten, sich nicht gehen zu lassen, sondern jetzt zu entscheiden.

Noch einmal der Luftschutzkeller: Die vielen Menschen saßen eng beieinander, nachts in dem kleinen Raum. Daher hatte ich keine Angst. Menschen saßen lange zusammen, die sonst nur aneinander vorüberhasteten. Die Gefahr schloß sie zusammen, aller Streit um Kleinigkeiten war vergessen. Keiner fror, die Menschen konnten einander wärmen.

Die Gottesdienste der frühen Christen in den Katakomben waren ähnlich. Tief unten im Friedhofsgewölbe, wie eine Verschwörergruppe, nachts, einer stand Schmiere. Und wer schon einmal ein Mithrasheiligtum gesehen hat, findet dort das gleiche Bild: Menschen, die den Lichtgott anbeten, finden sich ein im Gewölbe unter der Erde. Nachts zu feiern, um den Morgen zu erwarten.

Die Alte Kirche hat die Szenerie übernommen. In der Feier der Osternacht versammeln sich nachts Menschen wachend, und lange Jahrhunderte meinte man, Jesus werde gerade in der Osternacht wiederkommen. Da war es gut, ihn in der Kirche zu erwarten. Wenn dann der Morgen dämmerte und der Herr nicht gekommen war, konnte man die sehr erleichterte Gemeinde entlassen.

Menschen sitzen zusammen, die Nacht umschließt uns. Wir wissen nicht, was kommt, wann es kommt, wann er kommt. Wir wissen nur, daß die Nacht die Herzen eint und die Gewalten beugt. Auch wenn wir im Morgengrauen aufatmen, so ist doch die Nacht unsere Stunde, in der das Leben entsteht und gerettet wird. In der der Herr auferstanden ist und wiederkommt. Die Nacht ist die Stunde der Krise. Das Fieber erreicht seinen Höhepunkt und flaut ab. Wachen ist notwendig in der Krise, daß einer für den anderen wacht. Verdrängen wir nicht das Bild der Nacht aus unserer Existenz.

Zum Schluß ein paar Zeilen, die für ein evangelisches Trappistenkloster geschrieben wurden, nahe der Stadt, in der ich wohnte. Alles, was darin genannt ist, ist mir vertraut seit der Kindheit: die Stadt, der Berg, auf dem das Kloster liegt, die Brücke. Wir können die Existenz dieser Menschen als eine Art Stellvertretung ansehen, aber auch als Bild für das, was christliche Existenz im ganzen ausmacht:

Gebet eines Klosters am Rande der Stadt (Silja Walter)

Jemand muß zu Hause sein, Herr,
wenn du kommst.
Jemand muß dich erwarten,
oben auf dem Berg vor der Stadt.

Jemand muß nach dir Ausschau halten Tag und Nacht.
Wer weiß denn, wann du kommst.
Jemand muß wachen unten an der Brücke,
um deine Ankunft zu melden.
Herr, du kommst ja doch in der Nacht wie ein Dieb.
Wachen ist unser Dienst, wachen.
Auch für die Welt, sie ist so leichtsinnig,
läuft draußen herum, und nachts ist sie auch nicht zu Hause.

Denkt sie daran, daß du kommst?
Daß du ihr Herr bist und sicher kommst?

Herr, jemand muß dich aushalten,
dich ertragen, ohne davonzulaufen.
Deine Abwesenheit aushalten,
ohne an deinem Kommen zu zweifeln.
Dein Schweigen aushalten und trotzdem singen.
Dein Leiden, deinen Tod mitaushalten
und daraus leben.
Das muß immer jemand tun mit allen anderen.
Und für sie.

Und jemand muß singen, Herr, wenn du kommst.
Das ist unser Dienst:
Dich kommen sehen und singen.
Weil du Gott bist.
Weil du die großen Werke tust, die keiner wirkt als du.
Und weil du herrlich bist und wunderbar wie keiner.

Verzeichnis der Bibelstellen

Die ostkirchlichen Liturgien
Übersicht und Quellennachweis

Antiochenische Liturgie: siehe westsyrische Liturgie

Armenische Liturgie: Vor allem unter Oberbischof Sahak (390–441 n. Chr.) entwickeltes Ritual der christlichen Armenier, nach Athanasius d. Gr. benannt

Äthiopische Liturgie: Auf der Grundlage der koptischen Liturgie in Alt-Äthiopisch (Ge'ez) überwiegend im 5. und 6. Jahrhundert verfaßte Rituale

Byzantinische Liturgie: siehe griechisch-orthodoxe Liturgie

Chaldäische Liturgie: siehe ostsyrische Liturgie

Georgische Liturgie: Ab dem 5. Jahrhundert, um 700 stark national geprägte Liturgie der christlichen Georgier; verwandt mit der armenischen und der westsyrischen Liturgie

Griechisch-orthodoxe Liturgie: So nennt man die Liturgie des byzantinischen Reiches in griechischer Sprache; verbreitet auch in Ungarn und Rumänien; endgültige Fassung im 14. Jahrhundert

Koptische Liturgie: Auf sehr alten Grundlagen des ägyptischen Christentums seit 451 (Konzil von Chalzedon) selbständig gegenüber der byzantinischen Reichskirche weiterentwickelte Liturgie der christlichen Ägypter; endgültige Fassung im 7. Jahrhundert

Maronitische Liturgie: Gottesdienst der syrisch sprechenden Christen, erhielt seine endgültige Gestalt im 8. Jahrhundert. Noch heute verbreitet in Libanon, Syrien, Palästina, Zypern, Ägypten und Amerika. Ähnlichkeiten mit den ost- und westsyrischen Liturgien

Ostsyrische Liturgie: Verbreitet bei den Nestorianern im Irak, in Persien und bei den Malabaren Indiens, ab Mitte des 16. Jahrhunderts mit Rom uniert

Russisch-orthodoxe Liturgie: Auf der Grundlage der byzantinischen Liturgie in Rußland weiterentwickelte Liturgie in kirchenslawischen Sprachen

Westgotische Liturgie: Im frühen Mittelalter in Spanien (To-ledo) verwendete Liturgie, seit der Eroberung Spaniens durch die Araber in den Nordosten der iberischen Halbinsel verdrängt

Westsyrische Liturgie (Antiochien): Ab dem 5. Jahrhundert belegte Liturgie der Christen in Antiochien und Edessa, zunächst aus dem Griechischen ins Syrische übersetzt, dann eigene Entwicklung

Die ostkirchlichen liturgischen Texte wurden mit freundlicher Genehmigung der Herausgeber zitiert aus: H. Becker, H. Ühlein (Hg.): Liturgie im Angesicht des Todes. Judentum und Ostkirchen, St. Ottilien 1997 (in Vorbereitung).

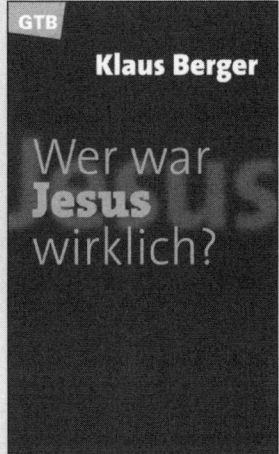